"十三五"国家重点图书出版规划项目
2017年主题出版重点出版物

复兴之路
中国改革开放40年回顾与展望丛书

市场决定的历史突破

中国市场发育与现代市场体系建设40年

张卓元 房汉廷 程锦锥◎著

南方出版传媒
广东经济出版社
— 广州 —

图书在版编目（CIP）数据

市场决定的历史突破：中国市场发育与现代市场体系建设40年／张卓元，房汉廷，程锦锥著．—广州：广东经济出版社，2017.9
ISBN 978－7－5454－5805－3

Ⅰ．①市… Ⅱ．①张…②房…③程… Ⅲ．①中国经济－社会主义市场经济－研究 Ⅳ．①F123.9

中国版本图书馆CIP数据核字（2017）第236495号

出 版 人：姚丹林
责任编辑：刘　倩　温键键
责任技编：许伟斌

Shichang Jueding De Lishi Tupo
Zhongguo Shichang Fayu Yu Xiandai Shichang Tixi Jianshe 40 Nian

出版发行	广东经济出版社（广州市环市东路水荫路11号11~12楼）
经销	全国新华书店
印刷	中华商务联合印刷（广东）有限公司 （深圳市龙岗区平湖镇春湖工业区中商大厦）
开本	787毫米×1092毫米　1/16
印张	19　2插页
字数	295 000字
版次	2017年9月第1版
印次	2017年9月第1次
书号	ISBN 978－7－5454－5805－3
定价	48.00元

如发现印装质量问题，影响阅读，请与承印厂联系调换。
发行部地址：广州市环市东路水荫路11号11楼
电话：（020）38306055　37601950　邮政编码：510075
邮购地址：广州市环市东路水荫路11号11楼
电话：（020）37601980　营销网址：http://www.gebook.com
广东经济出版社新浪官方微博：http://e.weibo.com/gebook
广东经济出版社常年法律顾问：何剑桥律师
·版权所有　翻印必究·

复兴之路——中国改革开放40年回顾与展望丛书

编委会
EDITORIAL BOARD

| 编委会主任 |

魏礼群

| 编委会副主任 |

张卓元　迟福林

| 编　委 |

（按姓氏汉语拼音排序）

蔡　武　曹远征　常修泽
迟福林　贾　康　李晓西
隆国强　宋洪远　宋晓梧
王　珺　魏礼群　张卓元
郑新立

总序
PREFACE

坚定不移推进改革开放
实现中华民族伟大复兴

实现中华民族伟大复兴，是中华民族近代以来最伟大的梦想。这个梦想，凝聚了几代中国人的夙愿，体现了中华民族和中国人民的整体利益，是每一个中华儿女的共同期盼。为了实现中华民族伟大复兴的中国梦，中国共产党人进行了长期不懈的奋斗和极为艰辛的探索。经过深刻总结历史经验，科学认识中国国情，顺应时代发展潮流，终于找到了一条正确道路。这条道路，就是中国特色社会主义道路，而改革开放则是中国特色社会主义道路最鲜明的特征。

1978年底，中国共产党召开具有重大历史意义的十一届三中全会，开启了改革开放的伟大征程。改革开放是我们党在新的时代条件下带领人民进行的新的伟大革命，目的就是要解放和发展生产力，加快推进国家现代化；就是要推动我国社会主义制度的自我完善和发展，赋予社会主义新的生机活力；就是要在坚持和发展中国特色社会主义的伟大事业中，实现国家富强、人民幸福、民族振兴。回顾改革开放的历史进程，我们党和人民锐意推进改革，从农村到城市、从经济领域到其他各个领域，成功实现了从高度集中的计划经济体制到充满活力的社会主义市场经济体制的伟大历史性转变；我们不断扩大对外开放，从建立经济特区到开放沿海、沿江、沿边、内陆地区，再到加入世界贸易组织、主动参与经济全球化和提出"一带一路"倡议，从大规模"引进来"到大踏步"走出去"，成功实现了从封闭半封闭到全方位开放的伟大历史性转变。我们在深化经济体制改革的同时，不断深化政治体制、行政体制、文化体制、社会体制、生态文明体制改革和党的建设制度改革，在推进国家治理体系和治理能力现代化方面不断迈出新的步伐。

改革开放以来，我国经济社会发展创造了人类史上的伟大奇迹，经济总量连续跃上几个大台阶，综合国力大幅提升，全国人民总体上过上小康生活，城乡面貌焕然一新。同时，我国政治建设、文化建设、社会建设、生态文明建设等各领域各方面都取得了举世公认的巨大成就，中国的国际地位越来越高，影响力越来越大。现在，我们比历史上任何时期都更接近中华民族伟大复兴的目标。实践充分证明，改革开放是当代中国一切发展进步的动力之源，是全国人民大踏步赶上时代潮流的重要法宝，是坚持和发展中国特色社会主义的必由之路，是实现国家现代化和中华民族伟大复兴中国梦的关键抉择。

习近平总书记指出："改革开放只有进行时，没有完成时。没有改革开放，就没有中国的今天，也就没有中国的明天。"这是对我国改革开放以来走过道路的深刻总结，也是实现未来更加美好目标的根本遵循。无论过去、现在和将来，坚持和发展中国特色社会主义都必须坚定不移地依靠改革开放。具有重大历史意义的中国共产党第十九次全国代表大会即将隆重召开，这是在全面建成小康社会决胜阶段召开的一次十分重要的大会。当前，我国不仅处于全面建成小康社会、实现第一个百年奋斗目标的决胜阶段，还处于为实现第二个百年奋斗目标，即建成社会主义现代化强国奠定基础的关键时期。我们必须按照习近平总书记治国理政新理念新思想新战略，在已经取得历史性成就的基础上，不忘初心，继往开来，坚定不移地推进改革开放的伟大事业，为我国未来发展开辟更为广阔的前景，继续沿着中华民族伟大复兴的康庄大道奋勇前进。

2018年，我国将迎来改革开放40周年。为此，广东经济出版社、中国（海南）改革发展研究院联袂策划并组织出版"复兴之路——中国改革开放40年回顾与展望丛书",献礼党的十九大,献礼我国改革开放40周年。这套丛书共13本,分别针对行政体制改革、计划投资体制改革、现代市场体系建设、所有制结构改革、农村改革、财税体制改革、金融体制改革、对外开放、社会体制改革、文化体制改革、环保体制改革等重点领域,从不同角度客观记录我国改革开放40年的历史进程,并展望改革开放的未来趋势。

这套丛书的主编和作者大多是相关领域知名的专家学者,也是我国改革开放的亲历者、见证者,这套丛书集结了他们长期亲历和研究我国改革开放的重要成果,凝聚了他们对改革开放伟大事业的一腔热情。广东经济出版社对这套丛书的出版给予了全力支持;作为以直谏中国改革为己任的改革智库,中国(海南)改革发展研究院为此书的策划、出版作出了重要贡献。作为编委会主任,我对为这套丛书付出艰辛努力的各位编委会成员、作者,对出版社的领导、编辑表示由衷的感谢!

这套丛书跨越多个领域,力图客观地反映改革开放伟大历程中的理论探索与实践经验,意义重大且任务艰巨,难免有不足之处,欢迎读者批评指正。

魏礼群

2017年7月

目 录

导论　从引入市场机制到健全现代市场体系是经济改革的一条主线 /1
　　第一节　改革开放后中国市场体系发育四阶段 /2
　　第二节　推进价格改革和市场发育使中国经济运行从计划主导转轨为市场主导 /20
　　第三节　2020年前需加快完善现代市场体系 /25
　　第四节　重点推进资源产品和要素市场化改革，完善主要由市场决定价格的机制 /30
　　第五节　完善金融市场体系，建立城乡统一的建设用地市场 /32

第一章　消费品市场 /36
　　第一节　改革开放以来消费品市场的主要变化 /38
　　第二节　改革开放以来消费品市场演变的四个阶段及其特征 /43
　　第三节　中国消费品市场的展望 /65

第二章　资本品市场 /68
　　第一节　我国资本品市场概述 /69
　　第二节　改革开放以来资本品市场演变的四个阶段及其特征 /73
　　第三节　我国资本品市场的展望 /91

第三章　公共品市场 /94
　　第一节　我国公共品市场的概况 /95
　　第二节　改革开放以来公共品市场演变的四个阶段 /98

第三节 我国公共品市场的展望 /109

第四章 劳动力市场 /110

第一节 我国劳动力市场的概况 /111

第二节 改革开放以来劳动力市场演变的四个阶段及其特征 /116

第三节 我国劳动力市场的展望 /126

第五章 房地产市场 /128

第一节 改革试验期（1978—1998 年）/128

第二节 国民经济支柱期（1998—2002 年）/132

第三节 政府控制发展期（2003—2013 年）/133

第四节 市场决定资源配置期（2013 年—）/135

第六章 中国知识产权保护与市场发展 /138

第一节 知识产权市场概述 /138

第二节 中国知识产权市场的法制化进程 /139

第三节 中国知识产权市场的发展 /146

第四节 中国知识产权市场展望 /155

第七章 价格改革大步推进 /162

第一节 价格改革的主要历程 /165

第二节 1988 年价格改革"闯关"失败的原因 /175

第三节 价格改革的若干规律性 /177

第四节 中国价格改革展望 /183

第八章 竞争是社会主义市场经济内在机制 /188

第一节 竞争机制扩展历程回顾 /188

  第二节　区分不同性质的垄断采取取缔限制规范对策 /192

  第三节　反垄断仍任重道远 /210

第九章　市场规则的统一性与开放性 /213

  第一节　现代市场规则及其作用 /213

  第二节　商事制度改革与市场统一性规则建设 /215

  第三节　负面清单制度与市场开放性原则建设 /216

第十章　市场竞争规则 /223

  第一节　竞争与效率 /223

  第二节　竞争机制的作用形态 /224

  第三节　存在异化现象的市场竞争 /227

  第四节　竞争类型与垄断竞争目标的择定 /229

  第五节　中国市场竞争规则的演进路径 /234

第十一章　市场主体发展展望 /237

  第一节　市场主体结构 /237

  第二节　现代企业制度与企业行为 /246

  第三节　消费者行为与消费者权益保护 /261

  第四节　政府在市场中的多重角色 /271

参考文献 /283

写作分工说明 /290

导论
从引入市场机制到健全现代市场体系是经济改革的一条主线

综观自1978年以来近40年的改革开放,中国经济改革是沿着以下两条主线逐步向前推进的:一条主线是引入市场机制,放开市场和价格,建设各种各类市场,从农产品市场到工业品市场,从消费品市场到生产资料市场,从商品和服务市场到要素市场,从现货市场到期货市场,等等。21世纪以来更从多方面健全现代市场体系,包括建立公平开放透明的市场规则,完善主要由市场决定价格的机制,使市场在资源配置中起决定性作用,使企业能自主经营、公平竞争,消费者能自由选择、自主消费,商品和要素能自由流动、平等交换,消除各种市场壁垒,提高资源配置效率和公平性。另一条主线是所有制改革和企业改革,包括寻找能促进生产力发展的公有制和国有制的有效实现形式,允许和鼓励个体与私营等非公有制经济存在和发展,利用外资,推进国有企业和集体企业建立现代企业制度,等等。

中国近40年改革开放的实践表明,中国的市场—价格改革是比较顺利、逐步深化的,正在争取到2020年形成完善的现代市场体系。与此同时,所有制—企业改革也在稳步推进,个体、私营等非公有制经济发展很快,在支撑增长、促进创新、扩大就业、增加税收等方面发挥着重要作用,但是国有企业改革进展稍显不够理想——这不是本书论述的主要范围,以下论述的是前一条主线的改革。

第一节
改革开放后中国市场体系发育四阶段

改革开放后，中国市场体系发育可以分为以下四个阶段：一是1978—1991年，在价格改革大步推进带动下，各类市场蓬勃兴起，经济运行机制初步由计划主导转变为市场主导；二是1992—2001年，国有企业向建立现代企业制度并使之成为真正的市场主体转变，社会经济市场化程度迅速提高；三是2002—2012年，以加入世贸组织为契机，构建开放型现代市场体系；四是2013年，提出市场在资源配置中起决定性作用，攻坚克难，争取到2020年完善现代市场体系。以下分阶段展开论述。

一、1978—1991年，在价格改革大步推进带动下各类市场蓬勃兴起

1. 放开价格带动市场发育

改革开放后，中国价格改革既坚持市场取向，又采取逐步推进的方针。在改革初期，实行先调后放、调放结合、逐步放开、逐步同国际市场价格对接的政策。1984年以前，以政府主动调整不合理的比价差价为主，使各行各业都能得到大体相近的利润水平，兼顾放开价格。1984年以后，则以放开价格为主，能放开的尽量放开。这样做，价格改革可以在保持物价总水平大体稳定（年平均上涨率不超过6%）的条件下推进。同时，抓住机遇，一旦条件允许，让地方大胆放开价格。广州市在20世纪80年代初最早放开蔬菜、水果、水产品、猪肉等价格，结果是"放到哪里活到哪里"。放开价格之初，价格有点上涨，但不久由于商品供应充足，价格很快就被平抑下来、稳定下来，老百姓拍手称快。放开价格的另一效果是限制老百姓消费的凭票供应逐步被取消。在20世纪70年代，广州市票证最多时达118种，随着商品价格一种一种地放开，市场供应充足，票证一个一个地被取消。广州市在1982年还有48种票证，到1988年就只剩下粮票和糖票两种，不久连这两种

票证也被取消了。①

全国各地随后差不多在几年的时间走了广州市逐步放开价格的路子。从1985年开始，国家放开了除国家定购的粮、棉、油、糖等少数品种外的绝大部分农副产品的收购价格。工业消费品价格也逐步放开。1985年放开了缝纫机、收音机、手表等价格，1986年放开了自行车、电冰箱、洗衣机等7种耐用消费品价格，1988年放开了13种名烟名酒价格。此前，1982年9月和1983年8月先后放开了160种和350种小商品价格。1992年，随着宏观经济环境的改善，政府继续放开大批商品价格，中央政府管理的商品价格目录大大减少。其中，重工业生产资料和交通运输价格由原来的737种减少为89种，农产品价格由原来的40种减少为10种，轻工业品由原来的41种减少为9种。从此，中国市场价格体制初步形成了。②

随着农副产品价格和工业消费品价格的放开，全国各地的农副产品市场包括批发市场和零售市场纷纷建立并不断扩大，工业消费品市场也越来越繁荣昌盛。

2. 工业生产资料价格双轨制并为市场单轨制后建立了统一的工业生产资料市场

工业生产资料价格双轨制是中国一个有用的发明。在20世纪80年代中期，中国工业生产资料开始实行价格双轨制，到90年代初顺利向市场单轨制过渡，是中国推进渐进式的市场化价格改革的成功范例。还在中国开始实行工业生产资料价格双轨制时，1985年9月，在著名的"巴山轮"会上，波兰经济学家布鲁斯就对此给予积极的评价，认为这是中国"一个有用的发明"③。

中国同一种工业生产资料在同一时间、地点存在计划内价格和计划外价格的情况是1984年开始出现的，1985年后遍及所有产品。据1988年统计，在重工业品出厂价格中，按国家定价销售的比重，采掘工业产品为95.1%，原材料产品为74.6%，加工工业产品为41.4%，其余均为计划外价格即市场价格销售部分。工

---

① 《广州放开农产品价格——中国价格改革由此开端》，《粤港信息日报》，1988年7月5日。
② 马凯：《中国价格改革20年的历史进程和基本经验》，《价格理论与实践》，1999年第1期。
③ 中国经济体制改革研究会编：《宏观经济的管理和改革》，经济日报出版社，1986年版，第50页。

业生产资料价格双轨制，是在短缺经济环境下，双重经济体制特别是双重经济运行体制并存的集中表现，是双重生产体制和物资流通体制的集中表现。双轨制价格能刺激紧缺物资的增产，鼓励超计划生产，满足计划照顾不到的非国有经济包括乡镇工业企业的原材料等需要，有助于调剂余缺、调节流通，还有助于了解正常的比价关系等。这是实行双轨制价格有利的一面。与此同时，双轨制价格又常常在利益驱动下影响供货合同的履行，助长投机、营私舞弊等行为，这是它弊端的一面。经验表明，如果双轨制价差不那么大，市场价格高出计划价格1倍以内，双轨制价格的积极作用可以发挥得好一些；而如果价差很大，超出1倍，其消极作用就很突出。20世纪80年代中期，实行双轨制价格初期，价差不是很大，据1985年末、1986年初估计，价差在1倍左右，属正常范围。但此后在需求过旺的推动下，很多品种的市场价格高出计划价格1倍多，甚至两三倍，造成市场秩序混乱，倒卖生产资料活动猖獗，要求取消双轨制价格呼声很高。1990—1991年，由于宏观经济环境好转，供求关系趋于缓和，双轨制价差缩小至1倍以内甚至50%以内，党和政府抓住有利时机，对双轨制价格进行并轨，主要并为市场单轨制。这是中国价格改革又一成功实践。

在工业生产资料价格实行双轨制过程中和实现向市场单轨制过渡中，中国的工业生产资料市场迅速发展，市场秩序也逐步摆脱了极其混乱的状态。

3. 生产要素市场开始建立

在物质产品和服务市场全面发展的同时，生产要素市场也开始起步。最突出的是1990年11月底，上海证券交易所成立，并于12月19日正式营业；深圳证券交易所则于1990年12月1日成立，1991年7月3日营业。从此中国有了自己的资本市场，标志着中国的市场体系建设逐步迈入中高端水平。

二、1992—2001年，各种各类市场向纵深发展，国有企业从行政部门附属物向市场主体转变，市场格局从卖方市场向买方市场转变

1992年，党的十四大作出了中国经济体制改革的目标模式是建立社会主义市场经济体制的历史性决定，1993年，党的十四届三中全会又作出了《中共中央关

于建立社会主义市场经济体制若干问题的决定》,将党的十四大确立的改革目标具体化。从此以后,中国市场化改革大步展开,各种各类市场进一步向纵深发展。

1. 房地产市场逐渐兴起和发展

改革开放前和改革开放初期,城镇干部职工实行的是实物福利分房制度。1994年7月18日,国务院发出《国务院关于深化城镇住房制度改革的决定》,明确了城镇住房制度改革的根本目的是:建立与社会主义市场经济体制相适应的新的城镇住房制度,实现住房商品化、社会化;加快住房建设,改善居住条件,满足城镇居民不断增长的住房需求。城镇住房制度改革的基本内容为:把住房建设投资由国家、单位统包的体制改变为国家、单位、个人三者合理负担的体制;把各单位建设、分配、维修、管理住房的体制改变为社会化、专业化运行的体制;把住房实物福利分配的方式改变为以按劳分配为主的货币工资分配方式;建立以中低收入家庭为对象、具有社会保障性质的经济适用住房供应体系和以高收入家庭为对象的商品房供应体系;建立住房公积金制度;发展住房金融和住房保险,建立政策性和商业性并存的住房信贷体系;建立规范化的房地产交易市场和发展社会化的住房维修、管理市场,逐步实现住房资金投入产出的良性循环,促进房地产业和相关产业的发展。

1998年3月,国务院总理朱镕基在上任时举行的第一次记者招待会上,将这届政府要干的几件事情概括为"一个确保、三个到位、五项改革",住房制度改革是这五项改革中的第三项。他说:"住房的建设将成为中国经济新的增长点,但是,我们必须把现行的福利分房政策改为货币化、商品化的住房政策,让人民群众自己买房子。整个房改方案已酝酿3年多,我们准备今年下半年出台新的政策,停止福利分房,住房分配一律改为商品化。"

到1999年底,全国可售公房的60%以上已经出售给居民家庭,城镇居民住房自有率达到70%,基本上打破了单一的住房公有制,形成了以居民自有产权为主、多种产权形式并存的产权格局;到2001年,城镇居民人均住房建筑面积由1978年的7.2平方米增加到21平方米,缺房户占全国城镇总户数的比重也由1978年的47.5%下降到1.1%。

2001年,为了进一步启动住房消费、拉动经济增长,实现"十五"计划提出的住宅发展目标,政府提出从八个方面采取措施推动改革的进一步深入。一是加快立法,依法明晰产权,切实保障购房人的权益。二是加大推进住房分配货币化工作的力度,支持职工买房。三是加快开放住房二级市场,积极培育住房租赁市场,加快启动和规范住房租赁市场。四是进一步改善住房供应,让百姓放心买房。五是全方位扩展住房消费服务,加快市场的运作。六是大力发展住房金融,适应居民住房消费的需求,进一步提高金融对住房市场的支持力度。七是规范发展物业管理业。八是切实改进房地产行政管理工作,为购房人提供方便快捷的服务和产权保障。①

房地产市场的发展还可以从以下国家统计局发布的统计数字看出:1998年,全国新建商品房销售面积为12185.3万平方米,而到2001年,全国新建商品房销售面积达到22411.9万平方米,增长近84%。

2. 国有企业逐步建立现代企业制度,成为自主经营、自负盈亏的市场主体和法人实体

改革开放前,中国城镇是国有企业或准国有企业一统天下。国有企业在传统的计划经济体制下,是上级行政部门的"附属物",生产什么产品和多少产品由上级计划部门下达指令,国家对企业财务实行"统收统支",对企业产品"统购包销",政企不分,国有企业不是市场主体和利益主体,国有企业员工端"铁饭碗"、吃平均主义"大锅饭",严重抑制了企业和员工的积极性和主动性。改革开放初期,实行放权让利,扩大企业自主权,1981—1992年还探索实行承包经营责任制。但是,这些改革仍然是政企不分,没有很好地转变经营机制,企业仍然不是独立的市场主体。1992年,党的十四大确立社会主义市场经济体制为中国经济体制改革的目标模式。1993年11月,党的十四届三中全会作出了《中共中央关于建立社会主义市场经济体制若干问题的决定》,在党的文件中第一次明确指出国有企业改革的方向是建立现代企业制度,并指出现代企业制度的特征:产权清晰、权责明确、政企分开、管理科学。因此,中国国有企业改革进入制度创新、向市场主体过渡的新阶段。

由于延续多年的承包制不能促进国有企业适应市场经济的发展,相反却强化了

---

① 彭森、陈立等:《中国经济体制改革重大事件(下)》,中国人民大学出版社,2008年版,第634、637、639、640页。

政企不分和造成国有资产流失,因此,许多国有企业包括国有大中型企业陷入困境。1997年,党和政府提出帮助国有企业脱困的任务,预期目标为:从1998年起,用3年左右的时间,使大多数国有大中型亏损企业摆脱困境,力争到20世纪末大多数国有大中型骨干企业建立现代企业制度。到2000年底,这一目标已基本完成。1997年底,国有及国有控股大中型工业企业为16874户,其中亏损的企业为6599户,占39.1%。到2000年,亏损企业减为1800户,减少近3/4。为此付出的代价也不小。3年国有大中型工业企业脱困,用去银行呆坏账准备金1500亿元以上,技改贴息200亿元左右,还实施债权转股权,共580户,债转股总额4050亿元,并于2000年4月1日开始停息,当年即可减少企业利息支出195亿元。此外,在银行剥离的1.3万亿元不良资产中,约有一半是国有工商企业的不良贷款。政府在帮助国有大中型工业企业脱困的同时,进行了现代企业制度试点,逐步推行公司制股份制改革,努力使国有和国有控股企业成为适应社会主义市场经济发展的市场主体和法人实体。① 国有企业脱困和建立现代企业制度,为进入21世纪后国有大中型工业企业做强做大和快速发展打下了坚实的基础。

国有企业通过推进公司制股份制改革建立现代企业制度,也破解了中国建立社会主义市场经济体制的难题。一直以来,经济学原理都认为市场经济只能与私有制相结合,不可能与公有制、国有制相结合。但中国的改革实践却证明,由于我们找到了公司制股份制这一市场经济通行的资本组织形式作为公有制、国有制的实现形式,从而可以做到公有制、国有制同市场经济的结合,社会主义与市场经济的结合。这也是对马克思主义政治经济学划时代的贡献!

3. 个体、私营经济开始兴起和发展,并逐渐成为社会主义市场经济的重要组成部分

社会主义市场经济主体的另一重要组成部分是改革开放后逐渐发展起来的个体经济和私营企业。个体、私营经济是市场经济的天然主体,也是社会主义市场经济的天然主体,它们的生产经营活动受市场供求关系支配,受商品市场经济的基本规

---

① 张卓元、郑海航主编:《中国国有企业改革30年回顾与展望》,人民出版社,2008年版,第3、11页。

律和价值规律的调节。

个体、私营等非公有制经济的迅速发展，是我国改革开放以来的一个突出特点。在传统的社会主义经济体制下，个体、私营等非公有制经济被看成异己的力量，受到排斥或限制打击。改革开放前夕，我国几乎是公有制经济一统天下，只留个体经营14万户，从业人员15万人，私营经济则被相当彻底地扫光。中国改革开放的成就之一，是在体制内即公有制经济进行改革、引入市场机制的同时，体制外即非公有制经济获得迅速发展，从而使经济改革不但没有带来经济的倒退或停滞，而且使经济日趋活跃、市场逐步繁荣、人民群众不断受益，做到了改革、发展、稳定的统一。

改革开放初期，由于历史的原因，社会就业压力很大，有上千万人失业。为缓解就业压力，国家开始允许个体经济存在和发展。个体经济存在和发展的实践表明，它们能活跃市场，方便群众生活，发挥"拾遗补阙""有益补充"的作用。随着1992年党的十四大社会主义市场经济改革目标和1997年党的十五大公有制为主体、多种所有制经济共同发展的基本经济制度的确立，个体经济迅速发展起来，并逐渐成为社会主义市场经济的重要组成部分。到2001年，我国个体工商户已发展到2433万户、4760万人，注册资金达3435.8亿元（见表1）。个体经济主要分布在商贸餐饮业、社会服务业等第三产业，个体工商户从事第三产业的户数占总户数的82.6%，成为国民经济发展中的一支重要力量。

表1　1990—2001年全国个体工商业发展状况

年份	户数（万户）	人数（万人）	注册资金（亿元）
1990	1328.3	3092.8	397.4
1991	1416.8	2258	488.2
1992	1533.9	2467.7	600.9
1993	1766.9	2939.3	854.9
1994	2186.6	3775.9	1318.6
1995	2528.5	4613.6	1813.1
1996	2703.7	5017.1	2165.4
1997	2850.9	5441.9	2574

(续表)

年份	户数（万户）	人数（万人）	注册资金（亿元）
1998	3120.2	6114.4	3120.3
1999	3160.1	6240.9	3439.2
2000	2571.4	5070	3315.3
2001	2433	4760.3	3435.8

资料来源：1999—2000年数据来源于国家统计局；2001年数据来源于2002年4月19日的《中华工商时报》。

个体经济的存在和发展，必然不断产生私营经济，这是经济学的常识。所以，允许个体经济的存在和发展，就是默许私营经济的存在和发展，但是，私营经济的存在和发展比个体经济要稍晚一些。中国私营经济从20世纪80年代末起步，于1992年邓小平南方谈话后获得快速发展，1992—2001年一直以15%以上的速度增长，其中1993年、1994年、1995年连续3年经营户数增速都高达50%以上。1992—2001年私营经济增长状况见表2。

表2 1992—2001年私营经济增长状况

年份	户数（万户）	增幅（%）	人数（万人）	增幅（%）	注册资金（亿元）	增幅（%）
1992	13.9	28.8	231.9	26.0	221.2	79.8
1993	23.8	70.4	372.6	60.7	680.5	300
1994	43.2	81.7	648.4	74	1447.8	110
1995	65.5	51.4	956	47.4	2621.7	81.1
1996	81.9	25.2	1171.1	22.5	3752.4	43.1
1997	96.1	17.3	1349.3	15.2	5140.1	37
1998	120.1	25	1709.1	26.7	7178.1	40
1999	150.9	20.5	2021.6	18.3	10287.3	36.3
2000	176.2	16.8	2406.5	19	13307.7	29.4
2001	202.9	15.1	2713.0	12.8	18212.2	36.9

资料来源：1992—2000年数据来源于国家统计局；2001年数据来源于2002年4月17日的《中华工商时报》。

非公有制经济中还有一大块是外资企业,它们也是中国社会主义市场经济的重要市场主体。这个问题拟放在下一阶段中一并论述。

4. 这一阶段还有一个非常重要的标志性事件是中国市场格局发生了重大变化：从卖方市场向买方市场转变

改革开放前,我国长期实行传统的计划经济体制,排斥市场和市场机制,经济缺乏活力,影响经济增速,逐渐走向短缺经济。物资匮乏,市场供应紧张的局面,凭票供应、排队抢购现象很普遍,人民生活极不方便,严重影响人民生活水平和质量的提高。改革开放后,逐步放开各种商品的市场和价格,在市场机制作用下,每个市场主体都力求扩大商品生产和经营,提高市场占有份额,新产品层出不穷,品种繁多,质量提高。长期短缺的商品如食品、服装、家电、建材等很快就丰富了起来,市场格局首先在消费品市场出现根本性变化,从卖方市场转变为买方市场,即市场上大部分商品供求平衡或者供给略大于需求,消费者主权开始形成并逐步实现。发达国家常见的超市也在中国迅速普及和发展,各种各样商品丰富多彩,令人眼花缭乱,市场呈现一片繁荣景象。

自 1995 年以来,中国国内贸易局（部）对 600 余种主要商品供求状况的调查结果表明,从 1995 年开始,供过于求的迹象已经开始显现。在大部分商品供求平衡的基础上,供过于求的商品的比重已经开始超过供不应求的商品。1995 年以后,这一现象不断发展和强化,到 1998 年上半年,中国消费品零售市场上已经没有供不应求的商品。见表 3：

表 3　20 世纪 90 年代中期消费品零售市场商品供求平衡状况的变化

时间	供不应求比例（%）	供求平衡比例（%）	供过于求比例（%）
1995 年上半年	14.4	67.3	18.3
1995 年下半年	13.3	72.3	14.4
1996 年上半年	10.5	74.5	15.0
1996 年下半年	6.2	84.7	9.1
1997 年上半年	5.3	89.4	5.3

(续表)

时间	供不应求比例（%）	供求平衡比例（%）	供过于求比例（%）
1997年下半年	1.6	66.6	31.8
1998年上半年	0	74.2	25.8

资料来源：根据历年中华商业信息中心发布的资料整理。（刘国光主编：《中国十个五年计划研究报告》，人民出版社，2006年版，第613页。）

三、2002—2012年，以加入世界贸易组织为契机，构建开放型现代市场体系阶段

1. 外商投资企业逐渐成为我国市场主体的重要组成部分

中国1978年起步的改革一直是和对外开放同时进行的。改革开放初期，主要是利用外资，经过持续多年的引进外资，外资企业已越来越成为中国社会主义市场经济的重要市场主体，在有些领域占1/3甚至占1/3以上。改革开放初期，办经济特区首先也是为了吸收和利用外资。1980年5月，中共中央和国务院批准深圳、珠海、汕头、厦门为经济特区，根据1981年5~6月在北京召开的《广东、福建两省和经济特区工作会议纪要》所述，"创办经济特区是为了吸收利用外资，引进先进技术，扩展对外贸易，加速经济发展，同时在实践中观察与研究当代资本主义经济，学习与提高参与国际交往的本领，进行经济体制改革试验"。1984年5月4日，中共中央和国务院做出决定：开放天津、上海、大连、秦皇岛、烟台、青岛、连云港、南通、宁波、温州、福州、广州、湛江、北海14个港口城市，建立经济技术开发区，以此带动整个沿海地带的开放和发展。对14个开放城市，中央主要是给政策，给前来投资和提供先进技术的外商以优惠待遇。但是，吸收和利用外资从一开始就有争论。一些思想保守的干部，总提出所谓的"姓资""姓社"的问题。针对这个问题，邓小平1992年初在南方谈话中专门说道："对办特区，从一开始就有不同意见，担心是不是搞资本主义。深圳的建设成就，明确回答了那些有这样那样担心的人。特区姓'社'不姓'资'。从深圳的情况看，公有制是主体，外商投资只占四分之一，就是外资部分，我们还可以从税收、劳务等方面得到益处。

多搞点'三资'企业(指在中国境内设立的中外合资企业、中外合作企业和外商独资企业——引者注),不要怕。……我国现阶段的'三资'企业,按照现行的法规政策,外商总是要赚一些钱。但是,国家还要拿回税收,工人还要拿回工资,我们还可以学习技术和管理,还可以得到信息、打开市场。因此,'三资'企业受到我国整个政治、经济条件的制约,是社会主义经济的有益补充,归根到底是有利于社会主义的。"① 邓小平的南方谈话、1992年确立社会主义市场经济体制改革目标、2001年加入世贸组织,使中国吸收和利用外资走上了快车道,直至2014年,中国已连续23年成为吸收国际直接投资的发展中国家。中国改革开放后利用外资金额见表4:

表4 中国实际使用外资概况

(单位:亿美元)

年份	总金额	外商直接投资额	外商其他投资额
1979—1984	181.87	41.04	10.42
1985	47.60	19.56	2.98
1986	76.28	22.44	3.70
1987	84.52	23.14	3.33
1988	102.26	31.94	5.45
1989	100.60	33.92	3.81
1990	102.89	34.87	2.68
1991	115.54	43.66	3.00
1992	192.03	110.08	2.84
1993	389.60	275.15	2.56
1994	432.13	337.67	1.79
1995	481.33	375.21	2.85
1996	548.05	417.26	4.10
1997	644.08	452.57	71.30
1998	585.57	454.63	20.94

---

① 《邓小平文选》第三卷,人民出版社,1993年版,第372~373页。

（续表）

年份	总金额	外商直接投资额	外商其他投资额
1999	526.59	403.19	21.28
2000	593.56	407.15	86.41
2001	496.72	468.78	27.94
2002	550.11	527.43	22.68
2003	561.40	535.05	26.35
2004	640.72	606.30	34.42
2005	638.05	603.25	34.80
2006	670.76	630.21	40.55
2007	783.39	747.68	35.72
2008	952.53	923.95	28.58
2009	918.04	900.33	17.71
2010	1088.21	1057.35	30.86
2011	1176.98	1160.11	16.87
2012	1132.94	1117.16	15.78
1979—2012		12761.08	581.70

资料来源：国家统计局。

到2012年底，全国外商投资企业共计440609个，投资总额32610亿美元，注册资本18814亿美元，其中外方为14903亿美元。在中国吸引的外商直接投资中，有60%左右投向制造业。这使外商投资企业对工业增长的贡献相当突出。20世纪90年代以来中国出口的大幅度增长，很大程度上得益于外商投资企业出口的快速增长，外商投资企业的出口额从1991年的120亿美元上升到2014年的10747.34亿美元，占全国出口总额的比重从1991年的16.75%上升到2014年的45.9%。2011年，在工业部门总资产中，外资所占比重达23.97%。这些均表明，外商投资企业已是中国相当重要的市场主体，对经济和出口增长、增加就业、上缴税收、引进先进技术和管理等，作出了重要的贡献。

2. 对外贸易市场迅速发展，加入世界贸易组织使我国加快融入经济全球化进程

中国改革开放后在吸收和利用外资的同时，对外贸易也快速增长。特别是2001年底加入世界贸易组织后，到2012年，对外贸易更是大幅度增长。表5是1978—2012年以美元计算的货物进出口总额情况。

表5 1978—2012年货物进出口总额

（单位：亿美元）

年份	进出口总额	出口总额	进口总额	差额
1978	206.4	97.5	108.9	-11.4
1980	381.4	181.2	200.2	-19
1985	696	273.5	422.5	-149
1990	1154.4	620.9	533.5	87.4
1991	1357	719.1	637.9	81.2
1992	1655.3	849.4	805.9	43.5
1993	1957	917.4	1039.6	-122.2
1994	2366.2	1210.1	1156.1	54
1995	2808.6	1487.8	1320.8	167
1996	2898.8	1510.5	1388.3	122.2
1997	3251.6	1827.9	1423.7	404.2
1998	3239.5	1837.1	1402.4	434.7
1999	3606.3	1949.3	1657	292.3
2000	4742.9	2492	2250.9	241.1
2001	5096.5	2661	2435.5	225.5
2002	6207.7	3256	2951.7	304.3
2003	8509.9	4382.3	4127.6	254.7
2004	11545.5	5933.3	5612.2	321.1
2005	14219.1	7619.5	6599.6	1019.9
2006	17604.4	9689.8	7914.6	1775.2
2007	21765.7	12204.6	9561.1	2643.5
2008	25632.6	14306.9	11325.7	2981.2
2009	22075.4	12016.1	10059.3	1956.8

(续表)

年份	进出口总额	出口总额	进口总额	差额
2010	29740	15777.5	13962.5	1815
2011	36418.6	18983.8	17434.8	1549
2012	38671.2	20487.1	18184.1	2303

资料来源：国家统计局。

我们从表5看到，改革开放之初的1978年，中国货物进出口总额只有206.4亿美元，居世界第32位。改革开放后，对外贸易快速发展。加入世界贸易组织后，进一步推动了货物进出口贸易的高速增长。2004年，中国货物进出口贸易总额突破1万亿美元大关。仅仅3年后又翻了一番，于2007年突破2万亿美元大关。再过4年，即2011年，又超过了3万亿美元。2013年，中国货物进出口贸易总额达4.16万亿美元，一举超过美国成为世界第一货物进出口贸易国。2014年，中国货物进出口贸易总额43030.4万亿美元，继续保持世界第一的位置。2015年、2016年因受世界经济低迷影响，对外贸易总额稍微下降，但顺差仍分别达5900亿美元和5048亿美元。对外贸易的高速增长，有力地推动了中国经济的快速增长。2005年、2006年、2007年连续3年，我国货物和服务净出口对国内生产总值的贡献率都在10%以上。

3. 服务贸易发展迅速，近20年来一直是进口大于出口，逆差扩大

改革开放后，在货物进出口贸易迅速发展的同时，服务的进出口贸易也迅速发展。在20世纪80年代初期，中国的服务贸易规模只有40多亿美元。直到加入世界贸易组织后，服务贸易的发展步伐才明显加快。2003年，服务贸易总额首次突破千亿美元。此后继续快速发展，到2013年已超过5000亿美元。2014—2016年，服务进出口总额分别为6043亿美元、7130亿美元和8050亿美元，分别比上年增长14.6%、17.9%和12.9%。目前，中国已经成为世界第三的服务贸易大国，仅次于美国和德国。中国服务贸易1982年只占全球的0.57%，2013年则迅速上升到占全球服务贸易的6%。从1995年起，中国的服务贸易开始出现逆差，而且逆差逐步扩大，2013年为1971亿美元，2014年为1599亿美元，2015年为1366亿美元，

2016年为2425亿美元。从中国服务贸易结构看，运输、旅游、保险、专有权利使用和特许费等领域服务贸易进口规模较大，是导致持续逆差的主要原因。① 随着我国转方式调结构、着力发展服务业特别是现代服务业，服务进出口贸易在进一步发展过程中的严重失衡现象有可能得到逐步扭转。

4. 2005年、2006年股权分置改革是完善我国资本市场的重大举措

由于历史原因，我国的上市公司中普遍存在流通股与非流通股两类股份。上市公司向社会公开发行的、在上海和深圳证券交易所上市交易的股票，称为流通股；而同样由上市公司发行但暂不上市交易的股票，则被称为非流通股。非流通股通常占上市公司股票较大的份额。这两类股票持股的成本差异较大，流通股比非流通股持股成本高很多，从而造成两类股东之间利益不协调，既不利于维护中小投资者的利益，也不利于资本市场的健康发展。进入21世纪后，社会各界一直呼吁要尽快解决这种不合理的股权分置问题。

为解决我国资本市场上存在的股权分置问题，2005年4月，经国务院批准，证监会发布了《关于上市公司股权分置改革试点有关问题的通知》，正式启动股权分置改革试点工作。同年8月，证监会、国资委、财政部、中国人民银行、商务部五部门联合发布《关于上市公司股权分置改革的指导意见》，对试点阶段制度安排作了相应的完善。同年9月，证监会、上海证券交易所、深圳证券交易所、中国证券登记结算公司等部门和机构发布了《上市公司股权分置改革管理办法》和《上市公司股权分置改革说明书格式指引》《上市公司股权分置改革试点业务操作指引》《上市公司股权分置改革保荐工作指引》等配套规则，股权分置改革逐步推进。截至2006年底，沪深两市已完成或者进入股权分置改革程序的上市公司共1301家，占应改革上市公司的97%，对应市值占比98%，未进入改革程序的上市公司仅40家，这标志着股权分置改革基本完成。这样，困扰我国资本市场十几年的难题就此顺利解决。②

---

① 万军：《迈向开放型经济新时代》，广东经济出版社，2015年版，第88、90页。
② 北京师范大学经济与资源管理研究院：《2008中国市场经济发展报告》，北京师范大学出版社，2008年版，第80页。

四、2013 年提出市场在资源配置中起决定性作用，攻坚克难，争取到 2020 年完善现代市场体系

回顾中国改革开放近 40 年历史，我们看到，头 25 年各方面改革蓬勃发展，而 2003—2012 年改革步伐有所放慢，积累的问题不少。2012 年底，党的十八大后重新吹响了改革攻坚的号角。党的十八大在提出全面建成小康社会任务的同时，要求全面深化改革开放。党的十八届三中全会作出了《中共中央关于全面深化改革若干重大问题的决定》，提出紧紧围绕使市场在资源配置中起决定性作用深化经济体制改革，加快完善现代市场体系。

1. 2013 年党的十八届三中全会《决定》提出市场在资源配置中起决定性作用

市场在资源配置中起决定性作用是 20 多年来沿用的基础性作用提法的继承和发展。1992 年，在确立社会主义市场经济体制改革目标时，明确市场在资源配置中起基础性作用。那么，为什么党的十八届三中全会《决定》要用市场在资源配置中起决定性作用代替原来的基础性作用呢？我们认为主要有以下三点原因。

第一，这是我们党对社会主义市场经济体制改革认识不断深化的结果。1992 年，党的十四大提出了"使市场在社会主义国家宏观调控下对资源配置起基础性作用"。2002 年，党的十六大进一步提出，"在更大程度上发挥市场在资源配置中的基础性作用，健全统一、开放、竞争、有序的现代市场体系"。2012 年，党的十八大更进一步提出，"更大程度更广范围发挥市场在资源配置中的基础性作用"。可以看出，20 年来，对市场机制作用的认识是逐步深化的。新的提法即"市场在资源配置中起决定性作用"比原来"起基础性作用"的提法，能够更加确切和鲜明地反映市场机制对资源配置的支配作用，反映市场经济的基本规律价值规律的内在要求。

第二，这是经济体制改革实践发展的必然选择。党的十四大确立社会主义市场经济体制改革目标后，在市场化改革推动下，比较快地初步建立起社会主义市场经济体制。但是还不完善，还存在不少体制性弊端，突出地表现在政府直接配置资源过多，政府对社会经济活动干预过多，存在多种形式的行政垄断，一些部门在非自然垄断环节阻挠竞争；政府对市场和价格的不当干预妨碍全国统一的现代市场体系的形成，对非公有制经济实施某些歧视性政策，也妨碍公平竞争市场环境的形成和完善；政府对宏观经济的管理还不完善，对市场的监管不到位，对公共服务、保护环境、社会治理也远未到位；等等。为了进一步深化市场化改革，用"市场在资源配置中起决定性作用"的提法，代替"基础性作用"的提法，有利于改革的攻坚克难，争取到2020年，在重要领域和关键环节，取得决定性成果，使社会主义市场经济体制更加成熟、更加定型。

第三，可以更好地发挥政府的作用。市场在资源配置中起决定性作用并不意味着不重视政府的作用，而是更有利于明确政府的职能，更好地发挥政府的作用。根据党的十八届三中全会《决定》的精神，我们认为政府的职能主要有以下五个方面：一是要搞好宏观经济调控，保证宏观经济稳定运行，防止大起大落，这是专属中央政府的职能。二是加强市场监管，维护市场公平竞争秩序，政府主要是裁判员而不是运动员，即使对国有企业也要实行政企分开、政资分开。三是要做好公共服务，这方面现在做得很不到位，需尽快补上。四是完善社会治理，促进社会和谐和全面进步。五是保护环境和生态，健全自然资源资产产权制度和用途管制制度，划定生态保护红线，实行资源有偿使用制度和生态补偿制度，改革生态环境保护管理体制等。

2. 商事制度改革激发市场主体活力，改善营商环境

党的十八届三中全会《决定》提出，"推进工商注册制度便利化，削减资质认定项目，由先证后照改为先照后证，把注册资本实缴登记制逐步改为认缴登记制"。此后，全面深化商事制度改革取得了良好成效。最突出的表现是，微观市场主体特别是新设企业快速增长。2015年，全国新登记市场主体1479.8万户，其中，企业443.9万户，比2014年增长21.6%，平均每天新登记企业1.2万户，比2014年平均每天1万户又有增加；2016年，全年新登记企业增长24.5%，平均每天新增1.5万户，而改革前平均每天6900户。世界银行2015年、2016年的《营商环境报告》显示，这两年中国营商环境排名都比上一年提前6位，2015年，在189个经济体

中，中国排在第 84 位，表明中国营商环境持续改善。①

3. 深化价格改革取得新进展

党的十八届三中全会《决定》提出紧紧围绕使市场在资源配置中起决定性作用深化经济体制改革时，要求完善主要由市场决定价格的机制。此后，党和政府从多方面推进价格改革并取得新的进展。首先，一批商品和服务价格已陆续放开，中央政府管理的近 60 项商品和服务价格已放开或下放，全部农产品、绝大多数药品、绝大多数专业技术服务价格都已交由市场定价。中央直接定价项目仅剩约 20 项，比 2001 年减少 80% 左右。其次，一些重要领域，如电力、成品油、天然气铁路运输等领域，价格市场化程度显著提高，输配电价改革已由深圳电网扩大到其他省域电网，跨区跨省输电价格全部放开，到 2016 年底，已提前一年实现了输配电价格改革在首级电网的全覆盖；燃煤发电上网电价、工商业销售电价大幅下调；成品油销售价格已基本上实现市场化；非居民用天然气存量气与增量气价格顺利并轨，到 2016 年底，占消费总量 80% 的非居民用气门站价格已经由市场主导形成；② 铁路货运价格基本理顺，并建立了上下浮动的灵活调整机制。再次，居民阶梯价格制度逐步推开，阶梯气价制度在 13 个省份 50 个城市实施，阶梯水价制度在 26 个省份 275 个城市实施，阶梯电价制度除了新疆和西藏以外，其他地方全部建立。最后，地方价格改革同步加速，平均减少定价项目 50% 以上，上海、北京等 11 个地区已经完成地方定价目录修订。③ 2015 年 10 月，中共中央、国务院发布了《中共中央国务院关于推进价格机制改革的若干意见》，提出了今后改革的六大领域：完善农产品价格形成机制，加快推进能源价格市场化，完善环境服务价格政策，理顺医疗服务价格，健全交通运输价格机制，创新公用事业和公益性服务价格管理。可以预期，价格改革今后将进一步深化和发展。

---

① 《人民日报》，2016 年 2 月 23 日，第 2 版。
② 胡祖才：《纵深推进价格改革 提升价格监管水平 以优异的价格工作实绩迎接党的十九大胜利召开》，《价格理论与实践》，2017 年第 1 期。
③ 《人民日报》，2015 年 10 月 19 日，第 10 版。

第二节
推进价格改革和市场发育使中国经济运行从计划主导转轨为市场主导

改革开放以后,在价格改革和市场发育的推动下,中国经济运行逐渐由计划主导转轨为市场主导,中国经济逐渐由传统的计划经济转轨为社会主义市场经济。这意味着,微观经济活动主要由市场调节,政府对市场经济活动进行监管,主要是创造公平竞争的环境,并在市场失灵领域依法进行管理;宏观经济管理由直接管理转变为以间接管理为主,主要运用财政政策和货币政策,辅之以必要的行政手段和法律手段,促进宏观经济的稳定和健康运行。总之,价值规律在社会经济活动中起着支配和决定性作用。

一、1987年关于经济改革应以企业改革还是以经济运行机制改革为主线的争论

1987年10月至1988年6月,国家体改委组织中国社会科学院课题组、北京大学课题组、中央党校课题组、中国人民大学课题组、吴敬琏课题组、国务院农研中心发展研究所课题组、国家计委课题组和上海市课题组,就我国中期(1988—1995年)经济改革规划纲要提出报告。这是在我国经济体制改革由旧体制机制向新体制机制转变的关键时期,由国家体改委委托有关经济主管部门、科研机构、大专院校、个别直辖市上百名专家学者,就此后5~8年的经济改革应如何展开提供具体的思路、设想和规划纲要。这是一次集中各方智慧为改革献计献策的成功探索。8个课题组在中国经济体制要坚持市场化或市场化取向改革方向上是完全一致的,但在如何具体推进市场化取向改革、中期改革的主线是什么,如何处理好改革、发展和稳定的关系,短期快速转轨还是需用较长时间逐步转轨等方面,各家提出了各自的主张,

并且互相争辩，形成可喜的百家争鸣的景象。

当时争论最大的是关于中期改革的主线是什么，提出了三种不同的主张。第一种以北京大学和中央党校课题组为代表，主张企业改革中心论或所有制改革中心论，主张中期以企业改革为主线积极推行股份制，建立现代企业制度。他们认为，设计未来改革的方案，不能以价格改革为突破口。这是因为，价格说到底是市场当事人之间转让所有权的交易条件，没有有效的所有权结构，因此不可能有对企业和消费者有效的财产权利关系的约束，也就不可能有真正合理的价格体系。况且，经济在较严重的短缺配额背景下，价格和价格水平的调整对于经济恢复均衡的作用是微乎其微的。在企业不具有真正商品生产者法人的自由度的状况下，即使放开价格也不会收到预期的效果。价格改革对全部经济生活的功效如何，只能取决于社会主义条件下企业法人地位的明确程度。而商品经济下的价格制度，与其说是中央政府放给企业的，还不如说是企业真正成为商品生产者之后自我创造出来的。因此，价格改革只能是企业改革的归宿。作为全部经济体制改革的核心，只能是企业制度本身的重新改造，围绕这一核心，逐步调整价格，形成市场，最终实现价格放开，由市场定价。

第二种以吴敬琏课题组为代表，主张以价格改革为主线，着力实现经济运行机制转轨，以便为企业改革和其他改革创造一个良好的市场环境。他们认为，市场取向改革的关键在于价格改革。在取消了指令性计划的同时，如不及时放开价格，形成市场，整个经济活动就会不可避免地陷于混乱。放开价格从而建立起竞争性市场体系，是让新体制的整体功能得以发挥的基本条件。因此，市场—价格改革是经济体制改革的中心，中期改革规划必须以价格改革、建立市场为基本线索。

第三种以中国社会科学院课题组为代表，主张企业改革和价格改革、所有制改革和经济运行机制改革双线推进，即两条主线论，认为这两方面改革如同一个硬币的两面，不可偏废，而应协调配套进行。他们认为市场—价格改革和企业—所有制改革是互为因果、互有联系的连环套，没有"谁领先、谁在后"的问题。企业产权制度转换要求作为外部条件的价格改革和竞争性市场形成同步，价格的理顺和放开又要求企业行为机制发生相应的转换。因此，深化改革的基本思路在于同时抓住两条主线，坚持两方面改革有机辩证地结合。当然，在不同时期和不同情况下，这两者的侧重点可以有所不同。

20世纪八九十年代,中国经济体制改革的实践表明,价格改革一枝独秀,走在其他改革的前面,并带动市场发育,使市场机制作用逐步扩大。中国价格改革经过10多年的努力,在社会商品零售总额、工业生产资料销售总额、农副产品收购总额中,市场价格的比重就已占明显优势。见表6:

表6 我国社会产品的市场化比例

年 份	社会商品零售总额市场价格占比(%)	工业生产资料销售总额市场价格占比(%)	农副产品收购总额市场价格占比(%)
1978	2.8	0	7.4
1997	93.2	81.6	80.5

资料来源:王梦奎主编:《中国经济转轨二十年》,外文出版社,1999年版,第103、104页。

与此相对应,1998年,国务院价格主管部门及有关部门管理的价格,已由1978年的1336种(类)减少为58种(类)。

与价格改革迅速推进不同,国有企业改革则步履蹒跚,1987—1992年还在实行承包经营责任制,结果承包一轮国有资产流失一轮,还加剧了政企不分,越来越多的国有企业因缺乏市场竞争力而出现亏损。1997年,中央提出国有企业3年脱困和加快建立现代企业制度的任务。所以,中国改革实践比较符合吴敬琏课题组的判断。但是,价格—市场改革和经济运行机制的改革也逼迫国有企业改革必须跟进,如果国有企业不改革,对市场价格的变化不能做出灵敏的反应,市场优化资源配置的作用也就受到限制,市场价格的功能也就不能很好发挥。这说明,价格改革和国有企业改革必须协同推进,不能偏废。

随着市场化取向改革的不断推进,中国经济的市场化程度也在逐步提高,有专家测度(与其他专家的测度差不多),2001年,中国经济市场化程度已达69.0%,2004年、2005年、2006年则分别达到73.3%、78.3%、77.7%。[①] 中国经济市场

---

① 北京师范大学经济与资源管理研究院:《2008中国市场经济发展报告》,北京师范大学出版社,2008年版,第3页。

化程度超过60%、70%，充分表明中国经济活动已进入市场主导的阶段。

二、"十一五"用"规划"代替一直沿用的"计划"

2005年，党的十六届五中全会通过的《中共中央关于制定国民经济和社会发展第十一个五年规划的建议》（以下简称《建议》）表明，从第十一个五年起，我国在制定五年国民经济和社会发展蓝图时用"规划"而不再用"计划"，"规划"与"计划"一字之差，说明中国的经济运行已经真正转到以市场为主导的轨道上。大家知道，1992年，我国确立社会主义市场经济体制改革目标后，改革开放大步向前，到20世纪末已初步建立起社会主义市场经济体制，市场已经开始在资源配置中发挥基础性作用。2001年底，中国又正式加入世界贸易组织，初步形成经济运行的市场化、企业形态的公司化、宏观调控的间接化、对外开放的规范化。既然资源配置已经主要由市场调节，政府直接配置资源的职能已大大弱化，就没有必要也不能像过去那样政府作为经济活动的主角，定计划指标，安排项目，配置资源。在社会主义市场经济条件下，经济活动的主角应当是作为主要市场主体的企业、公司。所以，在建立起社会主义市场经济体制后，政府、市场、企业之间的关系已经发生了重大的变化，凡是市场、企业能做并且做得好的事情，政府都要脱手，让市场和企业去做，企业不再是政府行政部门的"附属物"了。可以说，从"计划"到"规划"的转变，体现了从计划经济到市场经济的转变，反映的是两种治理经济的理念转变。

"计划"改为"规划"，并不意味着政府就无所作为了。在社会主义市场经济条件下，政府要从万能的政府转变为主要履行宏观经济调控、市场监管、公共服务、保护环境和社会管理等职能的政府。多年来，政府在资源配置、干预微观经济活动方面经常越位，手伸得过长，而在提供公共服务、市场监管、保护环境和社会管理方面则往往缺位或不到位。把"计划"改为"规划"，也是在提示政府官员要更好地履行政府应承担的职责，继续推进政企分开、政资分开、政事分开、政府与市场中介组织分开，减少和规范行政审批，加快建设法治政府和服务型政府。

"计划"与"规划"的区别不在于有没有指标,而在于前者一般是指令性和层层分解下达的,后者主要是指导性和着重靠经济手段实现的。根据政府在社会主义市场经济条件下的职能定位,政府在制定五年建设规划时,主要着眼于宏观性、战略性、全局性问题,提出重要的指导思路和对策,提出市场配置资源和宏观调控的导向性意见。"规划"指标不是指令性的。根据中央《建议》制定的"十一五"发展规划纲要提出的经济社会发展的主要指标,第一次区分为预期性指标和约束性指标。预期性指标是国家期望的发展目标,主要依靠市场主体的自主行为实现。约束性指标是在预期性基础上进一步明确并强化了政府责任的指标,是中央政府在公共服务和涉及公众利益领域对地方政府和中央政府有关部门提出的工作要求,是要确保实现的指标。在22个主要指标中,国内生产总值、人均国内生产总值、服务业增加值比重、城镇化率、五年城镇新增就业、城镇登记失业率等都是预期性指标,而单位国内生产总值能源消耗降低、单位工业增加值用水量降低、耕地保有量、主要污染物排放总量减少、森林覆盖率、城镇基本养老保险覆盖人数、新型农村合作医疗覆盖率等则为约束性指标。这可以说是制定"十一五"规划纲要的重大变革。上述约束性指标,有很强的针对性,因为"十一五"时期,我国资源和环境对经济发展的瓶颈制约很突出,为加快资源节约型、环境友好型社会建设,把有关节约资源能源、治理环境污染的指标列为约束性指标,是十分必要的。

三、加入世界贸易组织不仅使我国加快融入经济全球化进程,而且有力地推动我国走向现代市场经济

2001年底我国正式加入世界贸易组织,成为其第143个成员,这是我国改革开放进程中的一个重大事件,也是顺应经济全球化潮流的重大举动,具有里程碑式的意义。加入世界贸易组织,标志着我国对外开放进入新的阶段。在入世谈判过程中,曾有不少人担心入世会影响国家经济安全,许多产业包括金融、农业、商业、信息业、医疗业、教育业等均会受到较大的冲击。但中国入世后10多年的实践表明,入世对中国利大于弊,无论是对外贸易利用外资还是对外投资都得到更加快速的增长,而原来的许多担心都没有出现。中国是经济全球化的受益者,入世提高了

中国的收益率。入世以后,中国的经济总量、对外经济往来、外汇储备、中国的国际地位等都大步提升。特别是,开放促进了改革,入世使中国一大批同市场经济一般规则相抵触的法律法规和政策得以废除和修改,推动中国快步迈向现代市场经济,要求尽快完善现代市场体系。

截至2016年底,中国入世已15年。15年来,中国认真履行入世承诺,深化各项改革,在更大范围和更深程度上参与经济全球化,也以更加积极的态度参与全球经济治理。入世后,中国关税平均水平由2001年的15.88%,降至2014年的9.6%,完全履行了承诺。中国的出口额由2001年的2660.98亿美元增长到2014年的23427.46亿美元,占全球出口额的比重由2003年的5.9%上升到2014年的12.2%;进口额由2001年的2435.53亿美元增长到2014年的19602.53亿美元,占全球进口额的比重由2003年的5.4%上升到2014年的10.5%。中国实际利用外资金额由2001年的496.7亿美元增长到2014年的1197.05亿美元、2015年的1263亿美元和2016年的1260亿美元。中国对外直接投资这几年也迅速增长,2014年为1029亿美元,2015年为1180亿美元,2016年为1701亿美元,其中2016年对外直接投资首次超过当年实际利用外资。中国对外承包工程合同金额由2001年的130.39亿美元增长到2014年的1917.6亿美元,2015年的1541亿美元,2016年的1594亿美元。以上事实充分说明,入世以后,中国正在以更积极的态度构建开放型经济新体系。

第三节
2020年前需加快完善现代市场体系

加快完善现代市场体系,是使市场在资源配置中起决定性作用最重要的条件。中国改革开放以来的实践证明,建设结构合理、功能完备、竞争性的现代市场体系,是实行经济运行机制转轨的主要着力点,是社会主义市场经济健康运行的基础。我们要在 2020 年建成完善的社会主义市场经济体制，就需要加快完善现代市场体系。

一、建设现代市场体系是使市场在资源配置中起决定性作用的基础

党的十八届三中全会通过的《决定》指出："建设统一开放、竞争有序的市场体系，是使市场在资源配置中起决定性作用的基础。必须加快形成企业自主经营、公平竞争，消费者自由选择、自主消费，商品和要素自由流动、平等交换的现代市场体系，着力清除市场壁垒，提高资源配置效率和公平性。"

根据《决定》的精神，现代市场体系包括三个基本要素：一是企业是独立的市场主体，是自主经营和公平竞争的。企业自主经营是企业成为企业的根本条件。企业自主经营包括企业自主从事采购原材料与能源和销售产品与服务的活动。公平竞争是社会主义市场经济中市场竞争的核心，只有公平竞争，才能真正做到优胜劣汰，才不会是劣币驱逐良币，市场优化资源配置的基本功能才能很好地发挥出来，不会出现资源错配。二是消费者是自由选择、自主消费的，不能对消费者进行强卖，要保护消费者权益，要给消费者知情权。这只有在市场体系比较发达和出现买方市场的条件下才能做到，配给制和凭票供应是与此相悖的。三是商品和要素是自由流动、平等交换的，自由流动就必须打破各种市场壁垒，不能为商品和要素的流动设置各种各样人为的障碍。平等交换最重要的是等价交换，价格是在市场竞争中由买卖双方讨价还价形成的，而不是由政府制定的，也不能是由行业垄断者确定的。必须同时具备以上三个基本要素，才称得上是统一开放、竞争有序的现代市场体系，而不是碎片式的、无序的、非竞争性的市场体系。只有真正形成现代市场体系，才能使市场在资源配置中发挥好决定性作用，提高资源配置的效率和公平性。

现代市场体系是逐步形成的，是各种各类市场发育、成熟的结果。我国在 1978 年改革开放前，由于实行计划经济体制，排斥市场机制和价值规律的作用，因此只存在一个残缺不全的消费品市场和集市贸易市场，价格以政府定价为主。改革开放后，随着市场化取向改革的逐步展开和深化，商品化、货币化、市场化进程的不断发展，先是农副产品市场和工业消费品市场发展起来，接着工业生产资料市场逐渐

兴起，特别是20世纪90年代初实现了工业生产资料价格双轨制向市场价单轨制过渡后，工业生产资料市场全面发展。20世纪90年代中后期还逐步形成了买方市场格局，取消了各种各样的票证和配给制。在各种物质产品和服务市场大发展不久，生产要素包括土地、劳动力、资金、技术等市场也开始建立和发展。总的来看，到现在为止，中国已成为世界上最大的一个市场。2015年，全社会消费品零售总额突破30万亿元，达300931亿元；2016年进一步增加到332316亿元。2016年货物进出口总额243386亿元，顺差33523亿元；2016年共签订技术合同32万项，技术合同成交金额11407亿元；2016年上市公司通过境内市场累计筹资23342亿元，比上年增加5088亿元。债券成交金额1316369亿元（2015年），期货成交金额5542300亿元（2015年）；商品房销售额87280.8亿元（2015年）。

我国现代市场体系虽已基本建立，但是还不完善，还存在不少体制性弊端有待今后克服。即使现代市场体系较好形成后，仍然需要随着市场经济活动的扩大和深化而不断完善。因此，现代市场体系建设只有进行时，没有完成时。2008年的国际金融危机表明，尽管人们普遍认为西方发达国家具有现代市场体系包括金融市场体系，但其仍然存在许多缺陷和监管漏洞，需要不断修补和完善。

现代市场体系建设离不开发挥政府的作用。政府不只是要培育和建设各类市场，更要制定公平合理的市场规则，营造公开、公平、公正的市场竞争环境，维护市场秩序。政府不能简单只当"守夜人"，还应充当维护良好的市场经济秩序的立法者、监督者、执法者。政府也要在市场上购买商品和服务，但政府只是作为消费者平等参与市场经济活动，不能滥用行政权力干预市场经济活动，妨碍公平竞争。政府的主要职责是充当市场的"裁判员"，对市场经济活动进行监管。不能既当"裁判员"，又当"运动员"参与市场竞争，影响和破坏公平的市场竞争环境。

总之，社会经济活动的商品化、货币化、市场化的不断发展，各种各类市场的不断发育和成熟，政府要因势利导，既积极培育和发展各种各类市场，又建立和完善公平开放透明促进市场公平竞争的规则，依法加强对市场经济活动的监管，维护公平竞争的市场环境和秩序，使现代市场体系逐步健全。这样的现代市场体系，是使市场在资源配置中起决定性作用的基础，也是发挥市场优化资源配置功能的必要条件。

二、加快完善现代市场体系需要解决的几个问题

依照《决定》的精神,今后加快完善现代市场体系,要着力解决好以下几个问题。

(1)在制定负面清单基础上,实行统一的市场准入制度。《决定》指出:"实行统一的市场准入制度,在制定负面清单基础上,各类市场主体可依法平等进入清单之外领域。探索对外商投资实行准入前国民待遇加负面清单的管理模式。"一直以来,我国在市场准入方面实行的是正面清单制度,即把允许进入的项目列在清单上面,清单上没有列出的,都不允许进入。即使进入清单以内的,也要报请有关政府部门审批,形成审批"长征路",费时费力费财,腐败蔓延。实行正面清单制度,特别不利于民间资本进入金融、石油、电力、铁路、电信、资源开发、公用事业等领域,不利于参与垄断行业非自然垄断环节的竞争性业务。国务院于2005年和2010年两次发布《关于鼓励支持和引导个体私营等非公有制经济发展的若干意见》即两个"36条",但一直很难落实,重要原因就是在实行正面清单制度下,想要鼓励民间资本进入垄断行业和公用事业领域,最后还是要这些部门同意认可才行,而这样做会损害这些垄断部门的既得利益,导致其设置各种障碍,设置"玻璃门",看得见但进不去。现在提出实行负面清单制度,也就是非禁即入,实行统一的市场准入制度,这对打破各种各样的行政垄断,放开垄断行业的竞争性业务,真正扩大民间资本的进入范围,具有决定性作用。实行负面清单制度,是市场经济国家的通行做法,可以提高市场经济活动的透明度和法治化水平,较好解决对非公有制经济的歧视性问题,对营造公平竞争市场环境至为重要。中国(上海)自由贸易区已于2013年9月29日正式挂牌。当天,以190条管理措施构成的2013年版负面清单对外公布。这是中国首个负面清单,拉开了中国转向负面清单管理的序幕。2014年版的负面清单进行了大幅度调整,外商投资准入特别管理措施共计139项,比2013年版减少了51项,减少了26.8%。通过上海自贸区两年的实践和探索,2015年国务院发布的《自由贸易试验区外商投资准入特别管理措施(负面清单)》

中,将上海等4个自由贸易区统一适用的特别管理措施进一步减少为122项。① 随着开放程度的提高,负面清单项目还会减少。而且,负面清单制度还要逐步扩大到全国各地。到2017年,除上海、广东、福建、天津自贸区外,又批准建立7个自贸区。

(2)改革市场监管制度,实行统一的市场监管,真正形成公平竞争的市场环境。市场监管主要指对市场主体行为是否合规进行监管,以维护良好的市场秩序和公平竞争的环境。《决定》要求:"清理和废除妨碍全国统一市场和公平竞争的各种规定和做法,严禁和惩处各类违法实行优惠政策行为,反对地方保护,反对垄断和不正当竞争。建立健全社会征信体系,褒扬诚信,惩戒失信。健全优胜劣汰市场化退出机制,完善企业破产制度。"一个时期以来,一些地方为了追求本地区GDP增速最大化,违规对本地企业实行优惠地价和税收政策,甚至对高耗能行业实行优惠电价,对高污染企业挂牌保护任其破坏环境和生态,强制消费者购买本地产品,对销往外地原材料硬性规定高于本地区内销售的价格即搞价格歧视,形成地区之间的恶性竞争。有的地方政府还对本地区长期亏损、扭亏无望的国有僵尸企业进行补贴或要求银行贷款让其维持下去。这种情况,严重影响了全国统一市场的建立和完善,也不利于资源的优化配置,而且加重产能过剩。有的垄断行业不愿意放开非自然垄断性业务,极力维护高价高收费而服务质量又不高,有些企业搞价格同盟,合谋串通涨价,搞不正当竞争,这些,实际上是维护本地企业的利益。垄断扼杀竞争和创新,麻痹市场对资源配置起决定性作用,从而损害资源配置效率的提高。此外,有些企业诚信度不高,失信成本太低,假冒伪劣产品充斥市场,毁约违约现象屡禁不止,使中国的营商环境不够好,也不利于现代市场体系的建设。以上情况说明,今后需要加强统一的市场监管,对各个市场主体行为进行规范,为使市场在资源配置中起决定性作用创造良好的条件。

《决定》针对一部分市场主体行为不够规范的问题,还做出了一些具体规定。比如,针对一些地方擅自出台税收优惠政策问题提出:"按照统一税制、公平税负、促进公平竞争的原则,加强对税收优惠特别是区域税收优惠政策的规范管理。税收

---

① 万军:《迈向开放型经济新时代》,广东经济出版社,2015年版,第65~66页。

优惠政策统一由专门税收法律法规规定,清理规范税收优惠政策。"针对垄断问题,《决定》指出:"国有资本继续控股经营的自然垄断行业,实行以政企分开、政资分开、特许经营、政府监管为主要内容的改革,根据不同行业特点实行网运分开、放开竞争性业务,推动公共资源配置市场化。进一步破除各种形式的行政垄断。"还提出"建立全社会房产、信用等基础数据统一平台,推进部门信息共享"等。

(3) 推进工商注册制度便利化。《决定》提出:"推进工商注册制度便利化,削减资质认定项目,由先证后照改为先照后证,把注册资本实缴制逐步改为认缴登记制。"国务院和有关部门迅速落实这一改革举措,并收到立竿见影的效果,大大激发了市场活力和创业积极性。从 2014 年起,日均登记企业 10000 多户。不仅企业数量在增长,纳税企业的数量也同步增长。据第三方评估,2015 年上半年,全国新增市场主体拉动 GDP 增速达 0.4 个百分点。新企业对创造新的就业机会、增加百姓收入至关重要。这两年,经济增速放缓,但就业不减反增,商事制度改革激发的就业创业起着很关键的作用。据调查,每个企业平均吸纳就业 7.4 人,每个个体工商户吸纳就业 2.9 人。按此匡算,2014 年新设企业创造就业超过 1200 万,2015 年新设企业创造就业超过 1400 多万。① 今后,这一稳增长促就业的改革要继续推进下去,并不断完善,如继续创新事中事后监管机制,使我国营商环境不断改善。

第四节
重点推进资源产品和要素市场化改革,完善主要由市场决定价格的机制

党的十八届三中全会《决定》指出:"完善主要由市场决定价格的机制。凡是能由市场形成价格的都交给市场,政府不进行不当干预。推进水、石油、天然气、电力、交通、电信等领域价格改革,放开竞争性环节价格。政府定价范围主要限定

---

① 《人民日报》,2016 年 2 月 23 日,第 2 版。

在重要公用事业、公益性服务、网络型自然垄断环节,提高透明度,接受社会监督。完善农产品价格形成机制,注意发挥市场形成价格作用。"

价格由市场竞争形成,而不是由政府制定,是加快完善现代市场体系的最重要环节,是使市场在资源配置中起决定性作用的根本前提。价格是最重要、最灵敏的市场信号。只有在市场竞争中形成的价格,才能真实反映市场供求关系、资源稀缺程度、环境和生态损害成本,这样的价格信号,才能引导资源向能获得较高效益的部门或行业流动,从而优化资源配置。如果价格信号失真,必然造成资源错配,带来效率损失。

党的十八届三中全会以来,价格改革进程明显加快,取得了新的重大进展,成品油、天然气、铁路运输等领域价格市场化程度已经显著提高。截至2015年底,97%以上的商品和服务价格已经由市场形成。国家发改委已于2015年10月发布重新修订的《中央定价目录》,这份自2016年1月1日起施行的目录大幅缩减了定价范围,由以前的13种(类)减少到7种(类),定价项目由以前的约100种减少为20种,减少约80%。但是,与由市场决定价格机制的要求相比还有不少差距:一是一些重点领域和关键环节价格改革还要深化,如能源、交通运输这些领域的价格改革现在还没有完全到位,公用事业和公共服务价格正处在攻坚时期,也没有完全到位;二是政府定价制度还需要进一步健全;三是市场价格行为有待进一步规范,之前发生的"天价虾""天价鱼"等事件就属于价格行为不规范的情况。

2015年10月15日发表的《中共中央国务院关于推进价格机制改革的若干意见》(以下简称《意见》),是指导我国今后价格改革的纲领性文件。《意见》明确,到2017年,竞争性领域和环节价格基本放开,政府定价范围主要限定在重要公用事业、公益性服务、网络型自然垄断环节。到2020年,市场决定价格机制基本完善,科学、规范、透明的价格监管制度和反垄断执法体系基本建立,价格调控机制基本健全。

《意见》明确了六大重点领域价格改革方向,即完善农产品价格形成机制,加快推进能源价格市场化,完善环境服务价格,理顺医疗服务价格,健全交通运输价格机制,创新公用事业和公益性服务价格管理。

《意见》提出，建立健全政府定价制度，使权力在阳光下运行。推进政府定价项目清单化，规范政府定价程序，加强成本监审和成本信息公开。

《意见》明确，加强市场价格监管和反垄断执法，逐步确立竞争政策的基础性地位。健全市场价格行为规则，推进宽带网络提速降费，加强市场价格监管，强化反垄断执法，完善价格社会监督体系。

《意见》还提出，充分发挥价格杠杆作用，更好地服务宏观调控。加强价格总水平调控，健全生产领域节能环保价格政策，完善资源有偿使用制度和生态补偿制度，创新促进区域发展的价格政策，等等。

第五节
完善金融市场体系，建立城乡统一的建设用地市场

要加快完善现代市场体系，还要完善金融市场体系，建立城乡统一的建设用地市场，深化科技体制改革等。

一、完善金融市场体系

根据党的十八届三中全会《决定》精神，以下几点需要特别重视。

（1）允许民间资本发起设立中小型银行等金融机构。《决定》首次提出，在加强监管前提下，允许具备条件的民间资本依法发起设立中小型银行等金融机构。银监会于2014年3月确定5家民营银行试点，实行共同发起人制度，即每家要求不少于2个发起人。这5家民营银行都已正式营业，银监会现正在受理更多的申请者。随着民营中小银行的发展，将进一步完善金融体系结构，更好地为中小型实体经济提供服务。

（2）加快人民币利率和汇率市场化进程，加快实现人民币资本项目可兑换。《决定》指出："完善人民币汇率市场化形成机制，加快推进利率市场化，健全反

映市场供求关系的国债收益率曲线。推动资本市场双向开放,有序提高跨境资本和金融交易可兑换程度,建立健全宏观审慎框架下的外债和资本流动管理体系,加快实现人民币资本项目可兑换。"2015年,由于央行取消了人民币存款利率上限,人民币利率市场化已经基本实现。汇率的浮动幅度也扩大了,汇率市场化程度又有进一步提高。人民币资本项目可兑换也在逐步推进中。总之,各方面改革正在按照《决定》的要求逐步推进。

(3) 建立存款保险制度,完善金融机构市场化退出机制。这是《决定》的又一亮点。存款保险制度是市场经济条件下保护存款人的重要举措,是金融安全网的重要组成部分。目前,世界上已有110个国家和地区建立了存款保险制度。根据《决定》要求,国务院已于2015年4月公布《存款保险条例》,自2015年5月1日起施行。《存款保险条例》规定的50万元的最高偿付限额,是中国人民银行会同有关方面根据我国的存款规模、结构等因素,并考虑我国居民储蓄意愿较强、储蓄存款承担一定社会保障功能的实际情况,经反复测算后提出的。这一数字约为2013年我国人均GDP的12倍,高于世界多数国家的保障水平,能够为99.63%的存款人提供全额保护。[①] 存款保险制度的建立,为金融机构的市场化退出创造了最重要的条件。

二、建立城乡统一的建设用地市场

《决定》指出:"在符合规划和用途管制前提下,允许农村集体经营性建设用地出让、租赁、入股,实行与国有土地同等入市、同权同价。缩小征地范围,规范征地程序,完善对被征地农民合理、规范、多元保障机制。扩大国有土地有偿使用范围,减少非公益性用地划拨。建立兼顾国家、集体、个人的土地增值收益分配机制,合理提高个人收益。完善土地租赁、转让、抵押二级市场。"土地是最重要的生产要素,也是农民最主要的财产。过去我们对农民的土地产权不够尊重,许多地方政府都通过侵犯农民的土地产权获取收入,形成扭曲的土地财政。建立城乡统一

---

① 《经济日报》,2015年4月1日。

的建设用地市场,关键是要允许农村经营性建设用地出让、租赁、入股,实行与国有土地同等入市、同权同价。建立统一的建设用地市场,有利于盘活农村集体建设用地,提高土地利用效率,增加农民和农村集体经济组织收入,缩小城乡经济发展差距和居民收入差距。现有的一些法律法规要按照《决定》的上述精神进行完善、修订,以便使改革有法可依,规范推进,使土地这一重要的要素市场走上健康发展的轨道,更好地发挥市场对土地资源配置的作用。

党的十八届三中全会以后,各地都按十八届三中全会精神深化农村集体产权制度改革,最突出的是提出和落实农村土地集体所有权、农户承包权、土地经营权"三权分置"。加快农村承包地确权颁证,扩大整省试点范围。统筹协调推进农村土地征收、集体经营性建设地入市、宅基地制度改革试点等。

三、深化科技体制改革,发展技术市场

中国要实现经济转型和产业升级,就要靠技术进步和创新,改变技术对外依存度过高的状况,加快创造型国家建设。《决定》指出:"建立健全鼓励原始创新、集成创新、引进消化吸收再创新的体制机制,健全技术创新市场导向机制,发挥市场对技术研发方向、路线选择、要素价格、各类创新要素配置的导向作用。建立产学研协同创新机制,强化企业在技术创新中的主体地位,发挥大型企业创新骨干作用,激发中小企业创新活力,推进应用型技术研发机构市场化、企业化改革,建设国家创新体系。"

为了改变我国技术创新项目和经费分配过度行政化,在支持创新技术和产品开拓市场、培育商业模式方面的政策不够有力,《决定》指出:"打破行政主导和部门分割,建立主要由市场决定技术创新项目和经费分配、评价成果的机制。发展技术市场,健全技术转移机制,改善科技型中小企业融资条件,完善风险投资机制,创新商业模式,促进科技成果资本化、产业化。"为了更好地推进科技创新和技术进步,《决定》还要求,加强知识产权运用和保护,健全技术创新激励机制,探索建立知识产权法院,等等。

2015年,党的十八届五中全会《中共中央关于制定国民经济和社会发展第十

三个五年规划的建议》提出，要完善发展理念，牢固树立创新、协调、绿色、开放、共享发展理念。指出："创新是引领发展的第一动力。必须把创新摆在国家发展全局的核心位置，不断推进理论创新、制度创新、科技创新、文化创新等各方面创新，让创新贯穿党和国家一切工作，让创新在全社会蔚然成风。"还提出："深入实施创新驱动发展战略。发挥科技创新在全面创新中的引领作用，加强基础研究，强化原始创新、集成创新和引进消化吸收再创新。"在党和政府强化创新驱动发展战略推动下，技术市场迅速发展。2015年共签订技术合同30.7万项，技术合同成交额9835亿元，比上年增长14.7%。2016年共签订技术合同32万项，技术合同成交额11407亿元，比上年增长16%。

第一章
消费品市场

　　消费品市场是现代市场体系的重要组成部分。消费品市场包括居民衣食住行的方方面面，关系着国计民生。由于消费品市场与居民生活密切相关，因此在我国的诸多市场化改革中，消费品市场经常走在各项改革的最前端。也正由于此，消费品市场是我国市场体系中发展最早、发展最快，也发展得较为完善的市场。

　　伴随着我国经济的高速发展，消费品市场也随之壮大。我国消费品市场的规模，可以从GDP支出法中消费支出的金额看出。1978年，我国消费品市场的规模为2232.90亿元，到2015年达到了359516.40亿元（以当年价格计算，不考虑通胀因素，下同）。2015年消费品市场规模是1978年的161倍，年均名义增速是14.72%。消费品市场的快速增长，根本原因在于我国经济整体规模的扩大。1978年我国的国内生产总值仅为3634.10亿元，到2015年高达696593.80亿元。同样，我国人均GDP也从1978年的385元提升到2015年的49992元。经济增长带来居民收入的提高，收入的增加带来消费的增加。

　　消费在我国宏观经济中的作用，改革开放以来可以分为几个阶段：一是从1978年到20世纪80年代中后期，这一阶段由于我国经济活力增强，市场逐步放开，居民多年被压抑的消费能力和消费热潮被激发，消费支出占国民经济的比重持续上升。在1978年支出法核算GDP中，最终消费支出的占比为61.44%，到20世纪80年代中后期，该比重保持在65%左右。其中峰值出现在1983年，为66.78%，这也是改革开放近40年消费支出占比最高的年份。第二个阶段是从20世纪80年代中后期到2002年，消费支出占经济的比重保持在60%上下，处于比较平稳的区间。从2002年开始到

2010年，最终消费支出占GDP的比重迅速下降，2010年该比重仅为48.45%，这是改革开放以来最低的一年。这个阶段，消费相对于投资和出口而言，对经济的拉动能力较弱。从2008年开始，我国最终消费支出占GDP的比重低于50%，这种情况持续了4年。第四阶段是从2011年开始，最终消费支出占比开始略有回升，2015年该比重为51.61%。

表1 我国1978年以来全社会消费支出规模

年份	消费支出规模（亿元）	同比增长（名义）	年份	消费支出规模（亿元）	同比增长（名义）
1978	2232.90	—	1997年	47508.60	10.26%
1979	2578.30	15.47%	1998年	51460.40	8.32%
1980	2966.90	15.07%	1999年	56621.70	10.03%
1981	3277.30	10.46%	2000年	63667.70	12.44%
1982	3575.60	9.10%	2001年	68546.70	7.66%
1983	4059.60	13.54%	2002年	74068.20	8.06%
1984	4784.40	17.85%	2003年	79513.10	7.35%
1985	5917.90	23.69%	2004年	89086.00	12.04%
1986	6727.00	13.67%	2005年	101447.80	13.88%
1987	7638.70	13.55%	2006年	114728.60	13.09%
1988	9423.00	23.36%	2007年	136229.40	18.74%
1989	11033.30	17.09%	2008年	157466.30	15.59%
1990	12001.40	8.77%	2009年	172728.30	9.69%
1991	13614.20	13.44%	2010年	198998.10	15.21%
1992	16225.10	19.18%	2011年	241022.10	21.12%
1993	20796.70	28.18%	2012年	271112.80	12.48%
1994	28272.30	35.95%	2013年	300337.80	10.78%
1995	36197.90	28.03%	2014年	328312.60	9.31%
1996	43086.80	19.03%	2015年	359516.40	9.50%

数据来源：国家统计局。

第一节
改革开放以来消费品市场的主要变化

我国消费品市场除了总量上的增加,在结构上、运行机制上都有显著的变化。作为市场中最重要的信号——市场价格,也随着改革开放的不断深入,在不同时期有不同的表现。

一、消费品市场呈结构性变化

消费品结构,指的是消费品市场的内部构成,包括政府消费与居民消费的比例,也包括城市消费和农村消费的比例。

消费总支出可以分为政府消费和居民消费。我国消费结构的一个基本现象是,政府消费占社会总消费比重很高,并且该比重在持续上升。1978年以来,我国政府消费占社会总消费的比重平均达到了23.87%,这在世界上是一个较高的比例。我国政府消费的另外一个特征,是其占社会总消费的比重呈不断攀升的态势。在20世纪70年代,政府消费占总消费的比重平均为19.37%;在20世纪80年代,该比重的平均值上升到20.89%,比70年代上升了1.52个百分点;20世纪90年代,政府消费占比进一步上升到23.45%,比80年代再上升了2.56个百分点。21世纪头10年,即2000—2009年,政府消费占社会总消费的比重平均为26.16%,这比20世纪90年代的平均水平又提升了2.71个百分点。2010—2015年,政府消费占比平均为26.57%,比21世纪头10年还是略有上升。改革开放以来,政府消费占社会总消费比重的低点出现在1982年,为19.81%;高点出现在2013年,为26.83%。

政府消费占消费总支出的比重上升,一方面是由于我国政府在国民收入分配中占据更为强势的地位。根据国民经济核算的原理,全社会的可支配收入在政府部门、企业部门及住户部门之间进行分配。1995年，政府部门获得可支配收入的比重为14.10%，企业部门为19.70%，居民部门为66.20%。到2014年，政府部门上升到18.85%，企业部门微升，为20.50%，居民部门出现较大幅度下滑，仅为60.65%。收入分配中政府份额的增大，能显著提高政府的购买力，自然会带来政府消费比重的提升。

消费品市场结构的另外一个显著变化就是，在居民消费的内部结构中，城乡消费市场规模对比的逆转。在改革开放之初，我国居民消费中，农村居民的消费规模居主导地位，城镇居民的消费规模居次要地位。1978年，农村居民消费支出占居民消费总支出的比重为62.10%，城镇居民对应的是37.90%。随着我国经济的不断发展和改革开放的不断深入，农村居民消费支出占居民消费总支出的比重不断下降，到1992年跌破50%，为48.30%，2003年剩下30%，2015年仅为22.23%。农村消费市场已成为相对不重要的居民消费市场，城镇消费市场已成为我国居民消费市场的主流。

城乡消费市场规模的逆转，一方面是城乡消费水平的差异。改革开放的绝大多数年份，城市居民购买力增长较快，也造成城市居民消费水平比农村居民提高更快。表2是改革开放以来我国城乡消费水平的对比情况。1978年，城市居民消费水平是农村居民的2.93倍，在改革开放初期，农村改革走在前列，农村居民收入改善较快，1978—1985年，农村居民与城市居民的消费水平差距缩小。20世纪80年代中期以后，城市居民的收入增长速度明显高过农村居民，城乡居民的消费水平开始拉开距离，到2000年，城市居民的消费水平达到农村居民的3.70倍。21世纪后，城乡消费水平的差距呈缩小的趋势。

表2 城乡消费水平对比 （农村居民=1）

年份	城乡消费水平对比	年份	城乡消费水平对比
1978	2.93	1997	3.19
1979	2.67	1998	3.32
1980	2.75	1999	3.54

(续表)

年份	城乡消费水平对比	年份	城乡消费水平对比
1981	2.56	2000	3.70
1982	2.22	2001	3.60
1983	2.17	2002	3.60
1984	2.22	2003	3.50
1985	2.17	2004	3.50
1986	2.20	2005	3.50
1987	2.23	2006	3.50
1988	2.37	2007	3.50
1989	2.29	2008	3.50
1990	2.24	2009	3.40
1991	2.45	2010	3.50
1992	2.87	2011	3.20
1993	3.24	2012	3.10
1994	3.40	2013	3.00
1995	3.55	2014	2.90
1996	3.25	2015	2.80

数据来源：国家统计局。

另一方面是城镇化水平的快速推进。在改革开放之初，我国城镇人口占总人口的比重仅为17.92%，在1992年也仅为27.46%，到2011年，我国人口首次实现城镇人口数量超过农村人口数量的情况，城镇化率达到51.27%。到2016年，我国城镇人口比重已经达到57.35%。消费品市场农村人口占多数的情况不复存在，因此，农村消费品市场占消费品市场总规模的比重也将日益缩小。

二、市场化程度的不断加深

消费品市场的运行机制，探究的是主导消费品市场运行的基本动力。改革开放之后，我国的消费品市场经历了政府由直接控制为主转到以市场调节为主，政府干预市场只在极少领域，并通过间接控制的方式进行，市场机制日益发挥更大作用的历史过程。

消费品市场的市场化，最重要的指标是消费品价格的决定方式。在改革开放之初，消费品中绝大部分的价格是由政府决定的。经过近40年的改革，政府定价的比例占全部消费品的比例已到了可忽略不计的程度。

表3 社会消费品零售中定价形式的比重变化

（单位:%）

年份	政府定价	政府指导价	市场调节价
1978	97.0	0.0	3.0
1988	47.0	1.9	34.0
1992	5.9	1.1	93.0
1997	5.5	1.3	93.2
2006	2.8	1.9	95.5

数据来源：魏礼群主编：《中国经济体制改革30年回顾与展望》，人民出版社，2008年版，第204页。

三、消费品市场的价格波动幅度逐渐变小

改革开放以来，消费品的市场化程度不断加深，改变了计划经济下数十年价格基本保持不变的情况，消费品的价格出现较大的变动。消费品市场的价格，主要经历了两次时期持续较长、价格上升较快的通货膨胀。第一次是在20世纪80年代中后期，从1985年开始一直持续到1989年。第二次是在20世纪90年代，从1992年开始持续到1996年。之后也出现了第一次的通货紧缩，从1998年持续到2002年。

表 4　我国改革开放以来的 CPI 情况（上年为 100）

年份	CPI	年份	CPI
1978	100.70	1998	99.20
1979	101.90	1999	98.60
1980	107.50	2000	100.40
1981	102.50	2001	100.70
1982	102.00	2002	99.20
1983	102.00	2003	101.20
1984	102.70	2004	103.90
1985	109.30	2005	101.80
1986	106.50	2006	101.50
1987	107.30	2007	104.80
1988	118.80	2008	105.90
1989	118.00	2009	99.30
1990	103.10	2010	103.30
1991	103.40	2011	105.40
1992	106.40	2012	102.60
1993	114.70	2013	102.60
1994	124.10	2014	102.00
1995	117.10	2015	101.40
1996	108.30	2016	102.00
1997	102.80		

资料来源：国家统计局。

改革开放以来我国消费品市场价格的波动，改变了计划经济时代沉闷的价格机制，是市场参与方各种力量的综合体现。价格成为市场中最重要的信号，引导着生产者和消费者的行为。价格波动程度，也可体现市场发育程度。在改革开放初期，我国消费品市场的价格波动较大，这是由于当时消费品的生产供给方改革尚处于摸索阶段，消费品需求在计划经济时代受到长期压抑后的突然释放，供需双方紧张关系的背景下产生的；20世纪90年代中前期也出现价格的巨大波动，这与当时我国放开大部分价格控制的短期政策冲击有关，事实也证明，从20世纪90年代中期以后，政府放弃了大部分的价格控制，并不会造成价格的大波动。恰恰相反，市场决定的价格体现了供需双方力量的博弈，反而有助于整体价格的平稳。

第二节
改革开放以来消费品市场演变的四个阶段及其特征

一、1978—1991年的消费品市场

改革开放之初，我国市场体系的一个突出矛盾是消费品短缺。在原有的计划经济体制中，生产和消费都有计划当局严格控制，没有运作良好的消费品市场。消费品市场在计划经济时代，大多数的产品（不能称为"商品"）经过准供给制实现。对生产者而言，完成计划要求的数量，其提供的价格也事先由计划当局决定；对消费者而言，对产品价格没有议价权，在作为价格接受者的基础上，还要接受数量配给。典型的情况是购买产品时不仅需要货币，还要有对应产品的票证。货币并不完全实现货币的全部功能，让渡的职能由票证行使，如农产品的粮票、油票。生产和消费之间脱节，生产者和消费者虽然是消费品市场的参与者，但仅仅拥有极为有限的自主决策权。由于消费品关系到国计民生，关系到每个居民的日常生活，因此，如何搞活消费品市场，成为政府改革的首要问题。事实也证明，我国从计划经济向市场经济渐进式转轨的改革历史进程中，消费品市场在市场化过程中起到了先导作用。在20世纪80年代，通过渐进式的价格改革，培育市场主体，不断满足居民日益提高的生活需求，消费品市场迅速发育并壮大。

1. 渐进式的价格改革

20世纪70年代末，在计划经济体制下的指令性价格，是由当时的计划和物价

当局直接确定的。当时的理论界和实际经济工作者都承认，不同产品之间的比价脱离于它们的实际价值，这种不合理性在工农产品之间尤其突出。当时的国家物价总局对工农产品价格"剪刀差"进行过测算，其测算理论依据是马克思的劳动价值论。最终的测算结果是，农产品价格低于其价值25%~30%，工业品价格高于其价值15%~20%。

党的十一届三中全会把缩小工农产品价格"剪刀差"作为一项重要的工作，在决议中提出，"为了缩小工农产品交换的差价，全会建议国务院作出决定，粮食统购价从1979年夏粮上市的时候起，提高20%，超购部分在这个基础上再加价50%，棉花、油料、糖料、畜产品、水产品、林产品等农副产品的收购价格也要分别情况，逐步做相应的提高"。党的十一届三中全会决定大幅度提高主要农产品的收购价格是中华人民共和国成立以来提价品种最多、幅度最大的一年。提价后，农产品收购牌价比调价前上升19.8%，其中粮、棉、油、猪等18种农产品提价28.3%。

在对主要农产品的收购价格提高的同时，政府要求农产品的统销价格保持大致稳定。党的十一届三中全会决议指出："农产品收购价格提高以后，一定要保证城市职工的生活水平不会下降。粮食销价一律不动；群众生活必需的其他农产品的销价，也要坚决保持稳定；某些必须提价的，要给予消费者以适当补贴"。为此，对凭票定量供应的物资如粮、棉、油，要求销价不动，由国家财政补贴给经营单位；对肉、禽、蛋等不属于国家统购统销的副食品，国家对职工发放补贴。

在国家对购销方面价格的严格调控下，农产品的价格朝着相对合理方向改进，大大提高了农民的生产积极性，各类农产品的产量在极短期内得到较大的提升。同1978年比较，粮食产量增长9%，棉花产量增长2%，油料产量增长23.3%；我国农业总产值增长了8.6%。农民收入提高，农村经济迅速繁荣。另外，由于农产品的销售价格得到较好的控制，全社会的通货膨胀保持在较低位。

1979年的价格改革取得重大成就，但这仅是调整价格关系的初步尝试。这种尝试统筹兼顾各方面的利益，成为帕累托改进式的改革。必须看到，这种价格调整仅仅使工农产品的价格实现部分合理化，并没有真正解决商品价格如何决定的问题。1984年，中共十二届三中全会作出的《中共中央关于经济体制改革的决定》

指出,"当前我国价格体系不合理的主要表现是:同类商品的质量差价没有拉开;不同商品之间的比价不合理,特别是某些矿产品和原材料价格偏低;主要农副产品的购销价格倒挂,销价低于国家购价",同时指出,"价格体系的不合理,同价格管理体制的不合理有密切的关系。在调整价格的同时,必须改革过分集中的价格管理体制,逐步缩小国家统一定价的范围,适当扩大有一定幅度的浮动价格和自由价格的范围,使价格能够比较灵敏地反映社会劳动生产率和市场供求关系的变化,比较好地符合国民经济发展的需要"。

1982年9月至1984年10月,国家分三批放开了小商品价格。小商品价格放开的原则是:既有利于搞活小商品的生产和流通,又不能影响市场物价的基本稳定。在小商品市场取得成功之后,国家又对副食品市场进行渐进式改革。

在20世纪80年代,消费品市场改革遵循分阶段、分品种、渐进式改革,总体上取得较好效果。在80年代中后期,由于改革幅度过大、步骤过快,引发居民恐慌并造成恶性通货膨胀,这从反面论证了渐进式价格改革的正确性。

2. 初步形成独立的市场供应主体

改革开放之初,我国工业类消费品市场的供应主体,主要是国营(国有)企业和集体企业,非公有制经济的比重几乎为零。1979年,在全国工业总产值中,国有企业的比重为78.5%,集体企业为21.5%。国有企业在长期计划经济下,不接触市场,也不存在价格等市场信号,管理僵化,效率低下,无法满足居民的消费需求,形成普遍的短缺。国有企业改革成为经济改革的重要内容。改革国有企业就是改善供给,培育适应市场的供应主体。20世纪80年代,国有企业改革的主线是扩大企业自主经营权。1979年,国务院颁发了《关于扩大国营工业企业经营管理自主权的若干规定》,同时发布了在利润留成、固定资产折旧、流动资金信贷等方面的配套文件,国有企业放权让利改革在全国范围内推行。1984年,国务院《关于进一步扩大国营工业企业自主权的暂行规定》(现已失效),提出要进一步调动企业的积极性,在生产经营计划、产品销售、产品价格、物资选购、资金使用、资产处置、机构设置、人事劳动管理、工资奖金、联合经营等10个方面扩大了企业自主权。中共十二届三中全会《中共中央关于经济体制改革的决定》提出了各级政府部门原则上不再直接经营管理企业。少数由国家赋予直接经营管理企业责任的政府经济部门也要按照简政放权的精神，正确处理同所属企业的关系，以增强企业自主经营的活力。在20世纪80年代中后期，国有企业承包制得到迅速推广。

在放权让利、扩大国有企业自主经营权的大背景下，国有企业活力获得一定释放，以消费品类占主体的轻工业得到迅速发展。1978年，我国工业总产值中轻工业占43.1%，重工业占56.9%；到1990年，轻工业占比为48.9%，重工业占比为51.1%，长期困扰我国的工业结构失衡得到一定程度的缓解。消费品工业的产销量也得到快速增长。1978年，在我国主要消费品工业中，布、自行车、电冰箱、电视机的产量分别为110.3亿米、854万辆、2.8万台、51.73万台；到1989年，分别达到189.2亿米、3677万辆、670.8万台、2766.54万台。

工业类消费品的供应主体还包括集体企业。集体企业在20世纪80年代异军突起。1984年中共中央《关于1984年农村工作的通知》指出，"鼓励农民向各种企业投资入股。鼓励集体和农民本着自愿互利的原则，将资金集中起来，联合去办各种企业"。在"七五"计划中，规定对乡镇企业要和国营企业一视同仁。1985年的中共中央一号文件提出，对乡镇企业"积极扶持，合理规划，正确引导，加强管理"。1986年，邓小平同志对乡镇企业的发展给予了高度评价，肯定其异军突起。乡镇企业产品主要集中在消费品等轻工业领域，突破了国有企业在很多消费品工业供给中一统天下的局面，而且乡镇企业经营灵活，迅速同国有企业争夺市场，形成更为多元的供应主体。乡镇企业总产值从1978年的514.38亿元，增长到1991年的11810.58亿元。乡镇企业的发展不仅增加了供给，丰富了市场，还为农民增收、提高购买力作出积极贡献。农村居民从乡镇企业获得的收入占农民收入的比重，从1978年的8.04%上升到1991年的18.37%。

表5 乡镇企业的快速发展（1978—1991年）

年份	第二产业增加值（亿元）	就业人员（万人）	吸收就业占农村劳动力比重
1978	172	2827	9.23%
1979	191	2909	9.40%

(续表)

年份	第二产业增加值（亿元）	就业人员（万人）	吸收就业占农村劳动力比重
1980	234	3000	9.42%
1981	271	3970	12.15%
1982	302	3113	9.20%
1983	335	3235	9.30%
1984	502	5028	14.50%
1985	614	6979	18.83%
1986	712	7973	20.99%
1987	1209	8805	22.60%
1988	1492	9545	23.80%
1989	1768	9366	23.10%
1990	2096	9262	22.05%
1991	2501	9614	22.31%

资料来源：《中国乡镇企业30年》，中国农业出版社，2008年版。

据统计，1987年与1978年相比较，在全社会商品零售总额中，全民所有制占比从90.5%下降到38.6%，集体所有制的比重从7.4%上升到35.7%，个体比重由2.1%升为23.7%。

市场供应体系的一个重要环节是商品流通体系。在计划经济时代，商品流通是在一套高度集中的购销体系中进行，形成国家统一收购、分配、调拨的流通体制。国有流通企业、供销社是主要的商业机构。这种购销体系与计划经济密切结合。随着改革的深入，购销体系的改革主要围绕三个方面展开：一是扩大流通企业的自主权，通过放权让利、承包制等国有企业改革手段，增加流通企业的自主经营权，打破自上而下、单一的分配性流通体系。二是放松和放开消费品的价格。三是培育和发展各种批发业和零售业。1983年，国务院发布第21号文《大中城市逐步建立农产品批发市场》，北京、上海等地开始建立批发市场。到1984年底，在60多个城市和10多个县建立了110个物资贸易中心。商品流通的改革大大释放了生产力，在农业领域效果尤为显著。1978年，商业部和供销合作总社管理的派购农副产品有117种，改革开放后，国家逐步减少了统购统销的农产品数量和范围，1981年减少为141种，1984年减少为38种。从1985年起，除了个别品种外，国家不再向农民下达农产品统购派购任务，根据不同情况，分别实行合同定购和市场收购。农产品取消统购统销，大大刺激了农业生产，农业效率也得到惊人提高。从表6中可以看出，我国农村经济的效率提高惊人，在短短数年间，我国粮食单位面积的产量增加超过50%，1984年的粮食总产量也比1978年增长超过30%。我国计划经济时代农产品的普遍短缺现象彻底消失。

表6 我国的农产品生产供应情况

年份	粮食总产量（万吨）	棉花产量（万吨）	夏粮单位面积产量（公斤）	棉花单位面积产量（公斤）
1978	30476.50	216.70	1862.19	445.30
1979	33211.50	220.74	2125.71	489.24
1980	32055.50	270.67	1912.23	550.11
1981	32502.00	296.76	2142.26	572.34
1982	35450.00	359.85	2476.96	617.40
1983	38727.50	463.70	2772.83	763.00
1984	40730.50	625.84	2957.96	903.98
1985	37910.80	414.67	2919.32	806.69
1986	39151.20	354.04	3035.97	822.17
1987	40297.70	424.51	2984.52	876.34
1988	39408.10	414.87	2944.77	749.57
1989	40754.90	378.79	2987.13	727.98
1990	44624.30	450.77	3124.85	806.66
1991	43529.30	567.50	3054.55	867.97

资料来源：wind资讯。

3. 旺盛的需求和价格的剧烈变动

改革开放后，压抑多年的生产力得到释放，经济总量不断跃升新台阶，居民的收入水平也得到快速增长。收入增长带来消费需求增加，旺盛的需求是消费品市场繁荣的必要条件。改革开放之初我国的消费品市场，消费需求层次相对较低，属于温饱型需求。一般认为，恩格尔系数在50%~60%属于温饱型社会。在20世纪80年代中后期，我国城镇居民和农村居民的恩格尔系数都处于温饱型区间。我国居民旺盛的需求表现为一些耐用消费品的迅速普及。这是由于此前居民各类消费品的普及率较低。从农村居民耐用消费品保有量看，1980年每百户拥有自行车为36.90辆、黑白电视机0.40台，显然处于很低的水平。到1991年，农村居民每百户拥有自行车121.60辆、黑白电视机47.50台，比1980年有了明显的提升。这期间伴随着农村居民耐用消费品的逐步普及。同样的现象也发生在城镇。1985年，城镇家庭平均每百户拥有电冰箱6.58台、彩色电视机17.24台；到1991年，分别达到48.70台和68.40台。

居民需求旺盛的另外一个表现是居民的消费率高。以生活消费支出占可支配收入（纯收入）的比重看，1978—1989年，城镇居民的消费率都在85%以上，部分年份（1981年、1988年）还超过90%。农村居民除了1984年、1985年的消费率较低（低于80%）外，其余年份也都超过了80%。

表7　我国城乡居民的收入、消费支出及恩格尔系数

年份	城镇居民人均可支配收入（元）	城镇居民人均生活消费支出（元）	城镇居民恩格尔系数（%）	农村居民人均纯收入（元）	农村居民人均生活消费支出（元）	农村居民恩格尔系数（%）
1978	343.4	311.2	57.5	133.6	116.1	67.7
1979	405.0	—	—	160.2	134.5	64.0
1980	477.6	412.4	56.9	191.3	162.2	61.8
1981	500.4	456.8	56.7	223.4	190.8	59.9
1982	535.3	471.0	58.6	270.1	220.2	60.7
1983	564.6	505.9	59.2	309.8	248.3	59.4
1984	652.1	559.4	58.0	355.3	273.8	59.2
1985	739.1	673.2	53.3	397.6	317.4	57.8
1986	900.9	799.0	52.4	423.8	357.0	56.4

(续表)

年份	城镇居民人均可支配收入（元）	城镇居民人均生活消费支出（元）	城镇居民恩格尔系数（%）	农村居民人均纯收入（元）	农村居民人均生活消费支出（元）	农村居民恩格尔系数（%）
1987	1002.1	884.4	53.5	462.6	398.3	55.8
1988	1180.2	1104.0	51.4	544.9	476.7	54.0
1989	1373.9	1211.0	54.5	601.5	535.4	54.8
1990	1510.2	1278.9	54.2	686.3	584.6	58.8
1991	1700.6	1453.8	53.8	708.6	619.8	57.6
1992	2026.6	1671.7	53.0	784.0	659.2	57.6

数据来源：国家统计局。

20世纪80年代消费品市场的旺盛需求，还表现在消费品价格的剧烈波动。从1985年开始，我国CPI连续多年居高不下。1985年为9.3%，1986年、1987年略有回落，分别为6.5%、7.3%，到1988年、1989年超过两位数，分别达到了18.8%和18%，产生恶性通货膨胀，社会上发生较为严重的商品抢购。这一轮的通货膨胀，一方面是总需求的扩张（货币宽松）追逐有限的商品。另一方面也与当时政策环境有关，由于在20世纪80年代中后期我国政府采取了"价格闯关"，意图一次性理顺价格机制，因此在民众中形成通货膨胀预期，最终导致严重的通货膨胀。

二、1992—2001年的消费品市场

经历了20世纪80年代后期的价格闯关失败，经过1989—1991年的治理整顿，从1992年开始，我国正式明确了改革目标是社会主义市场经济，改革又重新回到轨道。从1992年到2001年加入世界贸易组织（WTO），我国经济经历了1993—1995年的经济过热，实现了软着陆，经历了亚洲金融危机和国企三年脱困，也经历了从1998年开始连续多年的通货紧缩，我国经济保持多年的高速增长。这一阶段我国经济的市场化改革推进力度极大，消费品市场最显著的特征是市场化程度日

益加深。此阶段，消费品供给充足、竞争激烈，消费者有比以往更为强劲的购买力和选择空间，消费品市场空前繁荣。

1. 粮食价格改革的突破和20世纪90年代的通胀

在20世纪90年代初，我国经济尚处于温饱水平，粮食在经济生活中占据重要地位，仍处于较为严格的计划经济的购销体制中。由于粮食的基础性地位，粮食市场发育程度比较低，因此，粮食市场改革是我国推行市场化的重要环节。经过10多年的农村改革，我国粮食的总体供应充足，其他领域的价格改革也积累了丰富的经验，粮食价格改革的时机已经到来。1993年，国务院发布《关于加快粮食流通体制改革的通知》，指出粮食价格改革是粮食流通体制改革的核心。粮食价格改革既要积极又要稳妥，总的原则是：统一政策，分散决策，分类指导，逐步推进。争取在二三年内全部放开粮食价格。

放开粮食价格，对当时粮食价格产生较大冲击，粮食价格上涨较快。由于粮食在消费者价格指数的权重大，粮食价格的上涨带动了消费者价格指数的飙升，形成了1993—1995年比较恶性的通货膨胀。1993—1995年的CPI分别为114.70、124.10、117.10。

消费品市场价格的巨大变动，与粮食价格放开有一定关系，但也和当时的宏观经济有关。在1992年我国确立建设社会主义市场经济体制后，各地出现招商热、开发区热、房地产热，短期内出现经济过热现象。另外，伴随着货币宽松，流通中的货币数量激增，1993年流通中的货币量比上年增加35.3%。

1996年宏观经济的调控，克服了我国经济过热现象。另外，粮食价格的放开带来CPI的上升也仅仅是短期冲击。1997—2000年，粮食价格连续4年出现下降，我国消费品市场的价格水平也归于平缓。

2. 多元的供给主体对国有企业的竞争压力

随着乡镇企业和个体经济的发展，以及我国政府对外资企业的招商引资，到20世纪90年代，我国工业领域已经呈现国有工业、集体工业、城乡个体工业、其他经济类型工业共同发展的局面。以工业总产值计，1996年国有工业占比为28.48%，集体工业占比为39.39%，城乡个体工业占比为15.48%，其他经济类型工业占比为16.65%（见表8）。我国在工业领域形成以公有制为主导、多种经济共同发展的局面。在这种局面下，国有工业面临着比以往更为激烈的市场竞争环境。

表8 按经济类型分工业总产值

（单位：亿元）

年份	工业总产值	国有工业	集体工业	城乡个体工业	其他经济类型工业
1978	4237	3289	948	—	—
1980	5154	3916	1213	1	24
1985	9716	6302	3117	180	117
1990	23924	13064	8523	1290	1047
1991	26625	14955	8783	1287	1600
1992	34599	17824	12135	2006	2634
1993	48402	22725	16464	3861	5352
1994	70176	26201	26472	7082	10421
1995	91895	31220	33623	11821	15231
1996	99595	28361	39232	15420	16582

资料来源：《中国统计年鉴1997》。

国有工业在工业中不再占据以往的优势，这在消费品市场尤为明显。消费品工业多属于轻工业领域，一般而言，这些商品的生产进入壁垒不高。随着经济的发展，民间资本逐渐积累并进入，加上三资企业的发展，消费品工业领域的企业之间竞争日趋激烈。在激烈的竞争环境中，国有企业体制及运行机制不再适应，出现了轻工业领域国有企业大量亏损的现象。以1996年为例，我国轻工业领域国有企业的数量超过4.3万家，工业总产值达到8481.37亿元，但总体利润却为负值，尤其是在以农产品为原料的轻工业领域。

表9 国有独立核算工业企业主要指标（1996年）

（单位：亿元）

轻工业	企业单位数	工业总产值	工业增加值	利润总额
以农产品为原料	31843	6508.98	1992.16	-24.28
以非农产品为原料	11276	1972.39	526.63	7.16

资料来源：《中国统计年鉴1997》。

国有企业面临的难题促使中央政府实施力度更大的国有企业改革,其中一条重要措施是抓大放小。中共十四届五中全会指出,要优化国有资产分布结构,利用改组、联合、兼并、股份合作制、租赁、承包经营和出售等形式,加快国有中小企业改革。随着国有资产的优化分布,国有资本向关系国家安全和国民经济命脉的重要行业和关键领域集中。抓大放小及国有资产的优化分布,很多消费品领域的国有资本逐步退出,消费品领域的供给,很多由民营资本来实现。

3. 消费需求升级

20世纪90年代经济连续高速增长,我国居民生活进入小康水平,一个很重要的标志是城乡居民的恩格尔系数显著下降。到2001年,城镇居民的恩格尔系数为38.2%,农村居民为47.7%,这意味着食品消费占居民全部消费的比例已不再占据主导地位,消费者在食品消费之外拥有更多的购买力。以城镇居民为例,在八大项消费支出中,食品支出的比重持续下降(也就是恩格尔系数的下降),医疗保健、交通和通信、教育文化娱乐服务、居住等方面的支出比例上升明显,这是我国消费者需求层次提升、消费结构升级的生动体现。对于食品和衣着等必需品而言,医疗保健、交通和通信、教育文化娱乐服务、居住的消费属于更高层次的需求。这种消费变化也发生在农村居民中。

表10 城镇居民的消费结构（1995—2001年）

(单位:%)

年份	食品	衣着	家庭设备用品及服务	医疗保健	交通和通信	教育文化娱乐服务	居住	杂项商品和服务
1995	49.92	13.55	8.39	3.11	4.83	8.84	7.07	4.28
1996	48.60	13.47	7.61	3.66	5.08	9.57	7.68	4.35
1997	46.41	12.45	7.57	4.29	5.56	10.71	8.57	4.44
1998	44.48	11.10	8.24	4.74	5.94	11.53	9.43	4.55
1999	41.86	10.45	8.57	5.32	6.73	12.28	9.84	4.96
2000	39.18	10.01	8.79	6.36	7.90	12.56	10.01	5.17
2001	37.94	10.05	8.27	6.47	8.61	13.00	10.32	5.35

资料来源:根据国家统计局数据计算。

我国消费需求升级，还表现在一些耐用消费品，尤其是家用电器的普及方面。以彩色电视机为例，在20世纪80年代中期，拥有彩色电视机属于比较富裕家庭的奢侈消费行为，只有少数家庭才能达到。到20世纪末，我国彩色电视机的家庭普及率，不论在城镇还是农村，都已经达到很高的标准。

表11 我国电冰箱和彩色电视机的家庭普及率

（单位:%）

年份	城镇家庭平均每百户拥有电冰箱（台）	农村每百户拥有电冰箱（台）	城镇家庭平均每百户拥有彩色电视机（台）	农村每百户拥有彩色电视机（台）
1985	6.58	0.06	17.24	0.80
1986	12.70	0.20	27.40	1.52
1987	19.90	0.31	34.60	2.34
1988	28.10	0.63	43.90	2.80
1989	36.50	0.89	51.50	3.63
1990	42.33	1.22	59.05	4.72
1991	48.70	1.64	68.40	6.44
1992	52.60	2.17	74.87	8.08
1993	56.68	3.05	79.48	10.86
1994	62.10	4.00	86.21	13.52
1995	66.22	5.15	89.79	16.92
1996	69.67	7.27	93.50	22.91
1997	72.98	8.49	100.48	27.32
1998	76.08	9.25	105.43	32.59
1999	77.74	10.64	111.57	38.24
2000	80.10	12.31	116.60	48.74
2001	81.90	13.59	120.50	54.41

资料来源：国家统计局。

三、加入WTO后的消费品市场

加入WTO之后，我国消费品市场最重要的特征是国际化程度加深。这种国际化表现为供给方（国内生产企业）不仅为国内消费者生产，也为国际消费者生产；

还表现为消费者的选择范围更广,国外产品进入中国市场更为容易。在这个时期,我国消费品市场的一个重要变化是商品房市场的快速发展。

1. 消费品市场国际化程度的加深

2001年我国加入WTO后,一方面,由于我国经济改革经过多年的实践,产生了一大批具有竞争能力的企业和企业家;另一方面,我国拥有丰富的人力资源、土地资源以及良好的营商环境。这些优势条件使我国迅速融入国际分工中,国际贸易额迅猛增长。1978年,我国的出口额仅为97.80亿美元,进口额为108.90亿美元。2000年,出口额达到2492亿美元,进口额为2250.90亿美元。2010年,出口额达到15777.54亿美元,进口额达到13962.44亿美元。到2016年,我国出口额达到20974.44亿美元,进口额达到15874.81亿美元。

在巨大的进出口中,很大一部分是消费品。加入WTO后,我国在国际贸易中凸显了强大的产业竞争力,我国制造产品充斥了全世界,我国成了"世界工厂"。国际市场中的很多消费品都是由中国企业生产,一些我国企业生产的工业类消费品出口情况见表12。

表12 一些消费品的出口情况

年份	电扇(万台)	电视机(万台)	自行车(万辆)	照相机(万架)	手表(万只)
2000	11245	1944	3286	9073	89440
2001	12352	2103	3494	8693	83403
2002	21290	3164	4556	9156	82413
2003	35849	4762	5044	6120	90786
2004	46824	6309	5175	5631	96582
2005	52036	8592	5385	4593	80524
2006	55036	11576	5601	3510	69156
2007	54001	5103	5923	2125	63833
2008	48694	5138	5659	12364	55036
2009	40470	5564	4611	11778	55942
2010	52118	6723	5816	12850	67138

(续表)

年份	电扇（万台）	电视机（万台）	自行车（万辆）	照相机（万架）	手表（万只）
2011	54785	6570	5572	11398	68175
2012	53550	6157	5715	10093	66248
2013	56143	5962	5695	6841	63420
2014	57919	7403	6266	5676	66790
2015	56748	7183	5781	5159	68151

数据来源：wind 资讯。

同样，国外消费品也随着国际贸易的便利进入我国市场。消费品市场中外国商品的进入，使我国消费者拥有更多的选择机会。在我国消费品市场，外国商品一般被认为是比国产品牌更为高级的商品，价格也相对较贵，比如家用电器、汽车、日化产品等。另外，也有一些外国消费品在我国市场供应中占据重要的地位，如一些农产品，见表13。

表13 大豆、食糖的进口依赖度

（单位：%）

年份	大豆进口量/国内消费量	食糖进口量/国内消费量
1992	1.89	—
1995	5.79	—
2000	45.12	8.38
2005	63.04	8.64
2010	77.28	14.48
2015	89.04	24.64
2016	86.54	20.78

数据来源：wind 资讯。

2. 民营企业成为重要的市场主体

经过 20 世纪 90 年代中后期的国有企业改革，我国国有资产的布局向关系国家安全和国民经济命脉的重要行业和关键领域集中。消费品市场由于需求灵活多变，国有企业并不适应该领域的竞争,逐步退出了消费品行业。民营经济逐渐成长,成为消费品市场中重要的市场主体。

从注册资本情况看,2002年我国全部企业注册资本为19.67万亿元,私营企业为2.48万亿元,占比为12.61%;到2013年,我国全部企业注册资本为96.88万亿元,私营企业为39.31万亿元,占比为40.58%(见表14)。

从市场主体数量看,2002年我国私营企业市场主体实有户数263.83万户,个体工商户2377.49万户;2013年我国私营企业市场主体实有户数1253.86万户,个体工商户4436.29万户(见表15)。从数量看市场主体中民营经济已占多数。

表14 我国企业注册资本情况

(单位:万亿元)

年份	全部企业	内资企业	私营企业	外商投资企业
2002	19.67	15.26	2.48	4.42
2003	23.24	18.26	3.53	4.98
2004	26.34	20.52	4.79	5.83
2005	28.97	22.48	6.13	6.50
2006	33.25	25.68	7.60	7.57
2007	38.67	30.59	9.39	8.08
2008	43.48	34.58	11.74	8.90
2011	72.25	61.35	25.79	10.90
2012	82.54	70.71	31.10	11.83
2013	96.88	84.51	39.31	12.36

数据来源:国家工商总局。

表15 市场主体实有户数

(单位:万户)

年份	内资企业	私营企业	外商投资企业	个体工商户	农民专业合作社
2002	708.34	263.83	25.92	2377.49	—
2003	741.08	328.72	28.50	2353.19	—

(续表)

年份	内资企业	私营企业	外商投资企业	个体工商户	农民专业合作社
2004	782.17	402.41	31.64	2350.49	—
2005	821.60	471.95	35.30	2463.89	—
2006	881.40	544.14	37.67	2595.61	—
2007	923.32	603.05	40.64	2741.53	—
2008	927.96	657.42	43.49	2917.33	11.09
2009	—	—	—	3197.37	
2010	—	—	—	3452.89	
2011	1208.47	967.68	44.65	3756.47	52.17
2012	1322.54	1085.72	44.06	4059.27	68.90
2013	1483.24	1253.86	44.60	4436.29	98.24

数据来源：国家工商总局。

3. 消费需求层次进一步提高

从需求看，加入WTO后我国经济迎来了腾飞，居民的收入大大提高，居民生活达到小康水平。进入21世纪后，城镇居民家庭恩格尔系数已降到40%以下，农村居民家庭恩格尔系数降到50%以下。随着收入增加，居民在耐用消费品方面的消费层次也不断提高。城镇居民已不满足于电视机、冰箱等白色家电的消费，电脑、移动电话等智能电子产品方面的消费迅速普及。2000年，城镇家庭平均每百户拥有家用电脑9.70台，拥有移动电话19.50台；到2001年，分别达到81.88台和205.25台。农村居民的消费稍微落后于城镇居民。在这个时期，农村居民的耐用品普及从电视机转向电冰箱、洗衣机等。2000年，农村每百户拥有电冰箱12.31台，洗衣机28.58台；到2011年，每百户拥有电冰箱61.54台，洗衣机62.57台。

进入21世纪，消费品市场最重要的一个变化是商品房市场的崛起。住房紧张在我国城市历来是一个重大的民生问题。1978年，我国城市人均住宅建筑面积仅有6.7平方米，在大城市这个数字还要更低，住房紧张是城市居民面对的普遍问题。住房紧张与我国房地产市场的发育程度有关，一个发育良好的市场能够通过价格机制调整社会资源的投入,促进供给满足需求的增长。在改革开放后很长一段时间,我国的住房制度还是延续计划经济下的实物分配制度。没有市场的力量,单靠政府的投入,住房供给远远满足不了城镇居民不断增长的住房需求。1994年,国务院下发了《关于深化城镇住房制度改革的决定》,确定房改的根本目标是建立与社会主义市场经济体制相适应的新的城镇住房制度,实现住房商品化、社会化;加快住房建设,改善居住条件,满足城镇居民不断增长的住房需求。1998年,国务院发布《关于进一步深化城镇住房制度改革加快住房建设的通知》(以下简称《通知》),宣布从同年下半年开始,全面停止住房实物分配,实行住房分配货币化。这是我国城镇住房制度的一次根本性转变。在1998年的《通知》中,我国住房制度设计的是建立和完善以经济适用住房为主的多层次城镇住房供应体系,由于地方对经济适用房投入激励不足,以及其分配制度容易产生不公,是既无效率,也缺乏公正的制度设计,不适应现实的需求,因此并没有成为住房供应的主渠道。相反,由于我国土地制度的规定,地方政府热衷于土地财政,再加上进入21世纪以来我国经济的高速增长带来的居民购买力增强,商品住宅市场得到极大的发展。商品房成为住房供应的主流。

表16 房地产市场的发展

年份	本年住宅完成投资额（亿元）	商品住宅销售额（亿元）	商品住宅销售面积（万平方米）
1986	—	—	1834.95
1987	—	—	2376.72
1988	—	—	2549.12
1989	—	—	2491.38
1990	—	—	2544.61
1991	—	207.60	2745.17
1992	—	379.85	3812.21
1993	—	729.19	6035.19
1994	—	730.52	6118.03
1995	—	1024.07	6787.03

（续表）

年份	本年住宅完成投资额（亿元）	商品住宅销售额（亿元）	商品住宅销售面积（万平方米）
1996	—	1106.90	6898.46
1997	1539.38	1407.56	7864.30
1998	2081.56	2006.87	10827.10
1999	2638.48	2413.73	12997.87
2000	3311.98	3228.60	16570.28
2001	4216.68	4021.15	19938.75
2002	5227.76	4957.85	23702.31
2003	6776.69	6543.45	29778.85
2004	8836.95	8619.37	33819.89
2005	10860.93	14563.76	49587.83
2006	13638.41	17287.81	55422.95
2007	18005.42	25565.81	70135.88
2008	22440.87	21196.00	59280.35
2009	25613.69	38432.90	86184.89
2010	34026.23	44120.65	93376.60
2011	44319.50	48198.32	96528.41
2012	49374.21	53467.18	98467.51

数据来源：国家统计局。

住房商品化后，一个最显著的经济现象是全社会在住宅方面的投资迅速增加，社会资源往房地产行业集中。如表16所示，1998年我国在住宅领域的投资约2000亿元，到2012年已接近5万亿元。社会资源投向住宅领域，说明住宅的需求大，市场规模大。住房商品化的过程中，也伴随着居民住房条件的持续改善。2012年，我国城市人均住宅建筑面积已达到32.91平方米，摆脱了持续多年全社会住房紧张的格局。

房地产市场的快速发展，在满足居民消费需求的同时，也带动了商品房价格的节节上涨。1991年全国住宅销售单价为756.23元/米^2，到2012年已超过5000元/米^2。

商品房市场在20多年的发展过程中,只有极少数年份出现价格的极微小的下降(1994年和2008年),其余年份,商品房的价格都是在上涨的。这在消费品市场中是很罕见的,究其原因,住宅在耐用品市场中具有超长使用期,能够有效抵御通货膨胀;另外,这20多年恰好处于我国经济腾飞的历史阶段,货币环境也比较宽松,整个宏观环境特别有利于房地产市场的发展。

表17 我国住宅销售价格及其增速

(单位:元/米^2)

年份	住宅销售单价	单价同比	年份	住宅销售单价	单价同比
1991	756.23	—	2002	2091.72	3.72%
1992	996.40	31.76%	2003	2197.35	5.05%
1993	1208.23	21.26%	2004	2548.61	15.99%
1994	1194.05	-1.17%	2005	2936.96	15.24%
1995	1508.86	26.37%	2006	3119.25	6.21%
1996	1604.56	6.34%	2007	3645.18	16.86%
1997	1789.80	11.54%	2008	3575.55	-1.91%
1998	1853.56	3.56%	2009	4459.35	24.72%
1999	1857.02	0.19%	2010	4725.02	5.96%
2000	1948.43	4.92%	2011	4993.17	5.68%
2001	2016.75	3.51%	2012	5429.93	8.75%

数据来源:国家统计局。

四、2012年以来的消费品市场

1. 技术革命:互联网经济对消费品市场的重大影响

我国的互联网产业经过20世纪90年代对美国互联网的模仿、纳斯达克互联网泡沫的破灭后,立足于本国国情,走出了具有本国特色又极具竞争力的发展道路。我国也成为仅次于美国的互联网经济大国,涌现出如阿里巴巴、腾讯等世界级的互联网企业。我国的互联网经济对实体经济的影响甚至超过美国。这是由于与美国相比,我国经济尚处于发展中国家水平,全社会信用制度建设远未实现,各地、各行业多有阻碍自由贸易的地方壁垒和行业壁垒，整体交易成本较高。互联网在信息交流、信用建设、突破壁垒方面具有得天独厚的优势，改善市场交易的空间极大。因此，我国的互联网企业抓住本国的国情特色，迅速与实体经济相结合，减少交易成本，在电子商务方面成就颇丰。相反，美国由于拥有悠久的自由贸易历史，社会信用体系完备，互联网改善贸易的作用不如我国明显。

我国的电子商务随着智能手机的普及，发展极为迅猛。以"双十一"（每年的11月11日是阿里巴巴提倡的网络购物节）交易金额为例，2009年仅为0.5亿元，到2012年超过100亿元，2016年超过1000亿元，达到令人惊叹的1207亿元。仅仅7年，单日交易额增长超过2000倍。这种跨越式的发展不仅仅表现在阿里巴巴一家企业，在B2C、C2C、在线旅游等诸多领域都有亮丽的表现。

表18 电子商务在我国的市场增长

（单位：亿元）

年份	"双十一"支付宝总交易额	电子商务市场规模	网络购物B2C市场规模	网络购物C2C市场规模	在线旅游市场规模
2010	9.36	47000	630	3979.9	948.9
2011	52.00	63000	1803.3	6042	1314
2012	191.00	80100	3898.7	7972.2	1686.6
2013	350.19	100000	6661.1	12263.9	2215.7
2014	571.12	131000	12234.2	15655	3153.2
2015	912.17	160600	19686.7	18341.1	4487.5

数据来源：wind资讯。

互联网对我国实体经济尤其是消费品市场的商业流通产生重大影响，实体零售业受到冲击，消费者的购买行为发生重大改变。电子商务成为消费者进行消费的日常渠道。电子商务在我国的普及，加剧了供给主体之间的竞争，减少了消费者的各项成本，从而改善了消费品市场的资源配置效率。

2. 供给侧在市场饱和下竞争加剧

加入WTO后，我国消费品生产企业经过10多年对国际市场的开拓，基本已开发完成，我国的出口总金额在2014年达到顶峰后，在2015年、2016年均有所下降。我国国内市场的扩容也受到居民收入提升有限的制约。在国际、国内市场规模不再像过去高速增长的情况下,消费品生产企业之间的竞争日益加剧。

在竞争加剧的情况下,一些企业成功突围,成为世界级的企业,这是消费品市场供给方的历史性突破。中国制造的产品首次在国内享有超过进口或外资企业产品更高的声誉,比如在空调、手机等领域,出现了类似格力、华为等在全世界范围内顶尖的企业。

但是,也有很多行业,在市场竞争加剧的环境下,出现普遍的产能过剩,企业财务指标恶化,比如在食品工业、服装业、家电制造业等行业。如表19所示,这些行业的净资产收益率都处于非常低的水平。2015年,在表中所列的7个行业中,仅有1个行业的净资产收益率高于5%,其他行业的净资产收益率均低于同期银行贷款基准利率。这种现象凸显了这些行业中企业的竞争环境。

表19 部分消费品行业的净资产收益率

(单位:%)

年份	食品工业	服装、鞋帽制造业	家用影视设备制造业	电子工业	餐饮业	住宿业	大旅游
2011	4.10	4.70	5.10	2.60	7.50	1.00	5.30
2012	4.30	4.60	4.10	2.10	5.00	2.00	3.20
2013	3.80	4.90	4.00	1.80	4.40	1.80	5.00
2014	3.10	5.10	3.20	3.50	4.70	3.00	3.00
2015	3.60	5.10	3.20	3.40	4.70	3.00	3.00

数据来源:wind资讯。

3. 需求转型:从实物消费转向服务消费

我国居民恩格尔系数持续下降。到2016年,城镇居民的恩格尔系数已低于30%,仅为29.3%,农村居民的恩格尔系数略高一些,但也只有32.2%。在耐用品消费方面,小汽车迅速进入城镇家庭。2000年,城镇家庭平均每百户拥有小汽车仅为0.50辆,到2009年达到10.89辆,2015年已经达到30辆。城乡居民已进入比较富裕的消费水平。在这种消费水平下,粮食等原来重要的消费品已退居非常次要的地位。以我国 CPI 权重构成为例，2016 年，粮食在 CPI 权重中的比例仅为 2.92%，远不如娱乐教育文化用品及服务 14.15% 的权重，更不及居住 20.02% 的权重。

消费品市场内部结构的变化，即消费品市场从侧重实物消费转向侧重服务消费，是我国经济发展、居民收入水平提高的必然结果。这种转变，是不可逆的经济力量的结果，也是社会发展合乎规律的结果。对于这种转变，消费品市场的供给方尚未做出积极反应，如我国的养老产业还未充分发展起来。我国服务业发展滞后，这可以从一些行业的服务国际贸易看出。虽然我国国际贸易，尤其是一般贸易均有巨额顺差，但在一些服务贸易，如旅游业、电影业、音像业方面，进口远远大于出口（见表20）。

表20 我国的服务贸易：旅游业、电影业、音像业

（单位：亿美元）

年份	旅游出口金额	旅游进口金额	旅游贸易差额	电影、音像出口金额	电影、音像进口金额	电影、音像贸易差额
1997	120.74	81.30	39.44	0.10	0.44	-0.34
1998	126.02	92.05	33.96	0.15	0.39	-0.24
1999	140.98	108.65	32.34	0.07	0.34	-0.27
2000	162.31	131.14	31.17	0.11	0.37	-0.26
2001	177.92	139.09	38.83	0.28	0.50	-0.22
2002	203.85	153.98	49.87	0.30	0.96	-0.66
2003	174.06	151.87	22.19	0.33	0.70	-0.36
2004	257.39	191.49	65.90	0.41	1.76	-1.35
2005	292.96	217.59	75.37	1.34	1.54	-0.20
2006	339.49	243.22	96.27	1.37	1.21	0.16
2007	372.33	297.86	74.47	3.16	1.54	1.63
2008	408.43	361.57	46.90	4.18	2.55	1.60
2009	396.75	437.02	-40.27	0.97	2.78	-1.81

(续表)

年份	旅游出口金额	旅游进口金额	旅游贸易差额	电影、音像出口金额	电影、音像进口金额	电影、音像贸易差额
2010	458.14	548.80	-90.66	1.23	3.71	-2.48
2011	484.64	725.85	-241.21	1.23	4.00	-2.77
2012	500.28	1019.80	-519.52	1.30	5.60	-4.30
2013	516.60	1285.80	-769.20	1.50	7.80	-6.40
2014	512.00	1648.00	-1136.00	2.00	9.00	-7.00

数据来源：wind 资讯。

第三节
中国消费品市场的展望

我国消费品市场经过改革开放近40年的发展，市场规模不断增长，产品日益丰富，居民消费水平显著提升，全社会福利大幅改善，这是经济发展的结果，也是消费品市场坚持市场化的结果。党的十八届三中全会提出市场在资源配置中要起决定性作用，可以预见，消费品市场中市场化改革仍将继续，消费品市场仍然有良好的发展前景。在未来发展我国的消费品市场，以下问题值得重视。

一、边际消费倾向下降问题

在我国经济发展中，长久以来存在内需不足的问题。内需不足，其中很大部分是消费不足。这涉及我国经济增长的动力是要靠投资驱动，还是靠消费驱动。我国居民消费不足，表现为城乡居民的消费率（消费支出占可支配收入的比率）不断下降。1978年，我国城镇居民的消费率为90.61%，农村居民为86.87%；到2016年，城镇居民的消费率仅为68.65%，农村居民为81.94%。表21显示了改革开放以来我国居民消费率不断下降的局面。我国居民消费率下降，也就意味着边际消费倾向下降。收入增加，并不带来消费的同比例增长，这是居民理性消费的结果。但在我国，边际消费倾向下降速度过快，有着深层次的原因。一方面，我国居民收入在全社会收入分配中所占比例较低，政府所占比例过大；另一方面，我国社会保障水平较低。这些因素造成我国居民更倾向于预防性储蓄。如何提高消费在经济中的比重，从根本上，应当改善居民在全社会收入分配中的不利地位，完善我国的社会保障水平。

表 21　我国城乡居民的消费率情况

年份	城镇居民			农村居民		
	人均可支配收入（元）	人均消费支出（元）	消费率	人均纯收入（元）	人均消费支出（元）	消费率
1978	343	311	90.61%	134	116	86.87%
1980	478	412	86.36%	191	162	84.79%
1985	739	673	91.08%	398	317	79.83%
1990	1510	1279	84.68%	686	585	85.19%
1995	4283	3538	82.60%	1578	1310	83.06%
2000	6280	4998	79.59%	2253	1670	74.12%
2005	10493	7943	75.70%	3255	2555	78.51%
2010	19109	13471	70.50%	5919	4382	74.03%
2016	33616	23079	68.65%	12363	10130	81.94%

资料来源：国家统计局。

二、跨期消费成为趋势，消费信贷增长较快

受传统文化影响，我国居民长期以来消费行为较为保守，很少出现消费信贷。随着时代发展，消费信贷开始在我国普及。2004年，住户消费性贷款为19881.10亿元，其中短期消费性贷款为1253.54亿元；到2016年，住户消费性贷款达到250584.96亿元，短期消费性贷款达到49406.65亿元（见表22）。消费性贷款占贷款比重也从2004年的10.54%激增至2016年的22.36%。我国居民跨期消费增加，杠杆率迅速提高，与我国长期的货币超发形成通胀预期有关。但是，由于我国整体

债务率较高，现在居民部门债务率也在提升。消费信贷涉及金融体系。国际上由于居民部门高杠杆率带来金融危机的例子屡见不鲜，如2008年美国的金融危机。如何审慎发展和评估消费信贷，是需要严肃考虑的重大问题。

表22 我国的住户贷款情况

（单位：亿元）

年份	金融机构各项贷款	住户贷款	住户消费性贷款	住户短期消费性贷款	住户中长期消费性贷款
2004	188565.57	28179.17	19881.10	1253.54	18627.56
2005	206838.08	31597.10	21944.81	1275.24	20669.57
2006	238279.77	38296.98	24059.82	1935.45	22124.37
2007	277746.53	50674.67	32751.41	3118.00	29633.41
2008	320048.70	57082.48	37234.85	4153.79	33081.06
2009	425596.60	81819.30	55366.05	6401.97	48964.07
2010	509225.95	112586.13	75107.68	9600.52	65507.16
2011	581892.50	136072.59	88777.85	13607.42	75170.43
2012	672874.61	161382.22	104439.40	19433.03	85006.37
2013	766326.64	198602.02	129819.01	26636.99	103182.02
2014	867867.89	231510.73	153759.45	32570.40	121189.06
2015	993459.69	270312.98	189617.31	41084.89	148532.42
2016	1120551.79	333729.46	250584.96	49406.65	201178.31

数据来源：国家统计局。

三、住房市场的顶层设计问题

住房市场是消费品市场中重要的构成部分。我国推行住房商品化以来，在短短的10多年，实现住房总量的巨大跃升和居民住房条件的迅速改善，但也要看到我国房地产市场的种种怪象。我国住房总量已完全能够满足居民的住房需求，但不同居民之间占有住房的差异性巨大；住房价格持续上涨，在大城市已完全脱离了当地居民的平均收入水平。住房市场关系原住民与新移民的利益分配，也关系着代际之间的财富分配。如何在顶层制度上设计好住房市场，得以平衡不同群体的利益，是消费品市场中需要认真对待的课题。

第二章
资本品市场

资本品的作用在于生产，它不是固有的，其本身也是生产出来的。资本品既是产出，又是投入，在利用一定程度的生产能力和技术的情况下，只有通过积累的过程或净投资才能提供更大量的资本品。① 也可以说，资本品是协助生产其他商品或服务的物品。与消费品相比，资本品作为生产过程中的间接产品，并不是生产的根本目的。资本品一般可以理解为现代经济学中的资本形成部分，新资本品在国民统计序列中表现为固定资本形成和存货增加。本章主要讨论固定资本的形成，不涉及存货增加以及已有资本品的买卖。

典型的资本品是基础设施。基础设施属于间接生产性活动，可以显著提高产出水平，包含铁路、公路、港口（海港、空港等）的交通基础设施；也包括供水、供热等城市生活设施。基础设施的先行建设和对拉动经济起先导性和基础性的作用，已经成为发展经济学的共识。由于基础设施投资规模巨大，回报周期长，兼具有公共物品的性质，因此其一般由政府建设。我国作为后发经济体，政府拥有大量的资源且非常重视基础设施建设；作为经济主导型政府，有意愿也有能力建设基础设施。因此常常将基础设施建设作为发展经济和调节经济周期的手段。

资本品的需求方，也就是资本品的投资主体，可以分为政府和民间。我国政府对资本品的需求行为大致包括两个方面：一是通过国有企业直接实现资本形成，这往往是生产性活动；二是通过政府的财政行为进行投资，往往体现为基础设施建设固定资产的投资。这两类行为有时是交错的，但

---

① 约翰·伊特韦尔等编：《新帕尔格雷夫经济学大辞典》，经济科学出版社，1996年版。

都有政府的意志体现,后者体现得尤为明显。民间资本品的需求,通常是纯粹基于投入和回报的经济决策。因此,资本品市场与回报有关,但又经常包含更广泛的政治、经济、社会等综合因素的考量。

第一节
我国资本品市场概述

我国的资本品市场,仅计算新增固定资本形成的规模,从改革开放之初的1108.7亿元,到2015年已经达到30.20万亿元,增长了271倍(名义增速);固定资本形成总额占当年GDP的比重也从1978年的30.51%上升到2015年的43.35%。表1是自1978年以来我国固定资本形成总额的情况:

表1 我国固定资本形成情况

年份	固定资本形成总额（亿元）	固定资本形成同比增长（名义）	固定资本形成总额占GDP比例
1978	1108.70	—	30.51%
1979	1194.10	7.70%	29.28%
1980	1345.80	12.70%	29.41%
1981	1381.90	2.68%	27.88%
1982	1558.60	12.79%	28.72%
1983	1742.60	11.81%	28.67%
1984	2192.10	25.79%	29.84%
1985	2844.10	29.74%	30.98%
1986	3299.70	16.02%	31.50%
1987	3821.40	15.81%	31.08%
1988	4842.00	26.71%	31.58%
1989	4518.50	−6.68%	26.03%

(续表)

年份	固定资本形成总额（亿元）	固定资本形成同比增长（名义）	固定资本形成总额占GDP比例
1990	4636.10	2.60%	24.31%
1991	5794.80	24.99%	26.19%
1992	8460.90	46.01%	30.95%
1993	13574.40	60.44%	37.81%
1994	17187.90	26.62%	35.20%
1995	20357.40	18.44%	33.08%
1996	23319.80	14.55%	32.34%
1997	25363.20	8.76%	31.69%
1998	28751.40	13.36%	33.63%
1999	30241.40	5.18%	33.30%
2000	33527.70	10.87%	33.34%
2001	38063.90	13.53%	34.21%
2002	43796.90	15.06%	35.81%
2003	53964.40	23.22%	39.02%
2004	65669.80	21.69%	40.35%
2005	75809.60	15.44%	40.07%
2006	87223.30	15.06%	39.43%
2007	105052.20	20.44%	38.66%
2008	128001.90	21.85%	40.01%
2009	156734.50	22.45%	44.80%
2010	185827.30	18.56%	45.25%
2011	219670.90	18.21%	45.20%
2012	244600.70	11.35%	45.21%
2013	270924.10	10.76%	45.38%
2014	290053.10	7.06%	44.82%
2015	301960.80	4.11%	43.35%

数据来源：国家统计局。

改革开放近40年中，我国新增的资本品（固定资本形成）表现为以下特征：

（1）资本品市场的繁荣与宏观经济密切关联，并与经济周期具有同步性。在宏观经济景气时期，资本品市场的需求相应旺盛，资本品市场的规模也随之膨胀。我国宏观经济在改革开放过程中有四个时期明显增速过快并呈现过热现象，分别是1984—1985年、1987—1988年、1992—1995年、2004—2007年。这四个时期的GDP增长速度都超过两位数；同期的资本品市场规模也急剧扩张。例如，1984年、1985年的固定资本形成同比增速都超过25%；同期我国经历了改革开放以来第一次的经济过热。我国资本品市场与宏观经济的同步波动，与经济周期理论是相符的。当经济处于景气时，人们对未来经济预期乐观，会加大对资本品的投入。

（2）资本品在我国经济中的作用日益重要。自改革开放以来，我国居民的消费率呈不断下降的趋势，资本形成对经济的拉动作用越来越大。1978年，固定资本形成总额占GDP的30.51%，20世纪80年代保持在30%的水平；20世纪90年代，该比例上升到33%左右；进入新世纪后，固定资本形成总额占GDP的比例持续上升，从2000年的33.34%上升到2013年的45.38%。2014年、2015年略有回落，也保持在44%左右，这在全世界都是一个惊人的比例。从对当年经济增长拉动的贡献率看，资本形成一直是拉动经济的主要动力，在1985年和2008年分别达到79.8%和86.5%。这种创纪录的表现充分体现了我国宏观经济对资本品市场的依赖程度，当然，这也和当时经济环境的特殊性有关。自金融危机后，资本形成对经济拉动的贡献率保持在50%上下，投资仍然是我国经济的主要动力。

（3）资本品市场的价格变动与消费品市场的价格变动基本同步。资本品市场的整体价格变动，可以考察固定资产投资价格指数。表2是1992年以来我国固定资产投资价格指数和CPI（居民消费价格指数）的对比，从中可以看出，固定资产投资价格指数基本上与CPI同步变化，但在不同时期，两者的增速又表现出较为显著的差异。以1989年定为基期，固定资产投资价格指数和CPI均为100；到2001年，固定资产投资价格指数为215，年均增速为6.6%；CPI为208，年均增速为6.3%。这个阶段，两个价格指数均处于较高位置，且固定资产投资价格指数略高于CPI。以2001年作为基期，2011年相对于2001年的价格情况是，固定资产投资价格指数为136，CPI为129。这个阶段，固定资产投资价格指数年均增速为3.12%，同期的CPI为2.60%；两个价格指数比20世纪90年代有了较大的回落，但固定资产投资价格指数显著高于CPI。2012年之后的几年，固定资产投资价格指数和CPI的增速格局发生逆转，固定资产投资价格指数均低于同期的CPI。固定资产投资价格指数是资本品市场的价格总指数，能够反映资本品市场的需求情况。当固定资本形成总额巨大，即资本品市场的需求旺盛时，能够带动整体价格水平的上升，即固定资产投资价格指数的高涨。这个时候通常也伴随着宏观经济的景气。如1993年、1994年，固定资本形成总额大且增长速度快，带来固定资产投资价格指数的两位数增长。相反，当固定资产投资价格指数较为低迷甚至是负增长时，往往显示资本品市场需求减弱，如1998年、1999年，当时的固定资本形成总额的增速都比较低。

表2 我国的固定资产投资价格指数

年份	固定资产投资价格指数	CPI	年份	固定资产投资价格指数	CPI
1992	115.30	106.40	2005	101.60	101.80
1993	126.60	114.70	2006	101.50	101.50
1994	110.40	124.10	2007	103.90	104.80
1995	105.90	117.10	2008	108.90	105.90
1996	104.00	108.30	2009	97.60	99.30
1997	101.70	102.80	2010	103.60	103.30
1998	99.80	99.20	2011	106.60	105.40
1999	99.60	98.60	2012	101.10	102.60
2000	101.10	100.40	2013	100.30	102.60
2001	100.40	100.70	2014	100.50	102.00
2002	100.20	99.20	2015	98.20	101.40
2003	102.20	101.20	2016	99.40	102.00
2004	105.60	103.90			

数据来源：国家统计局。

（4）我国资本品市场的快速发展，迅速改善了我国落后的基础设施面貌，同时，也确立了我国制造业大国的地位。以交通运输基础设施为例，到2015年，全国铁路营业总里程达12.1万公里，规模居世界第二；其中高速铁路营业里程达1.9万公里，位居世界第一。全国公路通车总里程达457.73万公里；其中高速公路通车里程达12.35万公里，位居世界第一。另外，我国交通基础设施的质量也大幅提高。1978年铁路复线里程比重为15.7%，1979年电气化铁路里程比重仅为2.20%；2014年复线里程比重达到48.58%，电气化比重达到55.01%。1979年我国的等级公路比重为57.8%，2015年达到88.40%。运输量也位居世界前列。2015年，全社会完成客运量194.3亿人、旅客周转量30047亿人公里；完成货运量410亿吨、货物周转量173690.6亿吨公里。铁路旅客周转量、货运量居世界第一，货运周转量居世界第二，公路客货运输量及周转量、水路货运量及周转量均居世界第一，民航运输总周转量、旅客周转量、货邮周转量均居世界第二。资本品的繁荣也体现为制造能力的强大，我国已经成为世界制造业第一大国。2013年，我国制造业产出占世界比重达到20.8%，这是自2009年以来连续4年保持世界制造业第一大国地位。在世界500多种主要工业产品中，我国有220多种工业产品产量位居世界第一。

第二节
改革开放以来资本品市场演变的四个阶段及其特征

一、改革开放到20世纪90年代初

1. 1984—1988年的投资过热

改革开放后我国经济增长势头强劲，各地在经济发展中普遍出现急于求成的现象，1984—1988年形成了我国改革开放后的第一次投资过热，固定资产投资迅速

膨胀。自 1984 年开始的连续 5 年，我国实现固定资产投资增速都超过两位数，最低的增速也达到 15.81%，有 3 年的增速超过 25%。固定资产形成占 GDP 的比重也连年提高，到 1988 年达到了 31.58%。这一轮对资本品的迅猛需求，有着深刻的宏观和微观因素。

从宏观上看，货币投放宽松，宽松货币下经常伴随着资本品投资的狂热。1979—1983 年，银行贷款平均每年递增 14.6%，1984—1989 年，银行贷款平均每年递增 23.1%。从货币投放量看，自 1984 年开始连续 5 年，货币都处于高速扩张中。

表3 1978—1991 年的货币投放

年份	M0（亿元）	M0 同比增长（%）
1978	212.00	
1979	267.70	26.30
1980	346.20	29.30
1981	396.30	14.50
1982	439.10	10.80
1983	529.80	20.70
1984	792.10	49.50
1985	987.80	24.70
1986	1218.40	23.30
1987	1454.50	19.40
1988	2134.00	46.70
1989	2344.00	9.80
1990	2644.40	12.80
1991	3177.80	20.20

资料来源：中国人民银行。

从微观上看，科尔奈提出的投资饥渴症和预算软约束，可以解释我国国有企业的投资热。国有企业在传统的计划经济体制下，完全忽视市场的信号，而是根据政府的计划指令进行生产活动，对内没有激励措施，对外没有约束条件，政府对国有企业及其职工负有无限责任，最终形成企业吃国家"大锅饭"、职工吃企业"大锅饭"的局面。20世纪80年代，我国的国有企业仍然在经济中占有主导地位，虽然面对市场约束日趋硬化，但投入约束仍旧没有得到解决。国有企业有着不断增加投资以壮大自身的扩张冲动。国有企业的所有者缺位，投资亏损不会面临实质性惩罚，社会存在普遍短缺时，投资容易获得较好的回报；当投资错误，所有者缺位时，也可以通过申请补贴等方法继续使得企业存活。国有企业成为政府，尤其是地方政府促进经济的手段。同时，我国当时还没完全建立独立的商业银行制度，银行贷款受地方政府的影响较大。

十二届三中全会通过了《中共中央关于经济体制改革的决定》，经济体制改革的重点从农村转向了城市。改革的目标是使企业成为独立的经济实体，自主经营、自负盈亏。十二届三中全会提出企业的经营权和所有权分离，最终形成全面推广实行承包制。承包制在当时被认为既能保持公有制，又能克服传统国有制的种种弊端，是一种良好的经营机制。在这种机制下，经营者能够拥有高度的自主权，承包者的收入与经营效果直接挂钩，同时，不改变企业的所有制性质。到1987年底，全国80%以上的预算内国有企业实行了承包制。事实上，承包制也会带来对投资的过度需求。因为在实际操作中，承包制面临包赢不包亏，对承包人的实际约束力小。承包人在有限承包期内容易出现"道德风险"问题，短期行为增多，决策者无须承担决策风险。

2. 市政建设中首先改善城市基本生活设施

改革开放之初，我国城市建设在全部经济中的比重较小，投资以工业尤其是重工业为主，城市基础设施落后，严重妨碍城市居民的生活。随着经济的发展，政府逐渐加大对市政基础设施的建设。城市市政公用设施建设的固定资产投资金额逐年加大，其占同期全社会固定资产投资的比重稳步上升。1978年，市政公用设施建设占全社会固定资产投资的比重为1.79%，到1991年，该比重上升到3.05%。

表4 城市市政公用设施建设固定资产投资情况（1978—1991年）

年份	市政公用设施建设投资完成额（亿元）	同比增长（%）	占同期全社会固定资产投资比重（%）
1978	12.00	—	1.79
1979	14.20	18.33	2.02
1980	14.40	1.41	1.58
1981	19.50	35.42	2.03
1982	27.20	39.49	2.21
1983	28.20	3.68	1.97
1984	41.70	47.87	2.27
1985	64.00	53.48	2.52
1986	80.10	25.16	2.57
1987	90.30	12.73	2.38
1988	113.20	25.36	2.38
1989	107.00	-5.48	2.43
1990	121.20	13.27	2.68
1991	170.90	41.01	3.05

数据来源：国家统计局。

在城市市政公用设施建设中，侧重于与居民日常生活密切相关的供水、燃气、供热等生活设施建设。整个20世纪80年代，供水、燃气占市政公用设施建设的比重都在1/3左右。相比而言，在市政公用设施建设中，排水绿化、交通方面占市政公用设施建设的比重较少。这与城市居民需求的急迫性有关。

表5 城市市政公用设施建设的内部构成

年份	排水、绿化、市容环境加总占市政公用设施建设的比重	供水、燃气、供热合计占比	公共交通占比	道路桥梁占比
1979	11.97%	28.17%	12.68%	21.83%
1980	—	46.53%	—	48.61%

(续表)

年份	排水、绿化、市容环境加总占市政公用设施建设的比重	供水、燃气、供热合计占比	公共交通占比	道路桥梁占比
1981	18.46%	30.77%	13.33%	20.51%
1982	17.65%	27.94%	11.40%	19.85%
1983	19.15%	29.79%	9.93%	23.05%
1984	17.27%	26.62%	11.27%	29.26%
1985	17.03%	25.78%	9.38%	29.06%
1986	15.23%	35.46%	6.99%	25.59%
1987	15.84%	33.44%	6.09%	30.01%
1988	14.13%	32.77%	5.30%	31.45%
1989	14.30%	35.42%	7.20%	28.13%
1990	12.71%	40.35%	7.51%	25.83%
1991	14.39%	36.22%	5.73%	30.31%

数据来源：国家统计局。

3. 民间投资开始占据一定比重，资金来源开始多元化

在计划经济时代，固定资产的投资以国有企业为主，也有集体企业有限的投资行为，民间资本几乎没有。改革开放以后，随着经济的发展和政策的放开，民间投资开始活跃。民间投资主要以个体经济的形式出现。这是由于民间资本的积累尚有限，未形成大规模的投资；另外，20世纪80年代我国企业的组织形式仍然有限，对有限责任公司、股份制等组织形式既没有成熟的法律规定，也没有实践的配套环境，因此，民间资本通过个体经济的形式发展。1981年，在全社会固定资产投资完成额中，个体经济的占比为18.55%；在整个20世纪80年代，个体经济占全社会固定资产投资的比例都在20%左右；国有企业仍然占据主导地位，占比为65%左右。

从资金来源看，国家预算的比重逐年下降，利用外资开始出现。20世纪80年代中期，我国国有企业改革逐步展开，国有企业的独立性逐渐增强。拨改贷是固定资产管理体制领域内一项重要的改革措施，对独立核算、有还贷能力的建设项目，

由原来实行的列入国家预算进行直接拨款，改为通过银行贷款进行。这对增强国有企业独立性、提高投资效益有深远影响。1981年，在全社会固定资产投资的资金来源中，有28.10%属于国家预算内资金，有12.80%为国内贷款；到1991年，国家预算内资金占比降为6.80%，国内贷款资金占比升到了23.50%。利用外资的比重，从1981年的3.80%上升到1991年的5.70%。

表6 全社会固定资产投资资金来源

（单位：%）

年份	国家预算内资金占比	国内贷款占比	利用外资占比	自筹和其他资金占比
1981	28.10	12.80	3.80	55.40
1982	22.70	14.40	4.90	58.10
1983	23.80	12.30	4.70	59.20
1984	23.00	14.10	3.90	59.00
1985	16.00	20.10	3.60	60.30
1986	14.60	21.20	4.40	59.90
1987	13.10	23.00	4.80	59.10
1988	9.30	21.00	5.90	63.80
1989	8.30	17.30	6.60	67.80
1990	8.70	19.60	6.30	65.40
1991	6.80	23.50	5.70	64.00

数据来源：国家统计局。

二、1992—2001年的资本品市场

1992年党的十四大确立社会主义市场经济体制的改革目标后，我国资本品市场经历了1992—1994年的投资过热，也经历了亚洲金融危机后投资下降。随着经济的发展和城市化的推进，城市市政建设进入加速期。

1. 1992—1994年的投资过热

1992—1994年的投资热潮，比20世纪80年代中后期更为猛烈。1992年邓小平南方谈话发表后，各地掀起了新一轮建设热潮。1992—1994年，全社会固定资产投资的增速分别达到了46.01%、60.44%、26.62%。其中1993年固定资产投

资增速是改革开放近40年来最高的。这次投资热潮带来严重的通货膨胀。

1992—1994年的投资过热，表现为开发区热、房地产热。各地以建设开发区作为投资的重要抓手，新开工项目多，基本建设开工项目投资增长速度快。在开发区中，加工工业投资增速快。

1992—1994年是我国第一次出现房地产热，在海南省表现尤其明显。1992年、1993年、1994年房地产投资的增速分别达到117.49%、164.98%、31.82%。由于当时我国房地产整体体量较小，住宅商品化还未全面推广，因此房地产过热只是在局部地区出现。房地产投资进入20世纪90年代后，成为固定资产投资中不可或缺的角色。在整个90年代，房地产投资占城镇固定资产投资的比例在15%~22%波动，比起80年代仅个位数的占比，有了相当的提高。

表7 房地产开发投资在城镇固定资产投资中的地位

（单位：亿元）

年份	城镇固定资产投资完成额	房地产开发投资	房地产占比
1992	6079.70	731.20	12.03%
1993	10303.40	1937.50	18.80%
1994	13534.30	2554.10	18.87%
1995	15643.70	3149.00	20.13%
1996	17567.20	3216.40	18.31%
1997	19194.20	3178.40	16.56%
1998	22491.40	3614.20	16.07%
1999	23732.00	4103.20	17.29%
2000	26221.80	4984.10	19.01%
2001	30001.20	6344.10	21.15%

数据来源：国家统计局。

2. 市政建设的加速发展

20世纪90年代基础设施建设的一大亮点是市政建设的加速发展。1992年，城市市政公用设施建设占全社会固定资产投资的比重为3.05%，此后该比重逐年上升，到2001年达到了6.32%。这种加速惯性持续到2003年，该比重达到8.03%，这是城市市政公用设施建设占比最高峰,此后进入下降通道。在市政建设内部构成中,与20世纪80年代不同,供水、燃气、供热不再占据主要位置,其占比逐年下降,到2001年仅有13.90%;排水、绿化、市容环境占比提升为18.64%,公共交通占比8.29%,道路桥梁占比36.41%。

表8 城市市政公用设施建设情况(1992—2001年)

年份	城市市政公用设施建设完成额(亿元)	同比增长(%)	占同期全社会固定资产投资比重(%)
1992	283.20	65.71	3.50
1993	521.80	84.28	3.99
1994	666.00	27.64	3.91
1995	807.60	21.26	4.03
1996	948.60	17.46	4.13
1997	1142.70	20.45	4.58
1998	1477.60	29.31	5.20
1999	1590.80	7.66	5.33
2000	1890.70	18.85	5.74
2001	2351.90	24.40	6.32

数据来源:国家统计局。

3. 资本品市场主体多元化,外资成为重要角色

20世纪80年代我国处于封闭的投资市场,很多领域不对外开放,甚至不对民间资本开放,因此,国有企业占据资本品市场的主导地位,集体企业和个体作为补充。进入90年代,港澳台商和外商逐步加大对中国市场的投资。到2001年,港澳台商和外商完成固定资产投资分别达到1583.29亿元、1415.47亿元,占全社会固定资产投资的比例分别达到4.25%、3.80%。2001年,国有企业固定资产投资完成额占全社会固定资产投资的比例首次低于50%,从此其不再占据主导地位。

表9　全社会固定资产投资主体构成

（单位:%）

年份	国有企业占比	集体企业占比	个体企业占比	港澳台商占比	外商占比
1992	68.05	16.82	15.12	0.00	0.00
1993	60.63	17.73	11.29	0.00	0.00
1994	56.42	16.19	11.56	0.00	0.00
1995	54.44	16.43	12.79	3.37	7.77
1996	52.40	15.94	14.01	3.65	8.19
1997	52.49	15.44	13.75	3.76	7.84
1998	54.11	14.76	13.18	4.70	5.77
1999	53.42	14.53	14.05	4.08	4.80
2000	50.14	14.59	14.31	3.93	3.99
2001	47.31	14.18	14.59	4.25	3.80

数据来源：国家统计局。

三、加入WTO后的资本品市场

加入WTO以后，我国资本品市场面对的最重要课题是如何发展以参与国际分工。我国具有显著的劳动力成本优势，在国际分工和国际贸易中占据有利位置。因此，在资本品市场中加大对制造业的投资，为我国成为制造大国奠定了物质基础。另外，配合经济腾飞需要坚实的基础设施作为后盾，这期间我国交通基础设施也实现了质变。

1. 入世后为参与国际分工的产能安排

加入WTO以后，出口部门面临巨大的发展机会。我国出口最具优势的属于制造业，因此，在制造业的投资增长明显。从表10可以看出，制造业固定资产投资的增长速度远超同期全社会固定资产投资增速。

表 10　不同行业的固定资产投资增长速度对比

（单位：%）

年份	全社会固定资产投资	制造业固定资产投资	信息传输、软件和信息技术服务业固定资产投资	金融业固定资产投资
2004	21.69	36.30	-2.50	3.90
2005	15.44	39.20	-4.70	8.30
2006	15.06	29.10	13.50	12.40
2007	20.44	34.70	2.70	28.00

数据来源：国家统计局。

多年不断增长的投资产生巨大的产能，为我国成为世界工厂奠定了物质基础。电器行业是我国在世界上的优势产业，也是我国产品行销全世界的出口拳头产业，在加入WTO短短几年，产能得到迅速提升（详见表11）。以电视机产能为例，在2000年新增产能仅有46万台，加入WTO第二年（2002年），新增产能达到470万台，扩张10倍以上。2004—2006年连续3年，新增产能都在1000万台以上。

表 11　主要电器行业新增产能情况

（单位：万台）

年份	电视机	家用电冰箱	家用洗衣机
2001	210.00	81.00	250.00
2002	470.00	15.00	90.00
2003	233.50	77.00	212.50
2004	1761.50	263.90	339.40
2005	2714.50	604.00	909.70
2006	1996.20	382.00	157.00
2007	344.00	640.00	259.00
2008	514.20	1091.05	535.50
2009	299.64	361.00	496.50
2010	326.90	612.10	443.00
2011	384.00	965.20	739.00

数据来源：国家统计局。

2. 基础设施建设中交通运输行业突飞猛进

这个阶段的基础设施建设以高速公路、高速铁路的跨越式发展为代表。1988年，我国出现第一条高速公路。沪嘉高速公路的通车，实现了中国内地高速公路零的突破。1998年，为应对亚洲金融危机，国家实施了积极财政政策，加快了以高速公路为代表的基础设施建设。从1997年起，我国年均通车里程超过4000公里。加入WTO后，我国高速公路建设进入更快发展阶段，2011年、2012年、2015年的通车里程均超过1万公里。到2015年底，全国高速公路通车里程达12.35万公里，位居世界第一。见表12：

表12 我国的高速公路里程数

（单位：万公里）

年份	里程数	年份	里程数
1992	0.07	2004	3.43
1993	0.11	2005	4.1
1994	0.16	2006	4.53
1995	0.21	2007	5.39
1996	0.34	2008	6.03
1997	0.48	2009	6.51
1998	0.87	2010	7.41
1999	1.16	2011	8.49
2000	1.63	2012	9.62
2001	1.94	2013	10.44
2002	2.51	2014	11.19
2003	2.97	2015	12.35

数据来源：国家统计局。

我国高速铁路的起步虽然晚，但发展迅猛。自2008年我国第一条350公里/小时的高速铁路——京津城际铁路开通运营以来，高速铁路就在中国内地加速发展。到2013年，高速铁路营业里程超过1万公里。截至2016年，我国高速铁路的营业里程已达到2.2万公里，居世界第一。我国已初步形成以高速铁路为骨架、以城际铁路为补充的快速客运网络。截至2016年底，高速铁路覆盖百万人口以上城市比例达65%。

曾经是基础设施重要组成部分的市政建设，相对重要性开始下降。城市市政公用设施建设占同期全社会固定资产投资比重，2003年达到历史最高的8.03%，此后开始下降。到2012年，该比重降为4.48%。

3. 民间投资占据主导地位

2005年2月，《国务院关于鼓励支持和引导个体私营等非公有制经济发展的若干意见》颁布，这是中华人民共和国成立以来首部以促进非公有制经济发展为主旨的中央政府文件。该意见提出，个体、私营等非公有制经济不断发展壮大，已经成为社会主义市场经济的重要组成部分和促进社会生产力发展的重要力量。发展个体、私营等非公有制经济，有利于繁荣城乡经济、增加财政收入，有利于扩大社会就业、改善人民生活，有利于优化经济结构、促进经济发展，对全面建设小康社会和加快社会主义现代化进程具有重大的战略意义。该意见对放宽非公有制经济市场准入作出明确规定，允许非公有资本进入垄断行业和领域、公用事业和基础设施领域、社会事业领域、金融服务业、国防科技工业建设领域等。5年之后，国务院于2010年再次发布的《国务院关于鼓励和引导民间投资健康发展的若干意见》，正视了2005年意见实施过程中非公有制经济遇到的各种难题，进一步拓宽民间投资的领域和范围；鼓励民间资本重组联合和参与国有企业改革；推动民营企业加强自主创新和转型升级；清理和修改不利于民间投资发展的法规政策规定和审批事项，重申了支持民间资本的国家意志。这两个意见出台后，非公有资本在资本品市场中发挥日益重要的作用。以城镇固定资产投资完成额情况看，从2010年起，民间投资的占比已经超过50%。（见表13）

表13 民间投资在城镇固定资产投资中的地位（2004—2015年）

年份	城镇固定资产投资完成额（亿元）	民间投资（亿元）	民间投资同比增速（%）	民间投资占城镇固定资产投资完成额的比例（%）
2004	59028.20	17968.90	—	30.44
2005	75095.10	27994.00	55.79	37.28
2006	93368.70	38619.50	37.96	41.36
2007	117464.50	53042.30	37.35	45.16
2008	148738.30	70561.30	33.03	47.44
2009	193920.40	93203.60	32.09	48.06
2010	243797.79	123389.90	32.39	50.61
2011	302396.06	175796.75	42.47	58.13
2012	364854.15	219472.99	24.84	60.15
2013	435747.43	269455.84	22.77	61.84
2014	501264.87	321576.00	19.34	64.15
2015	551590.04	354006.69	10.08	64.18

资料来源：国家统计局。

国有企业占比不断下降。以全社会固定资产完成额情况看，加入WTO以后，国有企业对全社会固定资产完成的占比不断下降，从2003年的38.98%下降到2008年的28.18%。在应对国际金融危机中，国有企业的固定资产投资占比略有回升，但仅仅持续两年。从2011年开始，国有企业对全社会固定资产投资的贡献率持续下降。（见表14）

表14 全社会固定资产完成额（分经济类型占比情况）

年份	国有企业	集体企业	有限责任公司	股份有限公司	私营企业	个体	港澳台商	外商
2003	38.98%	14.41%	0.00%	0.00%	0.00%	13.89%	4.27%	4.56%
2004	35.51%	14.14%	0.00%	0.00%	0.00%	14.02%	4.42%	5.47%

(续表)

年份	国有企业	集体企业	有限责任公司	股份有限公司	私营企业	个体	港澳台商	外商
2005	33.42%	13.48%	0.00%	0.00%	0.00%	15.65%	4.24%	5.25%
2006	29.97%	3.28%	23.88%	7.43%	17.52%	4.69%	4.31%	5.56%
2007	28.19%	3.38%	24.40%	7.03%	19.70%	4.41%	4.37%	5.36%
2008	28.18%	3.64%	24.33%	6.97%	20.58%	4.16%	4.02%	4.89%
2009	31.03%	3.78%	23.86%	6.27%	20.88%	3.96%	3.16%	3.74%
2010	33.10%	3.99%	27.94%	6.84%	24.07%	3.78%	3.30%	3.54%
2011	26.48%	3.29%	27.69%	6.11%	22.90%	3.37%	3.03%	2.98%
2012	25.68%	3.20%	27.36%	5.73%	24.40%	3.09%	2.74%	2.81%

资料来源：国家统计局。

与国有企业类似，外资在我国投资市场中的地位也开始式微。利用外资参与我国固定资产投资，从改革开放就已经开始。1981年，我国利用外资进行固定资产投资的金额为36.36亿元。在整个20世纪80年代，我国利用外资的绝对规模相对小，年均利用外资135亿元。90年代中期是我国利用外资的一个高峰期，1995年起连续5年利用外资进行固定资产投资的金额均超过2000亿元。90年代年均利用外资1615亿元。1996年，在我国固定资产投资的资金来源中，利用外资的比重达到11.80%。从此该比重开始下降。从2013年开始，利用外资在我国固定资产投资中的比重不足1%。外资在我国资本品市场中日渐边缘化。

4. 2008年应对金融危机的4万亿元投资

在2008年国际金融危机爆发后，我国政府对国际形势的判断是为了抵御国际经济环境对我国的不利影响，必须实行积极的财政政策和适度宽松的货币政策，加快民生工程、基础设施、生态环境建设和灾后重建，促进经济平稳较快增长。从2008年第4季度到2010年底，计划共投资4万亿元。在资金来源中，中央投资共约1.2万亿元，占总投资规模的30%，包括中央预算内投资、中央政府性基金、中央财政其他公共投资、中央财政灾后恢复重建基金等；其他投资约2.8万亿元，占总投资规模的70%。在4万亿元投资的刺激下，我国资本品市场扭转了受金融危机冲击后下滑的局面，又开始急剧扩张。很多产业，如钢铁化工等重工业，在已经出现产能过剩的情况下，由于投资扩张进一步带动产能增加，为数年后出现的普遍产能过剩埋下了伏笔。

应对国际金融危机的宽松政策，使大量资金进入房地产领域。宽松的货币政策带来货币贬值的强烈预期，带动房价迅速上涨。房价上涨刺激房地产开发投资。2008年城镇房地产开发投资完成额达到3.1万亿元，2009年达3.6万亿元，2010年达4.8万亿元，2011年达6.2万亿元。仅仅4年时间，房地产开发投资金额实现翻番。2010年，房地产开发投资增速高达33.16%，这是进入新世纪以来涨幅最大的一年。2011年的增速也高达28.05%（见表15）。

表15 房地产投资增长速度（2000—2012年）

年份	全社会固定资产投资增速	房地产开发投资增速
2000	10.26%	21.47%
2001	13.05%	27.29%
2002	16.89%	22.81%
2003	27.74%	30.33%
2004	26.83%	29.59%
2005	25.96%	20.91%
2006	23.91%	22.09%
2007	24.84%	30.20%
2008	25.85%	23.39%
2009	29.95%	16.15%
2010	23.83%	33.16%
2011	23.76%	28.05%
2012	20.30%	16.19%

资料来源：国家统计局。

四、2012年以后的资本品市场

1. 产能过剩问题日益突出

我国的一些产业，尤其是传统制造业，经过多年的持续投资和产能扩张，积累了非常巨大的产能。在国内需求增速下降，国际金融危机后国际市场持续低迷、市场逐渐饱和的情况下，这些产业面临着严峻的产能过剩问题。这些产业以钢铁、水泥、电解铝等高消耗、高排放行业为代表。

产能过剩实质就是资本品过多。产能过剩有着复杂的原因。很多地方政府片面追求GDP及发展速度，通过廉价供地、税收减免、低价配置资源等行为进行招商引资，助推了重复投资和产能扩张，鼓励本地区的投资，增加产能。产能过剩经常发生的领域是以国有经济为主的行业，这与国有企业的行为特征有关。国有企业天然具有扩张冲动，也易于获得银行贷款，在做大做强的旗号下容易出现过度投资。另外，国有企业一般受到政府的保护，即使投资失败也难以破产实现市场出清，因而国有企业中的亏损企业经常是亏而不死。

2013年《国务院关于化解产能严重过剩矛盾的指导意见》指出，2012年底，我国钢铁、水泥、电解铝、平板玻璃、船舶产能利用率分别仅为72%、73.7%、71.9%、73.1%和75%。表16是我国粗钢行业的理念产能与产能利用率。从2012年开始，钢铁行业的产能利用率就已经较低，然而，从2013年起，在国务院化解产能指导意见出台后，钢铁产能不仅没有下降，反而一路上升，到2015年，钢铁行业的产能已达到12亿吨。需求没有跟上产能扩张，导致钢铁行业产能利用率的一路下滑。2015年产能利用率不足70%，仅有66.99%。

表16 我国粗钢行业的理念产能与产能利用率

年份	产能（亿吨）	产能利用率
2008	6.6	75.80%
2009	7	81.12%
2010	7.64	82.00%
2011	8.63	79.24%
2012	9.95	72.00%
2013	10.82	72.00%
2014	11.6	70.69%
2015	12	66.99%

资料来源：wind资讯。

我国工业部门产能利用率低于国际通常水平。表17是我国代表性化工行业的产能利用率，表18是美国代表性年份工业产能利用情况。通过对比可以看出，我国很多工业行业的产能利用率，远远低于美国。美国在经济最糟糕的2008年金融危机中，工业部门的产能利用率才出现低于70%的情况，但这种产能利用率低的情况持续时间一般不会很久，美国全部工业部门持续了12个月，制造业持续了17个月。对比我国一些代表性化工行业，产能利用率低于70%都持续了3年或3年以上。

表17　我国代表性化工行业的产能利用率

年份	原油加工	煤制油	PTA	丁苯橡胶	顺丁橡胶
2011	82.90%	—	84.30%	98.10%	58.40%
2012	74.90%	—	66.80%	101.90%	51.70%
2013	73.60%	70.50%	68.60%	70.20%	48.90%
2014	66.50%	73.60%	61.10%	64.30%	50.60%
2015	65.50%	47.50%	64.10%	54.50%	45.10%
2016	67.20%	58.60%	66.00%	56.30%	47.10%

资料来源：wind资讯。

表18　美国代表性年份工业产能利用情况

日期	全部工业部门产能利用率	制造业产能利用率
1980年6月	78.54%	76.10%
1985年6月	79.28%	78.17%
1990年6月	83.11%	82.34%
1995年6月	83.99%	83.25%
2000年6月	82.02%	80.34%
2005年6月	80.29%	78.28%
2010年6月	74.08%	71.31%
2015年6月	76.47%	75.34%
2016年6月	75.83%	75.06%

数据来源：美联储。

产能利用低下，导致产成品的价格下降。从 2012 年 3 月开始，一直到 2016 年 8 月，我国 PPI 连续 54 个月出现负值，这是我国有史以来 PPI 连续为负持续最长的一段时期。依行业来看，各个行业 PPI 连续为负的持续时间分别如下：冶金工业 55 个月；电力工业连续 28 个月（截至 2017 年 5 月仍然为负值，仍在持续）；煤炭及炼焦工业 51 个月；石油工业 26 个月；化学工业 57 个月；机械工业 62 个月；建筑材料工业 25 个月；森林工业 12 个月；食品工业 20 个月；纺织工业 33 个月；造纸工业 56 个月。从工业内部来看，PPI 持续为负时间越长的工业，通常是资本比较密集的行业，也是产能过剩较多的行业。PPI 价格为负，意味着资本品的产出价格下跌，直接的后果是资本品的回报率下滑。

2. 民间投资放缓

自 2012 年以来，我国经济进入新常态。新常态的一个重要特征是经济增长不再像过去 20 年那样保持持续高速，伴随的是投资增长速度的下滑。我国投资主体日益多元化，在民间投资比重日益提高的背景下，投资增长很大程度上取决于民间投资的增长。政府投资尤其是基础设施投资一般不考虑经济周期，但民间投资追求的是回报率，最能体现资本品市场的活跃程度。自 2015 年起，民间固定资产投资的增速开始急剧下滑，从 2014 年的 18.10% 下降到 2015 年的 10.10%，到 2016 年仅为 3.17%。从民间资本投向看，仅在第一产业尚能保持两位数的增长，第二、第三产业的增速自 2015 年开始已经下滑到个位数（见表 19）。

表 19　民间固定资产投资完成额三次产业的增速

年份	固定资产投资	第一产业	第二产业	工业	第三产业
2012	24.80%	39.20%	26.40%	26.60%	22.20%
2013	23.10%	32.90%	20.70%	21.00%	25.40%
2014	18.10%	37.90%	16.70%	16.40%	18.60%
2015	10.10%	33.10%	9.40%	9.30%	9.40%
2016	3.17%	18.10%	3.20%	3.40%	2.00%

数据来源：国家统计局。

3. 市政建设基本没有增长

我国城市市政建设经济进入新常态以来，城市市政建设的投资不再保持过去30多年的持续增长（改革开放以来市政建设仅1989年出现负增长）。2014年、2015年连续两年出现市政固定资产投资增速为负的现象。从2013年起，连续3年城市市政固定资产投资金额保持在1.6万亿元左右（见表20）。这与我国的城市化仍然在进行、城市人口仍在增长形成反差。我国市政建设出现负增长，这是由于市政基础设施由地方政府建设；地方政府的财力与经济发展水平密切联系。经济下行对地方政府财政收入的影响巨大，再加上近些年中央政府加强对地方政府债务的管控，导致地方财政用于市政基础设施建设的资金减少。

表20 城市市政公用设施建设情况 （2013—2015年）

年份	城市市政公用设施建设固定资产投资（亿元）	同比增长（%）	占同期全社会固定资产投资比重（%）
2013	16349.80	6.89	3.66
2014	16245.00	-0.64	3.17
2015	16204.40	-0.25	2.88

数据来源：国家统计局。

第三节
我国资本品市场的展望

我国资本品市场最重大的问题是产能过剩。化解产能过剩成为中央经济工作的重要内容。中央政府提出的供给侧结构性改革，通过促进有效缓解产能过剩，将资源要素从产能严重过剩的产业和僵尸企业中释放出来。除了化解产能过剩问题，增长空间有限及债务问题也是我国资本品市场仍值得重视的课题。

资本品市场的增长空间有限。投资在我国经济中历来扮演着举足轻重的角色。

在20世纪80年代初,资本形成总额占GDP比重是改革开放以来最低的,也达到30%以上。此后占比一路上升,到2011年达到峰值,为48.01%。我国经济倚重投资,在发展初期和中期固然有其合理性,但到最近一些年,越来越表现为产能过剩。从根本上分析,消费才是经济增长的原动力,投资是由消费引申而来。我国经济转为以消费为主是必然的发展趋势,因此,资本品市场继续保持国民经济中的高比重是不可持续的。具体到现实产业中,资本品市场的增长空间受限是合乎实际的判断。在基础设施领域,我国交通基础设施已相当完备,已经拥有全世界运营里程最长的高铁和高速公路,且绝大部分都是在最近时期内建成,远远未到更新的程度;市政建设的固定资产投资完成额保持在1.6万亿元左右,已经持续了3年。在制造业领域,很多产业甚至出现了全行业亏损。比如黑色金属冶炼业,2014年全行业净资产收益率仅有1.2%,到2015年净资产收益率为-3.00%,远低于同期银行贷款基准利率。在收益率不理想的情况下,制造业的投资难有大的增长空间。在房地产领域,我国除了一二线城市供求关系比较紧张外,在广大的三线及以下城市,有大量房屋空置。大城市又有严格的规划限制发展,因此房地产开发投资增长空间也很有限。2014年、2015年房地产业的开发投资增速一改多年两位数增长,降为1.78%、2.85%,甚至低于同期的经济增速。综合现实各个领域看,我国投资再回到高增长的可能性不大。

债务尤其是政府债务问题也是我国资本品市场中值得高度重视的一个问题。债务问题与资本品市场产生联系,因为我国很多政府性固定资产投资,如基础设施建设,都是依靠举债完成的。2015年底地方政府债务余额16万亿元,达到当年全国GDP的23.6%,远超美国、加拿大等发达国家地方政府负债上限。资本品市场的债务问题,归根结底是资本品的回报率低下。以我国收费高速公路为例。2015年我国收费高速公路里程达11.7万公里,其中还贷性有6.6万公里,经营性有5.1万公里。收费高速公路2015年末债务余额达到4.1万亿元,其中还贷性2.3万亿元,经营性1.8万亿元。2015年,还贷性收费高速公路的通行费收入1578亿元,支出中仅还本付息就高达2646亿元,再加上养护经费、运营管理费、税费、其他支出,共计支出3189亿元,收支平衡结果是-1611亿元。经营性收费高速公路

2015年收支平衡结果是 -1331 亿元。从收费高速公路情况看，收不抵支的情况日趋严重，导致债务的进一步扩大。高速铁路也面临这样的问题。这些基础设施的资本品，债务率居高不下，只有实现了收支平衡才能良性发展。

第三章
公共品市场

在萨缪尔森的定义中，公共品具有消费的非排他性和非竞争性。纯公共品在现实生活中较少，且有理论争议。大多数的公共职能不是纯公共品，但也不是纯私人品。在马斯格雷夫的分类中，物品分为公共品、私人品和有益品三类。公共品存在的原因在于其技术特征，即消费的非竞争性和非排他性，而有益品的存在，完全依赖于政府的价值判断。当政府对该物品在市场机制下的消费水平不满意时，它直接对该物品的消费进行干预。本章所谓的公共品，与马斯格雷夫的有益品范畴接近，即便这样，其覆盖范围仍然很广，本章将着重于教育和医疗领域。

公共品的供给，一般由政府提供。与私人产品不同，公共品无法通过市场价格来反映居民的需求信息，从而不仅对供给决策造成困难，而且也难以对供给者形成有效的激励和约束。另外，供给方一般只考虑单方的意愿，缺少或者经常忽略需求方的呼应，很难达成合意的匹配。但一般而言，供给与经济社会发展水平有关。经济发展程度越高，公共品的供给越好。供给的决策，包括供给的数量、质量等，与复杂的公共决策相关，在我国则是政府行政决策的结果。我国公共品的供给，绝大部分是通过特定的组织，即事业单位进行。我国的事业单位是计划经济时代的产物，在改革开放之后保留了下来，从属于政府并履行着公共品供给的角色。随着改革开放的深入，我国一些非事业单位的组织也参与公共品的供给。

公共品的需求方，是我国的全部居民。由于公众的意志表达受各种条件的约束，而且存在信息不对称问题，因此，公共品需求的表达和识别与私人品完全不同，也是一个复杂的公共决策过程。公共品需求有着层次性和渐进性，这与私人物品需求类似。需求方在满足基本的生存、安全方面的公共品后，会衍生出能提供发展的公共品需求；当低层次公共品需求得到满足后，就会产生更大数量、更高质量的公共品需求。一般而言，经济发展水平对公共品需求具有正向影响。

第一节
我国公共品市场的概况

我国公共品市场，以教育、医疗行业作为代表，在供给上以政府主导下的事业单位为主导。经过改革开放近 40 年，随着我国经济的发展，政府财力的增强，公共品市场的供给能力也得到相应提升。

一、供给主体是事业单位

我国大部分的公共品供给，延续计划经济体制下的事业单位制度。事业单位是以政府职能、公益服务为主要宗旨的一些公益性单位、非公益性职能部门等。它参与社会事务管理，履行管理和服务职能，宗旨是为社会服务，主要从事教育、科技、文化、卫生等活动。

事业单位有着严格的管理体制，其组织形式、机构设置、部门职能、管理体制、运行机制都有明确规定。事业单位的经费很大程度依靠政府财政，也有一部分经费来自提供服务所得的事业收入。在人事管理上，事业单位有着浓厚的行政色彩。很多情况下事业单位有着行政级别，甚至参照公务员管理。事业单位人事制度方面一个重要的特征是编制管理，根据管理职责和工作任务确定人员数量。

我国的教育和医疗领域，大部分是公立机构，这些公立机构都属于事业单位。教育机构尤其是义务教育阶段的中小学校，属于全额拨款的事业单位。公立医疗机构则仅有部分财政拨款，机构运作的大部分费用还需要来自服务收入。

二、公共品的供给提升显著

改革开放以来，政府在教育和医疗方面不断增加投入。以政府在教育和医疗卫生领域的公共财政支出为例，2003 年，全国公共财政支出 24649.95 亿元，其中用于教育方面的支出是 2937.34 亿元，用于医疗卫生与计划生育的支出 778.05 亿元；教育占全国公共财政支出的比例为 11.92%，医疗卫生的占比为 3.16%。2015 年，全国公共财政支出 175877.77 亿元，用于教育方面的支出是 26271.88 亿元，用于医疗卫生与计划生育的支出为 11953.18 亿元；教育占全国公共财政支出的比例为 14.94%，医疗卫生的占比为 6.80%。与 2003 年相比，教育占公共财政支出比重提高了 3.02 个百分点，医疗卫生占比提高了 3.64 个百分点（见表 1）。

表 1 财政对教育、医疗卫生的投入

（单位：亿元）

年份	全国公共财政支出	教育支出	医疗卫生与计划生育支出	教育占比	医疗卫生占比
2003	24649.95	2937.34	778.05	11.92%	3.16%
2004	28486.89	3365.94	854.64	11.82%	3.00%
2005	33930.28	3974.83	1036.81	11.71%	3.06%
2006	40422.73	4780.41	1320.23	11.83%	3.27%
2007	49781.35	7122.32	1989.96	14.31%	4.00%
2008	62592.66	9010.21	2757.04	14.39%	4.40%
2009	76299.93	10437.54	3994.19	13.68%	5.23%
2010	89874.16	12550.02	4804.18	13.96%	5.35%
2011	109247.79	16497.33	6429.51	15.10%	5.89%
2012	125952.97	21242.10	7245.11	16.87%	5.75%
2013	140212.10	22001.76	8279.90	15.69%	5.91%
2014	151785.56	23041.71	10176.81	15.18%	6.70%
2015	175877.77	26271.88	11953.18	14.94%	6.80%

资料来源：国家统计局。

三、公共品供给取得明显效果

衡量教育和医疗卫生投入的效果，表现为居民受教育和健康的变动程度。

衡量教育可以用文盲率和升学率两类指标。1982年，我国全部人口的文盲率为22.82%，到1990年降为15.88%，2000年继续下降到6.72%，到2010年仅为4.08%。不到30年，文盲率下降超过18个百分点，这与我国推行九年制义务教育以及公共财政在教育领域的持续投入分不开。除了文盲率，我国教育的成就还可以通过升学率来体现。到2015年，我国小学升初中、初中升高中、高中升高等教育的升学率分别达到了98.20%、94.10%、92.50%（见表2）。

表2 不同阶段的升学率

（单位:%）

年份	小学升初中	初中升高中	高中升高等教育
1990	74.60	40.60	27.60
2000	95.00	51.20	73.50
2010	98.70	87.50	83.30
2015	98.20	94.10	92.50

资料来源：国家统计局。

衡量医疗卫生领域投入效果最重要的指标是居民预期寿命。1982年我国居民平均预期寿命为67.80岁，1990年达到68.55岁，2000年为71.40岁，2010年为74.83岁。在北京、上海等城市，我国居民的预期寿命已经达到发达国家水平。除了预期寿命，万人拥有床位数和医师数、医疗保险人群覆盖情况也可以作为衡量医疗卫生提供水平的指标。1997年全国有1762万人参加基本医疗保险，2015年参加人数已经达到28893.10万人。

表3 我国的医疗资源情况

年份	每万人口床位数（床）	每万人口医师数（人）
1990	23.20	15.60
2000	23.80	16.80
2010	32.70	17.90
2015	51.10	22.00

资料来源：国家统计局。

第二节
改革开放以来公共品市场演变的四个阶段

一、1978—1991年的公共品市场

改革开放初期，我国公共品市场普遍匮乏，教育和医疗卫生领域也不例外。在这个阶段，公共品的投入主要表现为增加供给。

1. 在增加教育供给的同时，优先发展重点学校

教育事业在"文革"中遭到严重破坏，政府的拨乱反正使其迅速得到全面恢复和发展。政府对教育事业的政策，最重要的是增加教育供给，提高居民的受教育程度。主要的措施：一是恢复高考并增加高等教育的招生。1979年普通高等学校招生数为27.5万人，1985年达到61.9万人，1992年达到75.4万人。普通高等学校在校学生数从1979年的102万人增加到1992年的218.4万人。高考不仅起到筛选升学的作用，也起到教育体系指挥棒的作用，在全社会形成重视教育的风气。二是增加入学率和升学率。1980年，学龄儿童入学率为93.00%。1990年，学龄儿童入学率达到97.80%，小学升初中毕业升学率为74.60%，初中升高中毕业升学率为40.60%，均比20世纪80年代初有较大的提升。三是开始实施九年制义务教育。1986年，我国通过了《中华人民共和国义务教育法》，从此，九年制义务教育成为公民和政府必须履行的义务。

政府在实施各种改革措施发展教育事业中，一条重要的原则是效率优先、城市优先。1978年，邓小平在全国教育工作会议上的讲话指出："为了加速造就人才和带动整个教育水平的提高，必须考虑集中力量加强重点大学和重点中小学的建设，尽快提高它们的教学水平和教学质量。"这是由于当时我国综合国力较弱，各种资源较少，集中教育投资和师资投入先进地区，以期较快实现回报。承认教育发展的

不平衡，要求条件好的地区要把教育搞好，落后地区就不能要求很高。教育经费的投资和师资要集中，把先进地区先搞上去。我国的城乡二元结构，反映到教育上就是以城市教育为中心、优先发展城市教育。城市教育的经费，人员，学制，教材，教学设备等。城市的义务教育由中央财政直接负担，农村的教育在长期内由农民负担。在以城市教育为重点后，重点学校制逐步发展起来，它继续在城市内部进一步将学校分级，教师资源和财政进一步向城市重点学校集中。在重点学校的确立和强化后，我国教育资源分布的不均衡现象日益突出。

2. 多方面增加医疗卫生供给

改革开放之初，我国医疗卫生领域也面临供给不足的问题。1983年，我国医院病床平均每千人口只有2.07张，医生（医师和医士）平均每千人口只有1.33人，居民的医疗需求无法得到满足。卫生领域在增加供给方面主要包括三个措施：

一是中央和地方要逐步增加卫生经费和投资。1978年政府预算卫生支出35.44亿元，1985年超过100亿元，达到107.65亿元。到1991年，政府预算卫生支出达到204.05亿元。在政府预算投入不断增加下，我国的医院数量、卫生技术人员数量也同步增加。1978年，我国的医院数量为9293家，其中综合医院数量为7539家；卫生技术人员数246.39万人，其中医生97.82万人。1985年，我国的医院数量为11955家，其中综合医院数量为9197家；卫生技术人员数341.09万人，其中医生141.33万人。1991年，我国的医院数量为14628家，其中综合医院数量为10562家；卫生技术人员数398.50万人，其中医生177.95万人。1991年与1978年相比较，医院数量增加了57.41%，综合医院数量增加了40.10%，卫生技术人员数增长了61.74%，医生数增长了81.92%。

二是激发卫生部门活力、提高效率，最重大的举措是放松管理，同时引入承包制。1985年国务院批转卫生部《关于卫生工作改革若干政策问题的报告》提出，必须进行改革，放宽政策，简政放权，多方集资，开阔发展卫生事业的路子，把卫生工作搞活。该报告提出扩大全民所有制卫生机构的自主权问题。各级卫生机构要积极创造条件实行院、所、站长负责制，院、所、站长由上一级任命，或民主推荐上级批准，并实行任期制。全民所有制的区、乡卫生院和其他规模较小的全民所有制医疗机构，在不改变所有制的情况下，可以按集体所有制的办法进行管理，也可以承包给职工去办。1988年国务院批转了卫生部、财政部、人事部、国家物价局、国家税务局《关于扩大医疗卫生服务有关问题的意见》。该意见提出积极推行各种形式的承包责任制。医疗卫生事业单位可以与卫生主管部门签订定任务、定编制、定质量和经费包干合同。在确保按合同要求完成任务的前提下，单位可以根据国家有关规定，自行管理、自主经营、自主支配财务收支，并决定本单位集体福利和奖励基金分配形式。另外，允许有条件的单位和医疗卫生人员在完成承包任务前提下，从事有偿业余服务，有条件的项目也可进行有偿超额劳动，获取收入由单位自主分配。

三是对个体行医放开。1980年，卫生部《关于允许个体开业行医问题的请示报告》得到国务院批准。1985年国务院批转卫生部《关于卫生工作改革若干政策问题的报告》也提出支持个体开业行医。积极组织和支持经过考核、合乎条件的闲散医务人员（包括民族医、草药医和对医药确有一技之长的人员）和离休退休退职医务人员个体开业行医，坐堂看病，办医院，办接生站，开展特别护理，以及检验、放射和卫生保健咨询等服务工作。

政府扩大卫生部门自主权，同时实施承包制后，大大刺激了医院创收。由于医疗行业供给方的绝对主导，居民看病负担逐渐增加，看病难看病贵问题开始显现。政府将资源更多分配到卫生领域之外，到1992年，政府卫生支出占当年财政支出的比重为6.11%，政府卫生支出占GDP的比重不到1%，仅为0.84%。政府负担卫生费用的比重在20世纪80年代中期之前保持在38%左右，80年代后期到90年代初，该比重出现较大幅度下降，到1992年仅有20.84%。与此相对应，个人卫生支出的比重呈现不断上升的趋势。1978年个人卫生支出占卫生总费用的比例为20.43%，1985年上升为28.46%，到1992年已达到39.81%（见表4）。

表4 1978—1992年中国卫生费用的构成

（单位：亿元）

年份	卫生费用	政府预算卫生支出	社会卫生支出	个人卫生支出	政府预算卫生支出比重	个人卫生支出比重
1978	110.21	35.44	52.25	22.52	32.16%	20.43%
1979	126.19	40.64	59.88	25.67	32.21%	20.34%
1980	143.23	51.91	60.97	30.35	36.24%	21.19%
1981	160.12	59.67	62.43	38.02	37.27%	23.74%
1982	177.53	68.99	70.11	38.43	38.86%	21.65%
1983	207.42	77.63	64.55	65.24	37.43%	31.45%
1984	242.07	89.46	73.61	79.00	36.96%	32.64%
1985	279.00	107.65	91.96	79.39	38.58%	28.46%
1986	315.90	122.23	110.35	83.32	38.69%	26.38%
1987	379.58	127.28	137.25	115.05	33.53%	30.31%
1988	488.04	145.39	189.99	152.66	29.79%	31.28%
1989	615.50	167.83	237.84	209.83	27.27%	34.09%
1990	747.39	187.28	293.10	267.01	25.06%	35.73%
1991	893.49	204.05	354.41	335.03	22.84%	37.50%
1992	1096.86	228.61	431.55	436.70	20.84%	39.81%

数据来源：《中国卫生统计年鉴》。

二、1992—2002年的公共品市场

1992年我国加大社会主义市场经济改革力度，不仅体现在经济领域，也对社会其他领域产生重大影响。对于传统的事业单位，尤其是教育、医疗卫生领域的影响，首当其冲的是政府投入相对下降。政府投入相对下降，指的是政府对这些传统公共品部门的支出占公共财政支出的比重下降。一方面，由于当时政府财力有限，有限的财力更侧重于投入短期内对经济拉动有成效的经济领域，如基础设施建设

等；另一方面，政府也有意放宽对这些领域的控制，试图将市场化手段引入这些领域。

1. 政府对教育领域的投入比例下降，民营资本进入教育领域

1992年以后，政府对教育领域的投入比重持续下降。教育经费是反映教育发展的综合性指标。教育经费可以分为国家财政性教育经费、民办学校办学经费、社会捐赠经费、事业收入、其他收入等五个部分。其中，国家财政性教育经费包含预算内教育经费、事业收入包含学杂费等。国家财政性教育经费是政府对教育的投入，其占比情况显示政府对教育的重视程度。1991年，在我国全部教育经费中，国家财政性教育经费占比高达84.46%，民办学校办学经费可以忽略不计。随着20世纪90年代改革的深入，我国教育经费中国家财政性教育经费的占比不断下降，1994年下降到80%以下，为78.91%；1998年下降到70%以下，为68.92%。这种下降趋势一直到2005年，仅为61.30%，比1991年的比重下降了超过23个百分点。

政府投入下降，对应的是民办学校的兴起和居民教育支出负担的增加。

民办学校在我国学校体系中的角色，在1993年几乎可以忽略不计，民办学校办学经费占全部教育经费的比重仅为0.31%，绝对金额为3.33亿元。1994年，民办学校办学经费超过10亿元，2001年超过100亿元。2002年，我国民办学校办学经费是1993年的51.78倍。1993—2002年，民办学校办学经费持续保持两位数的增长速度。

居民教育支出负担增加，可以表现为教育经费中事业收入的占比增加，这也是教育产业化的重要标志。教育经费中事业收入，绝大部分是居民支出；事业收入的增加意味着居民支出的增加。1998年事业收入占教育总经费的比重为20.66%，到2002年该比重上升到26.66%（见表5）。从学杂费占教育总经费的比重也可看出这种趋势。1991年，学杂费占教育总经费的比重仅为4.42%，1992年该比重超过5%，达到5.07%；1995年该比重超过10%，达到10.72%；2000年该比重超过15%，达到15.45%；到2002年，学杂费占教育总经费的比重已经达到16.84%。

表 5　我国教育经费来源分解

年份	国家财政性教育经费占比	民办学校办学经费占比	事业收入占比
1991	84.46%	—	—
1992	84.05%	—	—
1993	81.87%	0.31%	—
1994	78.91%	0.72%	—
1995	75.16%	1.08%	—
1996	73.89%	1.16%	—
1997	73.57%	1.19%	—
1998	68.92%	1.63%	20.66%
1999	68.29%	1.88%	22.39%
2000	66.58%	2.23%	24.38%
2001	65.92%	2.76%	24.96%
2002	63.71%	3.15%	26.66%

数据来源：wind 资讯。

政府对教育领域投入的相对下降，尤其体现在高等教育领域，这与 1999 年以来的高校大扩招有关。1997 年，在普通高等学校教育经费中，有 78.30% 来自国家财政，仅有 14.82% 是学杂费收入。1999 年扩招后，在普通高校教育总经费中，国家财政占比为 62.53%，学杂费占比为 17.04%；到 2002 年，国家财政占高校教育总经费的比重为 50.55%，学杂费上升到 26.26%。也就是说，1997—2002 年，在普通高校教育总经费中，国家财政占比下降了 27.75 个百分点；同期，学杂费占比上升了 11.44 个百分点。政府教育经费投入的相对下降，大大增加了居民的教育负担。

政府对教育领域投入的相对下降，另外一个结果是教育供给质量的下降。教育供给质量的一个衡量指标是学校生师比。生师比越大，意味着每个教师需要教导的学生数越多，也意味着教师资源越贫乏。1992 年，我国普通小学、初中、普通高中、普通高校的生师比分别为 20.07、15.85、12.24、6.83，到 2001 年分别变为 21.64、19.24、16.73、18.22（见表 6）。不同阶段的生师比全部上升，其中普通小学变化不大,初中和普通高中增幅为21.39%、36.68%,属于变动较大的程度;普通高校的生师比增幅巨大,2001年是1992年的2.67倍,这和高校的迅速扩招密切相关。

表6 我国学校的生师比情况（1992—2001年）

年份	普通小学	初中	普通高中	普通高校
1992	20.07	15.85	12.24	6.83
1993	22.37	15.65	14.96	8.00
1994	22.85	16.07	12.16	9.25
1995	23.30	16.73	12.95	9.83
1996	23.73	17.18	13.45	10.36
1997	24.16	17.33	14.05	10.87
1998	23.98	17.56	14.60	11.62
1999	23.12	18.17	15.16	13.37
2000	22.21	19.03	15.87	16.30
2001	21.64	19.24	16.73	18.22

数据来源：wind资讯。

2. 人力医疗资源不再匮乏,政府投入比例下降,居民负担加重

经过20世纪80年代大幅增加人力医疗资源后,进入90年代,我国人力医疗资源总体不再匮乏。1992年我国有卫生技术人员407.40万人,医生180.82万人;到2002年,我国有卫生技术人员426.98万人,医生184.40万人,医疗技术人员基本变化不大。

进入20世纪90年代,看病贵成为社会突出现象之一。以综合医院门诊人均医疗费用看,1990年为10.90元/次,1995年为39.90元/次,2000年达到85.80元/次,2002年达到99.63元/次。综合医院出院病人人均医疗费用1990年为473.30元/次,1995年为1668.00元/次,2000年达到3083.9元/次,2002年达到3597.72元/次。

看病贵,有着复杂的原因。其一是计划经济时代以及改革初期,我国医疗价格受到政府严格控制,给人印象看病不太贵;进入20世纪90年代,随着改革的全面

铺开，医疗领域费用向其应有价值回归，但与历史相比，费用增加幅度较大，给人看病贵的印象。其二是医疗领域的价格上升较快。我国的医疗价格由政府严格控制，但僵硬的价格体系难以保持医疗机构的正常运转，因此在20世纪90年代陷入快速涨价或变相涨价风潮。1994年的价格基数为1，2001年医疗保健服务的价格为2.48，而同期的CPI只上涨了29%。其三是我国医疗保险制度滞后。城镇职工医疗保险和城镇居民医疗保险仅覆盖我国人口很小一部分；新农村合作医疗保险从2003年才开始试点。其四是政府对医疗领域的投入下降。卫生总费用在20世纪90年代增长很快，从1992年的1096.86亿元上升到2002年的5790.03亿元，2002年是1992年的5.28倍。但政府、社会、个人三方的支出增幅不一样。这期间政府预算支出增长了2.97倍，社会支出增长了2.57倍，个人支出增长了6.65倍。从政府卫生支出占财政支出的比重看，1992年为6.11%，1999年跌破5%，只有4.86%，2002年更是仅有4.12%（见表7）。政府支出比重下降，卫生总费用增加，意味着大量费用转嫁到个人，因此个人负担加重。

表7　政府卫生支出占财政支出比重

年份	比重	年份	比重
1992	6.11%	1998	5.46%
1993	5.86%	1999	4.86%
1994	5.91%	2000	4.47%
1995	5.68%	2001	4.24%
1996	5.82%	2002	4.12%
1997	5.67%		

数据来源：《中国卫生统计年鉴》。

三、加入WTO后的公共品市场

加入WTO后，我国经济实现惊人的腾飞，政府的财政收入持续高速增长，政府在全社会收入分配的份额不断提高。随着政府财力的加强，在过去难以顾及或者投入不足的公共品领域，我国政府开始加大投入。

1. 政府对教育的投入比重开始回升

进入21世纪的头几年，我国政府对教育的投入比例仍维持20世纪下降的趋势。从2006年开始，国家财政性教育经费占比开始回升。2005年，国家财政性教育经费占教育总经费的比重为61.30%，是20世纪90年代以来的最低值；对应的事业收入占比为27.79%。到2012年，国家财政性教育经费占比上升到80.78%，事业收入占比下降到16.12%。国家投入的增加缓解了教育机构对学杂费的依赖程度，降低了居民的学费负担。2004年，学杂费占教育总经费的比重高达18.59%，到2012年，该比例下降到12.23%。

政府投入的增加改善了教育供给的质量，改善了各级学校的生师比。2002年，我国普通小学、初中、普通高中、普通高校的生师比分别为21.04、19.25、17.80、19.00，到2012年分别降到了17.36、13.59、15.47、17.52，扭转了20世纪90年代生师比不断升高的局面（见表8）。

表8 各级学校生师比情况（2002—2012年）

年份	普通小学	初中	普通高中	普通高校
2002	21.04	19.25	17.80	19.00
2003	20.5	19.13	18.35	17
2004	19.98	18.65	18.65	16.22
2005	19.43	17.8	18.54	16.85
2006	19.17	17.15	18.13	17.93
2007	18.82	16.52	17.48	17.28
2008	18.38	16.07	16.78	17.23
2009	17.88	15.47	16.3	17.27
2010	17.7	14.98	15.99	17.33
2011	17.71	14.38	15.77	17.42
2012	17.36	13.59	15.47	17.52

数据来源：wind资讯。

2. 政府对医疗卫生的投入明显增加

进入21世纪尤其是2007年以后，政府对医疗卫生领域的投入明显上升。从政府卫生支出占财政支出的比重来看，2002年为4.12%，2003—2006年徘徊在4.5%左右；到2007年上升到5.19%，2011年更是达到6.83%（见表9）。

表9 政府卫生投入情况

年份	政府卫生支出占财政支出比重	政府卫生支出占GDP比重
2002	4.12%	0.75%
2003	4.53%	0.82%
2004	4.54%	0.80%
2005	4.58%	0.84%
2006	4.40%	0.82%
2007	5.19%	0.96%
2008	5.74%	1.13%
2009	6.31%	1.39%
2010	6.38%	1.40%
2011	6.83%	1.54%
2012	6.69%	1.58%

数据来源：《中国卫生统计年鉴》。

政府投入增加带来机构的膨胀，我国卫生技术人员数及医生数均有较大幅度增加。2003年，卫生技术人员数为438.09万人，医生数为194.24万人；到2012年，分别达到667.55万人、261.60万人。2012年与2003年相比，卫生技术人员数增加了52.38%，医生数增加了34.68%。医疗卫生机构的膨胀还表现为其资产负债表的扩张。2005年，卫生机构的总资产为8163.02亿元，净资产为5976.02亿元；到2012年，分别为21549.02亿元、12814.76亿元。2012年卫生机构的总资产和净资产分别是2005年的2.64倍、2.14倍。我国医院的资产扩张也是如此。2012年医院的总资产和净资产是2005年的2.66倍、2.07倍。

政府投入增加的另外一个效果是个人卫生支出占卫生总费用的比重开始下降，

政府预算卫生支出的比重上升。2002年，个人卫生支出比重为57.72%，政府预算卫生支出比重为15.69%；到2012年，个人卫生支出比重降至34.34%，政府预算卫生支出比重升至29.99%。虽然政府对医疗卫生的投入增加显著，但由于我国卫生总费用上升较快，个人的医疗卫生负担仍然比较重。

四、2012年以来的公共品市场

十八届三中全会以后，我国政府继续加大对公共品的投入。教育总经费占国家财政性教育经费的比重在80%以上。政府卫生支出占财政支出的比重在7%左右；在卫生总费用中，2015年的政府预算卫生支出比重超过个人卫生支出比重。

作为公共品供给的主体，我国的事业单位改革相对滞后，不能适应新形势下社会事业发展的需求。例如，一些事业单位功能定位不清，政事不分、事企不分，机制不活；公益服务供给总量不足，供给方式单一，资源配置不合理，质量和效率不高；支持公益服务的政策措施还不够完善，监督管理薄弱。有的事业单位对部门利益和个人利益的追求，偏离了公共服务这个公共机构的基本价值取向。这些问题影响了公益事业的健康发展，因此，我国政府提出对事业单位进行分类改革。

事业单位分类改革是指将现有事业单位按照社会功能划分为承担行政职能、从事生产经营活动和从事公益服务三个类别。对承担行政职能的，逐步将其行政职能划为行政机构或转为行政机构；对从事生产经营活动的，逐步将其转为企业；对从事公益服务的，继续将其保留在事业单位序列，强化其公益属性。另外，公益服务的事业单位划分为两类：承担义务教育、基础性科研、公共文化、公共卫生及基层的基本医疗服务等基本公益服务，不能或不宜由市场配置资源的，划入公益一类；承担高等教育、非营利性医疗等公益服务，可部分由市场配置资源的，划入公益二类。

除了事业单位分类改革外，我国政府还提出一系列事业单位改革措施。针对事业单位行政化倾向严重、政事不分、事企不分、机制不活的状况，强调要推动公办事业单位与主管部门理顺关系和去行政化，逐步取消学校、科研院所、医院等单位的行政级别。建立事业单位法人治理结构，推进有条件的事业单位转为企业或社会组织，积极探索政事分开、管办分开的多种有效实现形式，健全事业单位内部的决策、执行、监督机制。针对事业单位提供公共服务缺乏竞争，公益服务供求矛盾日益突出，供给方式单一，资源配置不合理，质量和效率不高的问题，强调要改革政府提供公共服务的方式，加大政府购买公共服务力度，使提供公共服务的事业单位有竞争，从而提高政府提供公共服务的质量和效率。建立各类事业单位统一登记管理制度，方便群众，改善服务，加强管理。

第三节
我国公共品市场的展望

经过改革开放近40年的发展，我国的公共品市场有了显著的变化。总体上，我国公共品市场摆脱了改革开放前供给不足的境况，公共品的供给范围和质量都有很大的扩大和提高。公共品市场的发展，对我国社会公平和稳定提供了物质条件。例如，国民受教育机会显著增加，2015年九年义务教育巩固率达到93%。基本公共卫生服务项目增加到12类，全民医保体系加快健全，基本医保参保率超过95%等。但也要看到我国公共品市场存在的诸多问题。例如，城乡区域间资源配置不均衡；基层设施不足和利用不够并存，人才短缺严重；体制机制创新滞后，社会力量参与不足。公共品市场发展不完善容易引发社会关注。如医疗领域的看病难、看病贵问题。从居民的支出情况看，城镇居民家庭医疗保健支出占总支出的比重从1990年的2.00%上升到6.20%；农村居民家庭医疗保健支出占总支出的比重从1990年的3.25%上升到9.30%。

展望未来，我国将继续推进基本公共服务均等化。包括保障基本民生需求的教育、就业、社会保障、医疗卫生、住房保障、文化体育等领域的公共服务。基本公共服务均等化的实现，要在均等化水平稳步提高，城乡区域间基本公共服务大体均衡，广大群众享有基本公共服务的可及性显著提高的基础上。

第四章
劳动力市场

劳动力作为重要的生产要素，要实现其有效配置，需要一个运作良好的劳动力市场。将劳动力配置到恰当的工作岗位，充分发挥劳动力的价值，与其他生产要素进行有机结合，被普遍认为是经济增长的源泉之一。

劳动力市场与其他市场一样，由供需双方构成。劳动力的供给，是由那些具有劳动能力的劳动者构成。劳动者的数量可以看成劳动力市场的总供给量，这与总人口及其年龄结构有关。劳动可以划分为简单劳动和复杂劳动，对应的劳动力，也具有不同的人力资本。人力资本的投资，最重要的环节是教育。受教育程度的多寡可作为衡量人力资本的重要指标。教育不仅是由个人和家庭的决策，也有国家和社会的因素。除了劳动者数量及其拥有的人力资本外，劳动力的供给还取决于制度，社会制度决定了劳动者能否自主流动及自主决定就业。劳动者的需求，由社会经济发展水平决定。经济发展越快，对劳动力的需求就越大。经济发展水平越高，复杂劳动的需求量越多，劳动力需求结构也相应发生变动。

我国的劳动力市场，在20世纪70年代末的改革开放中逐渐开始发育，于90年代获得大发展，到现在已经发展成为相对成熟的市场。我国劳动力市场的发展过程，是劳动者自主权越来越大的过程；也是用人单位自主招聘、自主决定工资的权限越来越大的过程；是第一产业劳动力不断流向第二、第三产业，劳动力的流动率和劳动生产率越来越大的过程；也是简单劳动需求下降、复杂劳动需求持续增加，劳动力配置效率和人力资本回报率不断提高，社会资源不断增加对劳动力的投资并继续带动经济增长的正反馈过程。

第一节
我国劳动力市场的概况

我国拥有世界上最多的人口,也意味着拥有世界上最丰富的劳动力资源。随着教育的发展,我国劳动力的平均受教育年限在不断增加;经济体制改革和对外产业分工也促使我国劳动力素养不断提高。劳动力市场是劳动力所有者与劳动力需求者建立劳动契约关系的交易场所。丰富且富有素养的劳动力,再加上运作效率持续提高的劳动力市场,是我国经济腾飞的重要推动力。

一、数量丰富且人力资本不断提高的劳动力供给

我国劳动力的供给,包含量和质的因素。劳动力的量,指的是我国总人口中处于劳动年龄的人口数量;劳动力的质,也就是劳动力中人力资源的多寡,可以用受教育程度衡量。不管是从量还是从质的角度,改革开放以来的大部分年份,我国拥有着年龄结构极佳且素质不断提高的劳动力,这是劳动力市场供给侧的最基本特征。

改革开放之初,我国拥有世界上最多的人口,也拥有平均年龄较年轻的人口结构。在全社会人口中,劳动人口的比重大,老年人较少,这是经济发展中非常理想的人口结构。在这种人口结构下,消费率较低,可以实现高储蓄率和高投资率,因此,发展经济学将之称为人口红利。我国的人口红利持续了多年,即使全社会进入老龄化社会(以65岁人口占比超过7%作为标志,我国在2000年左右进入老龄化社会),我国劳动人口的比重也一直在提高。从表1可以看出,在1982年,我国15~64岁的人口比重为61.50%,在之后接近30年时间里,该比例一直呈上升的趋势。只有在最近,我国总人口中,劳动人口的比重才开始下降。这意味着,在改革开放的大部分时期,我国经历着巨大的人口红利。

表 1　历次人口普查中的人口年龄结构

年份	总人口（万人）	0~14 岁	15~64 岁	65 岁及以上
1982	100818.00	33.59%	61.50%	4.91%
1990	113368.00	27.69%	66.74%	5.57%
2000	126583.00	22.89%	70.15%	6.96%
2010	133972.00	16.60%	74.53%	8.87%

资料来源：历次人口普查。

我国劳动力的质量也发生了质的变化。以受教育程度衡量劳动力的质量是国际社会的通常做法。我国人口素质普遍提高。根据历次人口普查资料，我国全部人口的文盲率从 1982 年的 22.82% 降到 1990 年的 15.88%，2000 年又快速下降到 6.72%，2010 年我国人口的文盲率已经只有 4.08%。考虑到我国庞大的人口基数，在不到 30 年的时间，我国人口的文盲率得到如此快速的下降，这是人类教育史上的奇迹。从具体受教育程度看，1982 年每 10 万人中有 615 人拥有大专及以上学历，到 2010 年达到 8930 人，增加了超过 13 倍。正是由于我国劳动力素质的全面提高，我国才有实现经济腾飞、GDP 跃居全世界第二的人力资源基础，我国才有成为贸易大国、制造业雄踞世界第一的人力资本。

表 2　每 10 万人拥有的各种受教育程度人口

（单位：人）

年份	小学	初中	高中和中专	大专及以上
1982	35237	17892	6779	615
1990	37057	23344	8039	1422
2000	35701	33961	11146	3611
2010	26779	38788	14032	8930

资料来源：历次人口普查。

二、劳动力就业结构的重大变化

虽然我国拥有世界上最丰富的劳动力，但在很长的一段时期内，人口并没有成为我国的红利或优势,而是成为负担。这是由于当时我国经济发展水平低,大量劳动力集中在第一产业。我国耕地面积有限,不需要数量如此之大的劳动力,因此在农村形成大量的隐形失业。从本质上说,这些隐形失业意味着劳动力的边际生产力为零。1979年,在我国全部就业人口中,有69.80%分布在第一产业,17.58%在第二产业,12.62%在第三产业。随着经济的发展和资本积累的增加,第一产业劳动力比重逐渐下降,第二、第三产业就业人口比重逐渐上升。到2015年,第一产业就业人口比重为28.30%,第二产业就业人口比重为29.30%,第三产业就业人口比重为42.40%。劳动力在三次产业的就业结构发生逆转:1979年,就业最多的是第一产业,其次是第二产业,最少的是第三产业;到2015年,就业最多的是第三产业,其次是第二产业,最少的是第一产业。

从劳动力在三次产业中就业的具体数量及其变动看(见表3),1979—1992年,第一产业劳动力就业数量增加了1.01亿人,第二产业增加了0.71亿人,第三产业增加了0.79亿人。在这个阶段,总就业人口增加了2.51亿人。这是由于20世纪60年代生育高峰期的婴儿潮进入劳动年龄,我国劳动力数量增加的结果。在这个阶段我国就业市场面临很大压力。20世纪80年代,我国农村改革实现突破,确立了家庭联产承包责任制,激发了生产积极性,还能够吸收大量劳动力;城市改革仍在探索之中,工业发展速度比较缓慢,因此第二、第三产业吸收劳动力的数量仍然有限。1992—2002年,我国劳动力就业总量增加了0.71亿人。其中第一产业就业减少了0.21亿人,第二产业增加了0.13亿人,第三产业增加了0.79亿人。在这个阶段,我国破除了大量阻碍劳动力流动的各种制度性壁垒,包括粮食制度、户籍制度方面的改革,农村剩余劳动力大量流入城市,第一产业就业人数出现下降。但第二产业吸收就业人口仍然有限,大部分劳动力于是到第三产业就业。2002—2012年,我国劳动力就业总量增加了0.34亿人。其中第一产业就业数量下降很多,共减少了1.09亿人,第二产业就业数量增加了0.76亿人,第三产业就业数量增加了0.67亿人。在这个阶段,第二产业吸收就业人数超过第三产业。这是由于我国加入WTO后,工业尤其是制造业的快速增长,带动第二产业就业数的增加。2012年以后,我国就业人数增加幅度明显减缓,这是我国人口红利消失的表现。第一产业就业人数进一步下降，第二产业就业人数达到峰值，就业增长主要依靠第三产业。

表3 劳动力在三次产业之间的就业分布

（单位：万人）

年份	第一产业		第二产业		第三产业	
	就业数量	新增就业数量	就业数量	新增就业数量	就业数量	新增就业数量
1979	28634	—	7214	—	5177	—
1992	38699	10065	14355	7141	13098	7921
2002	36640	-2059	15682	1327	20958	7860
2012	25773	-10867	23241	7559	27690	6732
2015	21919	-3854	22693	-548	32839	5149

资料来源：国家统计局。

三、劳动力市场的运作效率显著提高

劳动力市场的运作效率，即就业的质量，也得到显著的提高。就业质量的衡量维度很多，包括失业率、工资水平、劳动条件的改善、就业岗位的稳定性等。由于我国的就业人口大量是从农业人口流出，当城镇就业形势糟糕的时候，农业人口从城镇返流回到农村就业；当经济形势和就业形势好的时候，农业人口从农村流出到城镇就业，因此，我国整体就业弹性不高，城镇失业率常年保持在非常低的水平。

从工资角度可以综合考察出我国劳动力市场就业质量的提高。表4是我国城镇非私营单位就业人员年平均工资（绝对值，不考虑价格因素），从中可以看出我国劳动力就业工资的不断提升。劳动力工资的相对水平，也就是劳动报酬在社会剩余中的分配比重，按照劳动力市场的供求情况分为两个阶段。第一阶段即人口红利时期。改革开放之后的很长一段时期，我国的生产要素构成中资本相对稀缺，劳动力尤其是农村劳动力相对过剩。发展经济学的一般规律是，城镇工业部门持续扩张并吸收农村劳动力。由于农村劳动力的极度丰富，形成经济学模型中的劳动力无限供给，导致工资水平上升较为缓慢，可以保持较长时期的低工资。这个阶段的工资在全社会剩余分配中的比重较低。第二阶段是人口红利消失之后，即刘易斯拐点出现

之后。随着农村剩余劳动力的不断转移,当不再有剩余劳动力时,劳动力市场的供求关系发生变化,工资在社会剩余分配中占据更为有利的位置。

表4 城镇非私营单位就业人员年平均工资

(单位:元)

年份	年平均工资	年份	年平均工资	年份	年平均工资
1978	615	1991	2340	2004	15920
1979	668	1992	2711	2005	18200
1980	762	1993	3371	2006	20856
1981	772	1994	4538	2007	24721
1982	798	1995	5348	2008	28898
1983	826	1996	5980	2009	32244
1984	974	1997	6444	2010	36539
1985	1148	1998	7446	2011	41799
1986	1329	1999	8319	2012	46769
1987	1459	2000	9333	2013	51483
1988	1747	2001	10834	2014	56360
1989	1935	2002	12373	2015	62029
1990	2140	2003	13969		

资料来源:国家统计局。

劳动力市场运作效率的提高,本质上是社会资源得到更为合理的配置,最终结果是全员劳动生产率的提高。我国的全员劳动生产率,从1978年的4903.94元/人上升到2014年的83586.00元/人(不计价格因素)。

表5 国家全员劳动生产率情况

(单位:元/人)

年份	国家全员劳动生产率	第一产业	第二产业	第三产业
1978	4903.94	3356.06	9171.22	13792.38
1992	10409.60	5084.51	17325.73	21831.54
2002	23969.26	7762.93	47301.22	35517.90

(续表)

年份	国家全员劳动生产率	第一产业	第二产业	第三产业
2012	72817.00	16358.11	98666.52	77740.80
2014	83586.00	19706.11	113021.46	81795.38

资料来源：国家统计局。

第二节
改革开放以来劳动力市场演变的四个阶段及其特征

一、改革开放后劳动力市场在争议中开始发展

1. 理论上劳动力市场的禁区突破

劳动力成为商品是劳动力市场存在的前提。按照马克思经典作品的理论，劳动力成为商品必须具备两个条件：一是劳动者是个自由人，能够自由支配和出卖自身劳动力；二是劳动力和生产资料的分离，劳动者自由得一无所有。

在改革开放初期，劳动力是否具有商品属性是理论界争论极大的问题。在传统意识形态长期影响下，很多学者否认社会主义条件下劳动力的商品属性。由于商品经济理论的蓬勃发展，劳动力在商品理论中居于重要地位，很多学者突破固有理论禁区，认为社会主义条件下劳动力作为商品的两个条件都具备，承认了劳动力的商品属性，也承认了劳动力市场的存在性。

2. 多种经济成分突破国有经济一统天下的格局，形成劳动力的需求

改革开放后我国企业的发展，最引人注目的是乡镇企业的迅速崛起。虽然国有企业在20世纪80年代也曾一度发展良好并吸收大量人员就业，但其在吸收就业方面仍然遵从计划体制的一系列做法，没有在劳动力市场方面取得突破。乡镇企业作为一种较新颖的组织形式，突破了国有企业复杂死板的用工制度，并形成劳动力需求（见表6）。另外，个体经济的发展也派生出个体雇佣。乡镇企业和个体经济的

发展，造成大量的劳动力需求；我国农村潜在的剩余劳动力形成劳动力供给，劳动力市场在供需双方的互动撮合中逐渐发展起来。

表6　乡镇企业的快速发展（1978—1991年）

年份	就业人员（万人）	吸收就业占农村劳动力比重
1978	2827	9.23%
1979	2909	9.40%
1980	3000	9.42%
1981	3970	12.15%
1982	3113	9.20%
1983	3235	9.30%
1984	5028	14.50%
1985	6979	18.83%
1986	7973	20.99%
1987	8805	22.60%
1988	9545	23.80%
1989	9366	23.10%
1990	9262	22.05%
1991	9614	22.31%

资料来源：《中国乡镇企业30年》，中国农业出版社，2008年版。

3. 劳动力分割的体制性约束初步得到解除

我国20世纪50年代末通过了《中华人民共和国户口登记条例》，明确了全国实行严格的户籍管理制度，把城乡劳动力人为强制分割。城市劳动力有劳动就业制度、社会保障制度、消费品票证制度等，农村剩余劳动力无法进入城市。人口的迁移由公安部门严格控制，劳动力的转移由劳动、人事部门计划调配。这些制度阻碍了人口迁移和劳动力的正常流动。在城市中，居民的就业由劳动部门安排，只要拥有城市户口，天然可以获得就业安置的机会。国有企业和部门是城市居民就业的主要渠道，城市集体经济是辅助渠道。一旦居民获得就业机会，就很难实现不同单位之间的就业变动。

改革开放后，我国农村实行了家庭联产承包责任制，农民对生产和劳动成果有了决策权和处置权，农村集体企业迅速崛起，农业剩余劳动力的流动有了可能。另外，我国农业部门的边际生产力低下，这是农业剩余劳动力流动的内在动因。农业部门的边际生产力低下，一是由于农村劳动力相对土地过剩，二是由于对农业的投资不足。在改革开放前，据统计，1952—1980年，我国农轻重基建投资比例为农业占16.8%，轻工业占7.9%，重工业占75.2%。

在十二届三中全会以搞活企业为中心的城市经济体制改革中，开始有城市试行劳动合同制。一些城市出现了职业介绍、劳务承包等劳动力市场。另外，政府对农民流动的约束也逐步减轻。例如，1983年，政府允许农民从事农产品的长途贩运；1984年，政府鼓励劳动力到附近小城镇打工；1988年，政府允许农民自带口粮进入城市务工经商。国务院发展研究中心估计，1983年，跨乡的劳动力流动数量达到200万人，到1989年，跨乡的劳动力流动数量已经达到3000万人，而跨省的劳动力流动数量也达到了700万人。

二、20世纪90年代劳动力市场的大发展

1. 劳动力市场合法地位的确立

1993年，在我国社会主义市场经济的重要文件《中共中央关于建立社会主义市场经济体制若干问题的决定》中，明确了"劳动力市场"在社会主义的合法地位，并且强调劳动力市场是培育市场体系的重点之一，指出：劳动力市场是"当前培育市场体系的重点之一"。"改革劳动制度，逐步形成劳动力市场。我国劳动力充裕是经济发展的优势，同时也存在着就业的压力，要把开发利用和合理配置人力资源作为发展劳动力市场的出发点。广开就业门路，更多地吸纳城镇劳动力就业。鼓励和引导农村剩余劳动力逐步向非农产业转移和地区间的有序流动。发展多种就业形式，运用经济手段调节就业结构，形成用人单位和劳动者双向选择、合理流动的就业机制。""劳动者的个人劳动报酬要引入竞争机制，打破平均主义，实行多

劳多得，合理拉开差距。坚持鼓励一部分地区一部分人通过诚实劳动和合法经营先富起来的政策，提倡先富带动和帮助后富，逐步实现共同富裕。"

此《决定》也提出要增加国有企业用工制度的灵活性。"国有企业在职工工资总额增长率低于企业经济效益增长率，职工平均工资增长率低于本企业劳动生产率增长的前提下，根据劳动就业供求变化和国家有关政策规定，自主决定工资水平和内部分配方式。"

2. 社会保障体系的建立规范了劳动力市场

社会保障是国家和社会再分配的重要环节，是对社会成员基本生活给予保障的社会政策。社会保障是社会的稳定器，对失业、医疗、工伤等贫困和灾害方面的救助，能够解除人们的后顾之忧，缓和社会矛盾。覆盖到每个劳动者的普惠的社会保障制度是保障劳动力安全性最重要的制度安排。

党的十四大报告提出建立社会主义市场经济体制，明确把社会保障制度改革作为经济体制改革的四个环节之一。《决定》进一步明确了社会保障制度改革的目标和原则，形成改革的总体思路和总体框架，提出养老、医疗保险制度改革实行社会统筹与个人账户相结合的原则。1998年，为了适应国有企业改革的新情况，中央提出"两个确保"，即确保国有企业下岗职工的基本生活、确保离退休人员的基本生活。

我国社会保障体系覆盖范围的扩大及保障强度的提高，规范了用人单位的行为，也为劳动者提供了就业安全的制度保障。1989年，我国失业保险收入仅有6.82亿元，失业保险支出2.02亿元；到2002年，失业保险收入达到215.57亿元，失业保险支出186.57亿元。1993年，我国工伤保险收入2.41亿元，工伤保险支出0.41亿元；到2002年，我国工伤保险收入32.03亿元，工伤保险支出19.89亿元。

表7 我国社会保障基本情况

（单位：万人）

年份	参加基本养老保险人数	参加基本医疗保险人数	参加失业保险职工人数	参加工伤保险人数
1990	6166.04	—	—	—
1995	10978.95	—	—	—
2000	13617.43	3786.95	10408.40	4350.27
2005	17487.00	13782.88	10647.67	8477.80
2010	25707.30	23734.70	13375.60	16160.70
2015	35361.20	28893.10	17326.00	21432.50

资料来源：wind资讯。

3. 国有企业改革加快了用工制度市场化

在计划经济时期，甚至到了改革初期的20世纪80年代，国有企业仍遵循着严格的人事管理制度。国有企业招收职工需要向政府劳动管理部门申请指标，所招职工属于永久性就业。非市场化的用工制度，其工资也是非市场化的。国有企业职工的工资较低，但福利非常完备，包括分配住房、报销医疗等。一些效益好的国有企业保障甚至还包括供暖费、幼儿园入学服务等。管理人员按照"干部"身份管理，在提拔时还要经过党政部门的考察和批准，但一般是"能上不能下"。"铁饭碗、铁工资、铁交椅"的"三铁"体制在国有企业中实施了几十年。

20世纪90年代初我国开始推行的劳动就业合同制对原有的制度有一定的松动。一些改革力度较大的国有企业，采取"老人老办法，新人新办法"的方式推进改革，减少了改革阻力。采取新办法的新人一般称为合同制职工。

20世纪90年代后期，国有企业改革步伐加大，"抓大放小"不断深化。国有企业严峻的运营形势促使国有企业大刀阔斧进行改革，实行减员增效，这导致数以千万计的城镇职工下岗。研究表明，1996—2000年，中国城镇调查失业率分别为3.9%、4.5%、6.3%、5.9%、7.6%。① 据统计，20世纪90年代的国企改革，累

---

① 《蔡昉经济文选》，中国时代经济出版社，2010年版，第116页。

计有约 4000 万的城镇职工下岗。其中的绝大部分城镇职工进入劳动力市场，并且实现了再就业。

还有大量国有企业通过改制实现现代治理模式。国有企业改制的一个难点是职工身份问题。解除职工与企业之间的永久就业性质的劳动关系，称为职工身份置换。身份置换一般一次性补偿给职工费用，这笔费用成为身份置换的经济补偿金。职工身份置换可以加强国有企业用人制度的市场化，这种做法于 2000 年左右开始在全国推广。身份置换包括由永久就业转变为非永久就业，企业和职工签订有时限的劳动合同；失业人员向社会保障部门登记和领取失业金；企业不再承担原有的福利体系，养老和医疗归入社会保障体系中。经过身份置换后，国有企业的企业人变成了社会人。

表 8　国企改制中的身份置换情况

	实现了非国有化的改制企业	仍为国有控股的改制企业
支付经济补偿金置换身份	70.2%	13.6%
没有支付经济补偿金置换身份，但保证继续就业	13.2%	41.0%
其他	16.6%	45.4%

资料来源：张文魁：《中国国有企业产权改革与公司治理转型》，中国发展出版社，2007年版。

4. 高校的招生和分配制度改变了高人力资本的就业市场

传统计划经济体制下，高校毕业的大学生享受"国家干部"的身份，由国家保障其就业分配。这种大学生就业分配制度一直持续到改革开放后。1986 年，国家教委原劳动人事部等有关部门联合提出《高等学校毕业生分配制度改革方案》（通称"中期改革方案"），指出我国高校毕业生就业制度改革的长远目标是：在国家就业方针、政策指导下，逐步实行毕业生自主择业，用人单位择优录用的制度。1989 年，《国务院批转国家教委关于改革高等学校毕业生分配制度报告的通知》发布，另外，国务院批转了《高等学校毕业生分配制度改革方案》。从这一年开始，很多高校起步实施一定范围内的"双向选择"的就业办法，但国家对高校毕业生负有兜底就业的责任。1996年，人事部印发《国家不包分配大专以上毕业生择业暂行办法》的通知，对国家承认的大专以上学历的非在职毕业生，国家不负责分配工作。毕业生通过人才市场在多种所有制范围内自主择业。从此，高校毕业生也需要直接进入劳动力市场自主择业，这是我国劳动力市场化的重大举措。

1999年高校的大扩招改变了大学毕业生的供给。为应对1998年的亚洲金融危机，中央政府决定在1999年实行普通高校招生大扩招。1998年全国普通高校招生数为108.36万人，比1997年扩招8.32万人；到1999年，全国普通高校招生数为154.86万人，比1998年扩招了46.50万人，扩招幅度是1998年的5.6倍。2000年普通高校进一步扩招，招生数达220.61万人，此后年年高校招生数都比上年有较大增加。到2015年，普通高校的招生数已经达到737.85万人。大学录取率大幅提高，大学教育彻底摆脱精英教育。高校扩招的结果，是我国大学毕业生数量大大增加。在20世纪90年代末，我国每年的高校毕业生数量不超过100万人，到2015年，普通高校毕业生数已经达到725.46万人（见表9）。高校毕业生数量的迅猛增加，彻底改变了高学历劳动者在劳动力市场的优势地位。我国虽然在1996年取消了高校毕业生包分配政策，但由于绝对数量较少，高学历劳动者在就业市场上享有供不应求的优势地位；1999年高校扩招后，高学历劳动者供给快速增加，但社会需求并未同步增长，因此大学毕业生"就业难"成为社会常态。

表9 我国普通高校的招生数和毕业生数

（单位：万人）

年份	普通高校招生数	普通高校毕业生数
1978	40.20	16.50
1985	61.90	31.60
1990	60.90	61.40
1995	92.59	80.54
1999	154.86	84.76
2005	504.46	388.10

(续表)

年份	普通高校招生数	普通高校毕业生数
2010	661.76	619.07
2015	737.85	725.46

资料来源：国家统计局。

三、加入世贸之后的劳动力市场

1. 制造业吸纳大量的农民工

加入WTO后，我国外向型经济得到空前的发展良机，贸易部门的繁荣带动出口部门就业需求的迅猛增长。我国的出口部门主要分布在制造业尤其是中低端制造业。这些制造业需要大量劳动力，且对劳动力素质没有特别高的要求。农村剩余劳动力在这些制造业就业具有较强的竞争力，具体表现为农村剩余劳动力转移费用低，只需较低的工资即可得到大量的供给；而且农村剩余劳动力处于福利制度覆盖范围外，雇主的雇佣成本低。这些因素导致农村剩余劳动力迅速向制造业转移。农村剩余劳动力涌向城市和沿海发达地区，以农民工的身份获得工资性收入。农民工成为我国劳动力市场的重要组成部分。

表10 我国的农民工数量和收入水平

年份	农民工人数（亿人）	农民工月平均收入（元）
2008	2.25	1340
2009	2.30	1417
2010	2.42	1690
2011	2.53	2049
2012	2.63	2290
2013	2.69	2609
2014	2.74	2864
2015	2.77	3072
2016	2.82	3275

资料来源：国家统计局。

2. 对劳动者保护的增强

一个完善的市场不仅需要供需双方的竞争和博弈,还需要中立第三方的介入,劳动力市场尤为如此。我国长期以来劳动力数量过剩,作为劳动力的需求方,在博弈过程中占据较大的优势。作为权衡力量,政府出台了一系列法律法规保障劳动者的利益,比较重要的是《最低工资规定》和《中华人民共和国劳动合同法》。

《最低工资规定》自2004年施行。最低工资标准是指劳动者在法定工作时间或依法签订的劳动合同约定的工作时间内提供了正常劳动的前提下,用人单位依法应支付的最低劳动报酬。

《中华人民共和国劳动合同法》自2008年开始实施。如何平衡劳动力市场的灵活性和安全性,是构建劳动力市场都要面临的难题。灵活性主要针对雇方而言,指能够灵活聘用和解雇人员,就业和工资支付都具有灵活性。安全性主要针对劳动者而言,指对工作稳定性、收入稳定性、预期确定性的保障。新出台的劳动合同法规定了劳动力市场应遵守的准则,要求劳动雇佣双方签订合同,鼓励建立长期稳定的劳动关系。《中华人民共和国劳动合同法》对劳动者提供适度的保护水平,在当前环境下起到保护弱势一方的积极作用(见表11)。

表11 我国劳动人事争议及解决

年份	劳动人事争议审结案件数(万件)	督促补签劳动合同(万人)	追发工资等待遇金额(亿元)	督促缴纳社会保险费金额(亿元)
2013	66.90	511.70	268.50	34.80
2014	65.10	409.50	345.50	27.90
2015	81.25	307.05	421.18	21.28
2016	82.79	202.75	350.63	17.29

资料来源:wind资讯。

四、2012年以来的劳动力市场

我国劳动力市场的供给在2012年左右出现重大变化,即劳动力供给绝对数量出现下降,即刘易斯拐点的到来。刘易斯拐点是由经济学家刘易斯基于二元经济发展的理论框架提出的。一般发展中国家都要经历二元经济发展的过程,由农村剩余劳动力转变为工业化的低廉劳动力,在经济发展初期阶段,农村劳动力无限供给,工业化劳动力的工资增长较慢,劳动力市场上的劳动者处于不利地位。这个劳动力转变过程持续到农村劳动力从无限供给变为短缺,这个质变称为刘易斯拐点。从表12可以看出,我国劳动人口的比重在2010年左右达到峰值(劳动人口的总量在2012年左右达到峰值)。

表12 中国人口各年龄段占总人口的比重

(单位:%)

年份	0~14岁	15~64岁	65岁及以上
2002	22.40	70.30	7.30
2003	22.10	70.40	7.50
2004	21.50	70.90	7.60
2005	20.30	72.00	7.70
2006	19.80	72.30	7.90
2007	19.40	72.50	8.10
2008	19.00	72.70	8.30
2009	18.50	73.00	8.50
2010	16.60	74.50	8.90
2011	16.50	74.40	9.10
2012	16.50	74.10	9.40
2013	16.40	73.90	9.70
2014	16.49	73.41	10.10
2015	16.52	72.93	10.50
2016	16.64	72.56	10.80

资料来源:国家统计局。

2012年左右,我国劳动力市场出现刘易斯拐点,劳动力人口比例开始下降。反映到具体的劳动力市场上,表现为职业供求中的求人倍率出现上升。如图1所示,我国职业供求中的求人倍率摆脱了前 10 年低于 1 的情况,从 2010 年起连续 6 年都大于 1。刘易斯拐点的另外一个表现,就是劳动力价格的上升。2012—2014 年城镇人均工资增速为 11.3%,而同期人均名义 GDP 增速为 9%,名义工资增速比名义 GDP 增速平均高 2.3%。

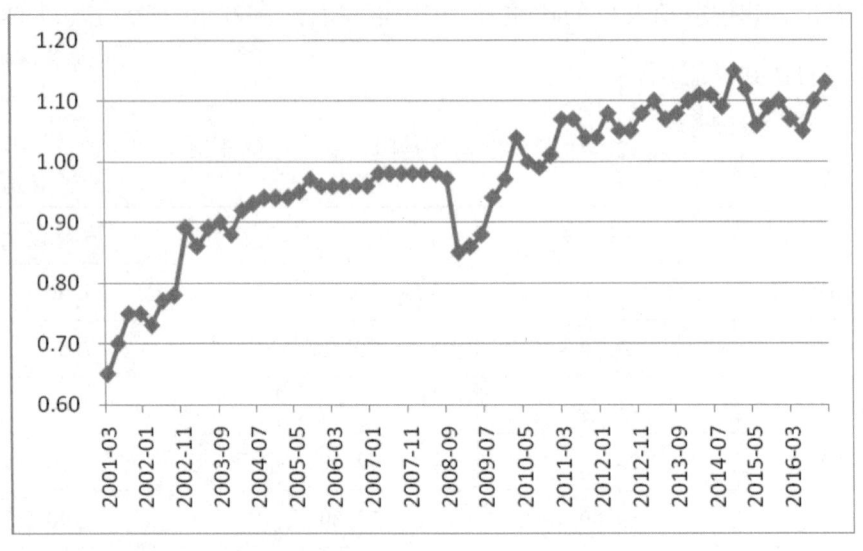

图 1 全国职业供求中的求人倍率

资料来源:中国人力资源市场信息监测中心。

第三节
我国劳动力市场的展望

我国劳动力市场总体上运作良好,体现为较高的劳动参与率和较低的失业率。但下列问题值得进一步重视。

劳动力市场的分割问题。造成劳动力市场分割有两个重要制度性因素:第一个因素是我国户籍管理制度的存在。在城市劳动力市场中,城市管理者往往以户籍制度作为合法的排斥外来劳动力、保护本地就业的依据。这造成劳动力市场的地区及城乡分割。20世纪90年代农村劳动力流入城市，在就业准入、工资待遇、社会保障、子女教育等方面受到歧视性的待遇。在北京、上海等超大城市，非户籍人口在购房、购车等消费领域也存在制度性约束。第二个因素是所有制因素。一些国有企业的就业市场并没有经过劳动力市场的竞争，再加上国有企业的垄断地位，造成劳动力市场的部门分割。这些国有企业通常属于垄断性行业，拥有垄断市场下的超额利润。这些行业有着较大的就业进入障碍，对社会劳动力有着较大的排斥能力，因此形成与社会其他行业较大的工资差异。如石化行业、通信行业和金融行业。

劳动力市场供需不匹配问题。一方面是对产业工人、生产性人员的巨大需求无法得到满足；另一方面是高校培养的大学生越来越难以找到合适的工作，结构性失业不断加剧。企业招工难和大学生就业难并存。造成这种现象，一方面是农民工在劳动力市场存在着各种制度性和非制度性障碍，这需要推动农民工不断从农村和中西部地区向城市和东部发达地区转移。另一方面是我国高等教育体系与劳动力市场之间的脱节问题，这需要改革目前计划经济色彩浓重的大学教育，在课程内容、教育模式等各方面的设置与市场多样化的需求相匹配。

国家机构人员膨胀问题。我国劳动力市场中的很大一块是财政供养人员，尤其是事业单位人员。我国现有事业单位111万个，事业编制3153万人。事业单位在聘用制度、工资制度上还有浓厚的行政主导色彩。我国事业单位仍然面临诸多问题，例如如何建立激励与约束相结合的事业单位工资制度，如何完善包含岗位管理制度和公开招聘制度为主要内容的人事管理制度，如何解决事业单位改革推进迟缓。事业单位人事制度的改革，也是完善我国劳动力市场的重要组成部分。

第五章
房地产市场

房地产市场是现代市场体系的一个独特子系统，包括土地市场和住房市场两个相互联系又有所区别的部分。我国的房地产市场发育比较晚，但发展速度非常快，多年来一直是国民经济支柱产业以及居民资产的主要配置渠道。因此，理清我国房地产市场的发展脉络及相关问题，对现代市场体系的健康发展非常重要。

在传统计划经济条件下，城市土地完全国有，城市住房基本实行廉租配给方式，不存在土地和房屋交易。同样，农村土地一律实行集体所有，农村居民可以拥有自己的住房，但土地和住房基本没有买卖。换言之，我国在改革开放之前，事实上是不存在房地产市场这一范畴的。真正启动我国房地产市场机制，形成房地产市场，核心要素是城镇国有土地使用制度改革以及城镇住房制度改革，而农村土地制度市场化改革则延迟到2009年左右。

归纳近40年的房地产市场发展，基本可以划分为四个时期，即改革试验期（1978—1998年）；国民经济支柱期（1998—2002年）；政府控制发展期（2003—2013年）；市场决定资源配置期（2013年—）。

第一节
改革试验期（1978—1998年）

如前所述，1978年之前我国基本没有房地产市场，城镇住房基本由国家出资建设，然后按照相应的条件进行廉租分配。由于国家统包住房建设及配置，住房投资不能形成循环使用，严重影响了国家的财政能力和住房建设规模、速度，使大量城镇居民在相当长时间内等不到应分住房，居民苦不堪言，到1978年城镇人均居住面积只有3.6平方米，缺房户869万户，占当时城镇总户数的47.5%。

为破解城镇居民住房需求与住房供给短缺这一现实矛盾，1978年9月邓小平提出——解决住宅问题能不能路子宽些，比如允许私人建房或者私建公助，分期付款，把个人手中的钱动员出来，国家解决材料，这方面潜力不小。1980年6月，中共中央、国务院在批转《全国基本建设工作会议汇报提纲》中正式提出实行住房商品化政策，准许私人建房、买房、拥有自己的住宅，不仅新建住宅可以出售，现有住宅也可以出售。由此，我国房地产市场开始起步。

（1）住房、土地市场化改革的初步试水。住房制度市场化改革起步阶段基本包括公有住房出售、提租补贴和多策并举三项内容。

公房出售。1979年，国家城建总局决定试行新建住房以土建成本价向居民出售，并选择了西安、南宁、柳州、桂林、梧州5个城市进行试点，到1985年底全国共有27个省、自治区、直辖市的160个设市城市和300个县镇开展了补贴出售公房的试点，共出售住房1092万平方米。

提租补贴。提租补贴是继公房出售后推行的另一项住房市场化改革，主要针对大量买不起住房的群体。1987年，国务院相继批准烟台、蚌埠、唐山3个城市以提租和补贴持平为原则，大幅度提高租金，同时给予相应补贴的住房制度改革方案，到1990年，全国共12个城市、13个县镇和一批企业出台了以提租补贴为主要内容的房改方案。

多策并举。1991年6月，国务院发布了《关于继续积极稳妥地进行城镇住房制度改革的通知》，提出了分步提租、交纳租赁保证金、新房新制度、集资合作建房、出售公房等多种形式推进住房制度改革的思路。

随着住房市场化改革的推进，城镇国有土地使用的市场化改革也提上了议事日程。1978年之前，我国城镇土地采取的是"行政划拨，无偿、无限期、无流动的土地使用制度"。如何提高土地利用效率，适应住房市场化需要，城镇土地市场化改革于1982年率先在深圳特区试点,到1990年形成初步制度规范。土地市场化改革起步阶段,先后经历了收取场地使用费或土地使用费(1981年,深圳)、开展土地使用权有偿出让和转让试点(1987年,深圳等)、制定地方性的土地使用权有偿出让和转让法规(1987年,上海等)、修改宪法和土地管理法(1988年,全国人大)、制定全国性的土地使用权有偿出让和转让法规(1990年,国务院)五个小阶段。在1990年5月国务院发布的《城镇国有土地使用权出让和转让暂行条例》中,对土地使用权出让、转让、出租、抵押、终止以及划拨土地使用权等问题作了明确规定。

(2)我国房地产市场体系基本框架的确立。1992年11月,《国务院关于发展房地产业若干问题的通知》发布,第一次描绘了我国房地产市场体系框架——房地产一级市场即土地使用权的出让,房地产二级市场即土地使用权出让后的房地产开发经营,房地产三级市场即投入使用后的房地产交易,以及抵押、租赁等多种经营方式;提出了一系列推动房地产业发展的政策措施,包括进一步深化土地使用制度改革、继续深化城镇住房制度改革、完善房地产开发的投资管理、正确引导外商对房地产的投资、建立和培育完善的房地产市场体系等。

1993年11月,党的十四届三中全会通过《中共中央关于建立社会主义市场经济体制若干问题的决定》,提出要规范和发展房地产市场,实行土地使用权有偿有限期出让制度,对商业性用地使用权的出让,要改变协议批租方式,实行招标、拍卖。同时,加强土地二级市场的管理,建立正常的土地使用权价格的市场形成机制。通过开征和调整房地产税费等措施,防止在房地产交易中获取暴利和国家收益的流失。控制高档房屋和高消费游乐设施的过快增长。加快城镇住房制度改革,控制住房用地价格,促进住房商品化和住房建设的发展。

房地产市场体系框架及相关政策的落地,极大地推进了我国房地产市场发展进程。1992年全国共有房地产开发公司12000多家,是1991年底的3倍;1992年全国完成房地产开发投资731亿元,比上年增长117%;开发土地面积2.334万公顷,比上年增长175%;新开工商品房屋面积11460万平方米,比上年增长78.1%;销售商品房屋面积4288.86万平方米,比上年增长40.4%;土地出让大幅度增长,

1992年全国共出让土地2.2万公顷，是1991年前出让土地总量的11倍。

（3）我国房地产市场的第一次大调整。由于房地产市场的快速发展，局部地方，如海南、北海等开始出现房地产市场泡沫。为此，中央政府开始对房地产市场进行第一次大规模的宏观调控。1993年6月，中央召开经济工作会议，作出了对经济进行宏观调控的决定，中共中央、国务院还下发《关于当前经济情况和加强宏观调控的意见》，采取16项加强和改善宏观调控的措施。随着这些宏观调控措施的到位，房地产市场的过度膨胀现象迅速降温，加上1997年亚洲金融危机的不期而至，整个房地产市场都进入了一个大调整周期。

（4）城市房地产管理法出台。在我国房地产市场从粗放到规范的过程中，1994年八届全国人大常委会第八次会议通过的《中华人民共和国城市房地产管理法》具有里程碑意义。该管理法的出台，对加强城市房地产管理、维护房地产市场秩序、保障房地产权利人合法权益、促进房地产业健康发展，具有重要意义。该法共七章七十二条，明确了房地产开发用地、房地产开发、房地产交易、房地产权属登记管理等法律规定。特别是规定国家要实行五项制度：第一，国家依法实行国有土地有偿、有限期使用制度；第二，国家实行房地产价格评估制度；第三，国家实行房地产成交价格申报制度；第四，国家实行房地产价格评估人员资格认证制度；第五，国家实行土地使用权和房屋所有权登记发证制度。

（5）住房制度改革的进一步深化。根据《中共中央关于建立社会主义市场经济体制若干问题的决定》，1994年7月，《国务院关于深化城镇住房制度改革的决定》发布，确定了房改的根本目的：建立与社会主义市场经济体制相适应的新的城镇住房制度，实现住房商品化、社会化；加快住房建设，改善居住条件，满足城镇居民不断增长的住房需求，即"三改四建"。该项政策有两个重点：一是第一次提出建立以中低收入家庭为对象、具有社会保障性质的经济适用住房供应体系和以高收入家庭为对象的商品房供应体系；二是第一次提出全面推行住房公积金制度。

第二节
国民经济支柱期（1998—2002 年）

亚洲金融危机爆发以及我国国有经济的普遍下行，急需新的支柱产业提振国民经济。基于国际经验和国内前期试验，1998 年，《国务院关于进一步深化城镇住房制度改革加快住房建设的通知》发布，明确提出了"促使住宅业成为新的经济增长点"。

为配合房地产市场从试验阶段向国民经济新支柱角色的转换，党中央、国务院采取了一系列措施。

第一，信贷资金倾斜支持。1998 年 4 月，中国人民银行下发《关于加大住房信贷投入，支持住房建设与消费的通知》（现已失效），指出，"为促进城镇住房制度改革，把住宅业培育为新的经济增长点，中国人民银行决定进一步加大住房信贷投入，支持住房建设和消费"。该通知要求：一要提高对住房信贷重要性的认识；二要加大住房信贷投入；三要扩大住房信贷业务范围；四要大力促进住房消费；五要积极支持普通住房建设；六要促进空置商品房的销售。

第二，取消实物分房，逐步实行住房分配货币化。1998 年 7 月，为促使住宅业成为新的经济增长点，国务院发布《关于进一步深化城镇住房制度改革加快住房建设的通知》，宣布从 1998 年下半年开始停止住房实物分配，逐步实行住房分配货币化。

第三，税收优惠。为了配合国家房改，有效启动房地产市场，积极培育新的经济增长点，1999 年 7 月，财政部、国家税务总局发出《关于调整房地产市场若干税收政策的通知》，规定对个人购买并居住超过一年的普通住宅，销售时免征营业税；个人购买自用普通住宅，暂减半征收契税；对居民个人拥有的普通住宅，在其转让时暂免征收土地增值税。1999 年 12 月，财政部、国家税务总局、建设部发出

《关于个人出售住房所得征收个人所得税有关问题的通知》，为鼓励个人换购住房，规定对出售自有住房并拟在现住房出售后1年内按市场价重新购房的纳税人，其出售现住房所应缴纳的个人所得税，视其重新购房的价值可全部或部分予以免税。

房地产产业新角色的变化，使我国房地产市场快速进入一个不可逆的历史新阶段。1997年全国商品房竣工面积为15819.7万平方米，2002年达到34975.75万平方米，增长121.09%。商品房竣工面积占城镇房屋竣工总面积的比例也由1997年的25.32%上升到2002年的37.6%。随着住房金融制度的建立和实施，个人购房占住房需求的比例不断增长。2000年个人购买商品住宅1.32亿平方米，占商品住宅销售面积的87.51%，而2002年1~11月个人购买商品住宅的比例达到94.3%。个人购房成为住房市场需求的主力，也带动了个人住房信贷的快速发展。四大国有银行个人住房贷款余额从1998年开始都经历了快速增长过程。到2001年底，全国商业性和公积金个人住房贷款余额合计已达6398亿元，是1997年底的33倍，并首次超过房地产开发贷款余额，占整个消费贷款余额的86%。

第三节
政府控制发展期（2003—2013年）

房地产市场的快速发展，一方面为国民经济增长提供了新动力，同时也导致房地产投资快速增长，房地产价格大幅上涨。为此，从2003年开始，我国的房地产产业再次被纳入政府控制发展范畴。

（1）121号文发出信贷紧缩令。2003年6月，《中国人民银行关于进一步加强房地产信贷业务管理的通知》（银发〔2003〕121号）下发，内容包括：加强房地产开发贷款管理、严格控制土地储备贷款的发放、规范建筑施工企业流动资金贷款用途、加强个人住房贷款管理等。这个文件一出台，很快就导致一批负债率比较高的房地产公司资金链断裂。

（2）土地调控政策收紧。2003年9月，国土资源部发出《关于加强土地供应管理促进房地产市场持续健康发展的通知》，要求各地充分发挥土地供应对房地产市场的调控作用，切实加强对房地产开发土地供应的调控，进一步完善房地产开发土地供应政策，加大对房地产开发用地监管力度。2004年3月，国土资源部、监察部发出《关于继续开展经营性土地使用权招标拍卖挂牌出让情况执法监察工作的通知》，要求各地在2004年8月31日前将历史遗留问题界定并处理完毕，11月，财政部、国土资源部、中国人民银行发出《关于调整新增建设用地土地有偿使用费政策等问题的通知》，将新增建设用地土地有偿使用费提高1倍。

（3）提升国内房地产企业投资门槛。2004年4月国务院发布《关于调整部分行业固定资产投资项目资本金比例的通知》，将房地产开发项目（不含经济适用房项目）资本金比例由20%及以上提高到35%及以上，在121号文规定的30%资本金比例基础上进一步提高。

（4）严格限制海外热钱进入商品房市场。2007年10月，国家发展改革委、商务部发布《外商投资产业指导目录（2007年修订）》，对2004年11月发布的《外商投资产业指导目录（2004年修订）》在房地产方面作了三点修订：在鼓励外商投资产业目录中删除了"普通住宅的开发建设"；在限制外商投资产业目录中增加了"房地产二级市场交易及房地产中介或经纪公司"；在限制外商投资产业目录中删除了"大型主题公园的建设、经营"。另外，在限制外商投资产业目录中仍保留了"土地成片开发（限于合资、合作）""高档宾馆、别墅、高档写字楼和国际会展中心的建设、经营"。这些措施有利于控制房地产投资过热、优化住房供应结构，有利于防止外商进行房地产投机和炒作而造成市场混乱。

（5）以控制房价过快上升为目的的"国八条"与"国六条"相继出台。2005年4月，国务院常务会议强调，必须把解决房地产投资规模和价格上升幅度过大的问题，作为当前加强宏观调控的一个突出任务。会议提出，当前加强房地产市场引导和调控要采取八项措施（简称"国八条"）。2006年5月，国务院常务会议强调进一步搞好房地产市场引导和调控，根据当前存在的问题，进一步采取有针对性的六项措施（简称"国六条"）。

（6）"限购令"的出台。在一系列宏观调控措施失败之后，我国房地产市场迎来市场发展倒退，"限购令"纷纷出炉。中央宏观调控机构分别于2010年4月和9月，2011年1月发布关于房地产市场调控的政策意见。在这些政策中明确规定："坚决抑制不合理住房需求""……地方人民政府可根据实际情况，采取临时性措施，在一定时期内限定购房套数"。"限购令"的核心内容包括五个方面：一是限购居民购房套数；二是限制非本地户籍家庭购房；三是限制年龄，很多地方规定未满18岁不得单独购买商品房；四是限制外籍家庭购房；五是对违反限购的行为，房地产登记机构不予受理（办理）房地产登记。从限购令的实施效果看，对抑制房价的非理性上涨起到了一定作用，但也扭曲了房地产市场价格机制的形成，这种状况一直延续到2015年的房地产市场。

第四节
市场决定资源配置期（2013年—）

十八届三中全会之后，我国的房地产市场进入平稳发展阶段，市场机制重新成为价格决定机制，特别是有关农村土地制度改革的推进，逐步形成了城镇、农村房地产市场一体化发展的新局面。

十八届三中全会审议通过的《中共中央关于全面深化改革若干重大问题的决定》，第一次以国家意志的形式突出强调了市场在资源配置中的决定性作用以及农村土地制度改革等内容，如赋予农民更多财产权利、健全土地用途管制制度，同时，允许农村集体经营性建设用地在符合规划和用途管制前提下出让、租赁和入股，与国有土地同等入市、"同权同价"，进行征地制度改革等。中共十八届四中全会审议通过了《中共中央关于全面推进依法治国若干重大问题的决定》。此外，2013年以来国务院不断推进不动产统一登记制度建设；2014年11月，中共中央办公厅、国务院办公厅印发了《关于引导农村土地经营权有序流转发展农业适度规模经营的意见》。由此可见，中国的土地市场和制度改革已经进入国家意志推动的机制设计阶段，这种形式不同于以往的"摸着石头过河"这种诱致性的制度探索，是以顶层设计取代容错试错式的一种全新改革思路。这势必需要在经济发展新常态背景下，正视目前城乡土地市场存在的一系列难题（如城乡土地发展权失衡、土地财政引致的区域产业结构同质化以及土地供应市场机制薄弱等），据此设计更具可行性的治理结构，同时确定激励相容的制度安排。这就需要将改革方向与现有法律法规相衔接，与具体土地政策相配套，这也将成为未来政策研究的重要内容。

从十八届三中全会及其后的政策走向看，未来我国房地产市场将由以城市房地产为主向以农村土地市场发展为主转变。因此，在完善农村土地市场过程中，政策的着眼点应该集中在以下几个方面。

第一，农村土地价格形成机制市场化。十八届三中全会提出的一个重大理论观点是使市场在资源配置中起决定性作用和更好发挥政府作用。土地作为一种重要的生产要素，是否也完全由市场起决定性作用，一直是存在争论和争议的，很多地方政府认为在土地资源配置中市场不能起决定性作用，而是规划和用途管制起决定性作用。其实，以往我国土地价格决定并没有实现真正市场化，计划指标取代市场供求关系，长官意志修改土地利用规划，用所有制歧视取代土地用途管制等是土地资源配置的常态。按照十八届三中全会精神，农村土地资源配置必须让市场起决定性作用，政府只有尊重市场规律和土地产权主体的利益，才能通过制定科学合理的规划和平等的用途管制政策更好地发挥辅助作用。

第二，农村土地产权的法律保障。目前适用土地管理的法律是《中华人民共和国宪法》《中华人民共和国物权法》《中华人民共和国土地管理法》《中华人民共和国担保法》《中华人民共和国城市房地产管理法》等，而这些法律在农村集体经营性建设用地流转、农村集体土地征收补偿等方面都有些内容不符合十八届三中全会的基本精神，如现有土地制度禁止农村集体所有土地的使用权出让、转让或者出租用于非农建设，禁止农村集体建设用地抵押，所以规定任何单位搞建设必须申请使用国有建设用地，集体土地只有通过征收为国有建设用地才能出让。为破解宪法中存在的城市土地国有制和公益性征地原则的二律背反难题，包括《中华人民共和国宪法》在内的诸多法律法规都需要作出修订。

第三，适度放宽农村经营性土地范围。十八届三中全会通过的《中共中央关于全面深化改革若干重大问题的决定》指出："建立城乡统一的建设用地市场，在符合规划和用途管制前提下，允许农村集体经营性建设用地出让、租赁、入股，实行与国有土地同等入市、同权同价。"从目前农村土地性质看，集体建设用地一般分为三大类：宅基地、公益性公共设施用地和乡镇企业用地，其中只有过去的乡镇企业用地才算作经营性用地。各地乡镇企业的发展情况很不均衡，很多地方经营性土地非常少，相反农民的宅基地比例比较大，政策可以让这部分宅基地也成为经营性土地，一方面增加土地供给量，另一方面盘活农村土地存量。

第六章
中国知识产权保护与市场发展

按照国际上比较通行的概念,知识产权一般被界定为知识所有权及支配权、使用权等,它是权利人对其智能劳动成果在一定时限(时间有效性)、空限(空间有效性)范围内所享有的财产权利。

由于智能劳动成果的多样性和复杂性,所以知识产权也有多种表现形式。如作家与艺术家创造的文学作品和艺术作品,设计师设计的商业标志、名称、图像以及外观设计,科学家研发的新技术、新方法或新模式等,都可以被界定为具有财产权利的知识产权。

第一节
知识产权市场概述

知识产权问题虽然由来已久,但真正广泛使用知识产权概念,一般被认可的时间点是 1967 年世界知识产权组织成立后。1883 年的《保护工业产权巴黎公约》被认为是第一个有关知识产权的国际公约。世界上的专利制度产生于 17 世纪 30—40 年代,18 世纪 30—40 年代出现了专利说明书制度,19 世纪中叶由于知识产权纠纷增多,在法院判例中出现了权利要求书,而到了 21 世纪的今天,知识经济正在成为主流,知识产权也成了最重要的资产形态,所以,知识产权的确权、保护、流转、交易已经成为商业社会活动中的核心部分。

尽管有关知识产权的历史脉络漫长,在不同经济体之间也曾经有过很多不同表述，不过，比较一致的观点——知识产权是指人们就其智力劳动成果所依法享有的专有权利，通常是国家赋予创造者对其智力成果在一定时期内享有的专有权或独占权。换言之，知识产权从本质上说是一种无形财产权，是智力成果或是知识产品，是一种无形财产或者一种没有形体的精神财富。

从基本形态分类，主要包括著作权与工业产权两大类。著作权又称版权，是指自然人、法人或者其他组织对文学、艺术和科学作品依法享有的财产权利和精神权利的总称。主要包括著作权及与著作权有关的邻接权；通常我们说的知识产权主要是指计算机软件著作权和作品登记。工业产权则是指工业、商业、农业、林业和其他产业中具有实用经济意义的一种无形财产权，由此看来，"产业产权"的名称更为贴切。工业产权主要包括专利权与商标权。

第二节
中国知识产权市场的法制化进程

中国历来重视对知识产权的保护，但由于改革开放之前实行的经济模式是计划经济，大量知识产权并未以法律的形式进行确权及保护。1978年底中共中央十一届三中全会确立了改革开放的大政方针，特别是市场化的改革方向逐渐明确，知识产权的财产属性以及相关利益界定变得越来越凸显。因此，中国知识产权市场的肇始以及演化，实际上是一部法律、法规的建立和完善史。

一、国内独立性的知识产权法律、法规

（1）《中华人民共和国商标法》。商标法是中国具有里程碑式的一部知识产权保护法律，已经三次修订完善。1982年8月23日初次通过，1983年3月1日施行；1993年2月22日第一次修改，1993年7月1日施行；2001年10月27日再次修改，2001年12月1日施行；根据2013年8月30日第十二届全国人民代表大会

常务委员会第四次会议《关于修改〈中华人民共和国商标法〉的决定》又作了第三次修正。

配合商标法的实施细则，目前已经历了四次修订和完善。1983年3月10日颁发、施行，1988年1月3日修订，1993年7月15日第二次修订，1995年4月23日第三次修订，2002年8月3日第四次修订，更名为《中华人民共和国商标法实施条例》，自2002年9月15日起施行。

（2）《中华人民共和国专利法》。专利法是知识产权界定中的核心大法，尽管中国的第一部专利法比世界第一部专利法诞生晚了510年（1474年），但随着中国市场经济体制的完善以及知识产权创造力的大幅度提高，中国的专利法正在从粗糙向精细化完善。《中华人民共和国专利法》于1984年3月12日通过，1985年4月1日施行；1992年9月4日修改，1993年1月1日施行；2000年8月25日第二次修改，2001年7月1日施行。

《中华人民共和国专利法实施细则》于1985年1月19日批准、公布，1985年4月1日施行；1992年12月12日修订，1993年1月1日施行；2001年6月15日第二次修订，2001年7月1日施行；2002年12月28日通过对第101条和第108条的修改，2003年2月1日施行。

（3）《中华人民共和国民法通则》与《中华人民共和国民法典》。由于中国国情所限，相当长时间内未能出台《中华人民共和国民法典》这样的上位法，所以有关知识产权保护的内容由民法通则界定。《中华人民共和国民法通则》于1986年4月12日通过，1987年1月1日施行，其中涉及知识产权保护的是第五章第三节知识产权第94～97条。2016年3月4日上午，十二届全国人大四次会议决定民法典编纂工作启动，从做法上分两步走：第一步是制定民法总则，第二步是全面整合民事法律。被称为"社会生活百科全书"的民法典，是民事权利的宣言书和保障书。如果说宪法重在限制公权力，那么民法典就重在保护私权利，几乎所有的民事活动，大到合同签订、公司设立，小到缴纳物业费、离婚，都能在民法典中找到依据。《中华人民共和国民法典·总则》经过十二届全国人大常委会前后三次审议，于2017年3月15日经中华人民共和国第十二届全国人民代表大会第五次会议表决通过，自2017年10月1日起实施。《中华人民共和国民法典·总则》的通过，标志着中国知识产权保护有了更加严密的法律依据。

（4）《中华人民共和国技术合同法》。这部法律的出台，是伴随着市场经济爆发式发展而及时作出的重要举措，对确定技术作为一种商品，技术拥有者可以通过转让、交易获得利益补偿具有重要意义。第一版技术合同法于1987年6月23日通过，1987年11月1日施行；后经修改并入1999年3月15日通过的《中华人民共和国合同法》（第18章"技术合同"），并于1999年10月1日施行。

（5）《药品行政保护条例》。由于1984年通过的专利法以及其后的民法通则，都没有对药品这一特殊商品的知识产权给以界定，所以，1992年以《药品行政保护条例》的方式做了特殊处理。该条例于1992年12月12日批准，1992年12月19日发布，1993年1月1日施行。《药品行政保护条例实施细则》于1992年12月30日发布，1993年1月1日施行，2000年4月14日修改，2000年10月24日发布。

（6）《农业化学物质产品行政保护条例》。该条例于1992年12月25日批准，1992年12月26日发布，1993年1月1日施行。《农业化学物质产品行政保护条例实施细则》于1992年12月26日发布，1993年1月1日施行。

（7）《中华人民共和国著作权法》。著作权法是中国知识产权保护的重要法律，第一版于1990年9月7日通过，1991年6月1日施行；第二版于2001年10月27日修改并施行；第三版于2010年2月26日通过，2010年4月1日施行。《中华人民共和国著作权法实施条例》则分别于1991年5月24日批准，1991年5月30日发布，1991年6月1日施行；2002年8月2日修订，2002年9月15起施行；2013年1月30日第二次修订并实施。《中华人民共和国著作权法》保护文学、艺术和科学作品作者的著作权，以及与著作权有关的权益。

（8）《计算机软件保护条例》。进入20世纪80年代之后，计算机软件的开发与应用中的侵权行为逐渐成为知识产权领域的一个重灾区。为此，中国着手制定《计算机软件保护条例》，第一版于1991年6月4日发布，1991年10月1日施行；2001年12月20日修改后重新公布，2002年1月1日施行。

(9)《实施国际著作权条约的规定》。随着中国改革开放的加深,中国与国际社会的经济社会联系越来越多,国际的著作权保护也上升到重要地位。为此,国务院以《实施国际著作权条约的规定》的形式作出了界定(1992年9月25日发布,1992年9月30日施行)。

此外,中国有关知识产权的法律法规以及行政规定还包括:(1)《中华人民共和国反不正当竞争法》(1993年9月2日通过,1993年12月1日施行);(2)《中华人民共和国知识产权海关保护条例》(1995年7月5日发布,1995年10月1日施行;2003年11月26日通过修改,12月2日公布,2004年3月1日施行);(3)《中华人民共和国海关关于〈中华人民共和国知识产权海关保护条例〉的实施办法》(2004年4月22日通过,2004年5月25日发布,2004年7月1日施行);(4)《特殊标志管理条例》(1996年7月13日发布、施行);(5)《中华人民共和国刑法》(1997年3月14日修订,1997年10月1日施行)第二编第三章第七节"侵犯知识产权罪"(第213~220条)及第八节"扰乱市场秩序罪"(第221~225条);(6)《中华人民共和国植物新品种保护条例》(1997年3月20日发布,1997年10月1日施行),《中华人民共和国植物新品种保护条例实施细则(农业部分)》(1999年4月27日通过,1999年6月16日发布、施行);《中华人民共和国植物新品种保护条例实施细则(林业部分)》(1999年8月10日发布、施行);(7)《传统工艺美术保护条例》(1997年5月20日发布、施行);(8)《集成电路布图设计保护条例》(2001年3月28日通过,2001年4月2日公布,2001年10月1日施行),《集成电路布图设计保护条例实施细则》(2001年9月18日公布,2001年10月1日施行);(9)《中华人民共和国技术进出口管理条例》(2001年10月31日通过,2001年12月10日公布,2002年1月1日施行);(10)《奥林匹克标志保护条例》(2002年1月30日通过,2002年2月4日公布,2002年4月1日施行);(11)《中华人民共和国对外贸易法》(1994年5月12日通过,1994年7月1日施行;2004年4月6日修订,2004年7月1日施行)(第三章"货物进出口与技术进出口"第14~23条,第五章"与对外贸易有关的知识产权保护"第29~31条,第六章"对外贸易秩序"第32~36条)。

与明确的法律、法规不同的有关知识产权问题的法律界定，还有一个重要方面是最高人民法院有关的司法解释。这部分内容多达 16 项之多。（1）《最高人民法院关于审理非法出版物刑事案件具体应用法律若干问题的解释》（1998 年 12 月 11 日通过，自 1998 年 12 月 17 日公布，1998 年 12 月 23 日起施行）；（2）《最高人民法院关于审理涉及计算机网络著作权纠纷案件适用法律若干问题的解释》（2000 年 11 月 22 日通过，2000 年 12 月 19 日公布，自 2000 年 12 月 21 日起施行；2003 年 12 月 23 日修正，自 2004 年 1 月 7 日起施行）；（3）《最高人民法院关于人民法院对注册商标权进行财产保全的解释》（2000 年 11 月 22 日通过，2001 年 1 月 2 日公布，自 2001 年 1 月 21 日起施行）；（4）《最高人民法院关于审理植物新品种纠纷案件若干问题的解释》（2000 年 12 月 25 日通过，2001 年 2 月 5 日公布，自 2001 年 2 月 14 日起施行）；（5）《最高人民法院关于对诉前停止侵犯专利权行为适用法律问题的若干规定》（2001 年 6 月 5 日通过，2001 年 6 月 7 日公布，自 2001 年 7 月 1 日起施行）；（6）《全国法院知识产权审判工作会议关于审理技术合同纠纷案件若干问题的纪要》（2001 年 6 月 15 日通过，2001 年 6 月 19 日印发）；（7）《最高人民法院关于审理专利纠纷案件适用法律问题的若干规定》（2001 年 6 月 19 日通过，2001 年 6 月 22 日公布，自 2001 年 7 月 1 日起施行）；（8）《最高人民法院关于审理涉及计算机网络域名民事纠纷案件适用法律若干问题的解释》（2001 年 6 月 26 日通过，2001 年 7 月 17 日公布，自 2001 年 7 月 24 日起施行）；（9）《最高人民法院关于开展涉及集成电路布图设计案件审判工作的通知》（2001 年 10 月 30 日通过，2001 年 11 月 16 日公布）；（10）《最高人民法院关于民事诉讼证据的若干规定》（2001 年 12 月 6 日通过，2001 年 12 月 21 日公布，自 2002 年 4 月 1 日起施行）；（11）《最高人民法院关于审理商标案件有关管辖和法律适用范围问题的解释》（2001 年 12 月 25 日通过，2002 年 1 月 9 日公布，自 2002 年 1 月 21 日起施行）；（12）《最高人民法院关于诉前停止侵犯注册商标专用权行为和保全证据适用法律问题的解释》（2001 年 12 月 25 日通过，2002 年 1 月 9 日公布，自 2002 年 1 月 22 日起施行）；（13）《最高人民法院关于涉外民商事案件诉讼管辖若干问题的规定》（2001 年 12 月 25 日通过，2002 年 2 月 25 日公布，自 2002 年 3 月 1 日起施行);(14)《最高人民法院关于行政诉讼证据若干问题的规定》(2002年6月4日通过,2002年7月24日公布,自2002年10月1日起施行);(15)《最高人民法院关于审理著作权民事纠纷案件适用法律若干问题的解释》(2002年10月12日通过,2002年10月12日公布,自2002年10月15日起施行);(16)《最高人民法院关于审理商标民事纠纷案件适用法律若干问题的解释》(2002年10月12日通过,2002年10月12日公布,自2002年10月16日起施行)。

二、中国加入的知识产权保护国际公约

知识产权市场是全球化的,国际之间的协同保护非常重要。中国已经先后加入了15个有关知识产权的国际公约,这对中国知识产权的国际化以及国际知识实权引入的合法化起到了重要作用。

(1)中国于1980年6月3日加入《建立世界知识产权组织公约》。该公约于1967年7月14日在斯德哥尔摩签订,1970年4月26日生效,到2004年7月为止,已有179个成员国。

(2)中国于1985年3月19日加入《保护工业产权巴黎公约》(简称《巴黎公约》)。该公约于1883年3月20日在巴黎缔结,1884年7月7日生效,到2004年7月为止,已有168个成员国。

(3)中国于1989年5月26日加入《集成电路知识产权条约》。该条约于1989年5月26日在华盛顿签订,只有8个国家签字,至今尚未生效。

(4)中国于1989年10月4日加入《商标国际注册马德里协定》。该协定于1891年4月14日在马德里缔结,1892年生效,到2004年7月为止,已有56个成员国。

(5)中国于1995年12月1日加入《商标国际注册马德里协定有关议定书》。该议定书于1989年6月27日通过,1995年12月1日生效,到2004年12月为止,已有66个成员国。

(6)中国于1992年10月15日加入《保护文学和艺术作品伯尔尼公约》(简称《伯尔尼公约》)。该公约于1886年9月9日在伯尔尼缔结,1887年12月生效,

到 2004 年 7 月为止，已有 156 个成员国。

（7）中国于 1992 年 10 月 30 日加入《世界版权公约》。该公约于 1952 年 9 月 6 日在日内瓦签订，到 2004 年 7 月为止，已有 98 个成员国，由联合国教科文组织管理。

（8）中国于 1993 年 4 月 30 日加入《保护录音制品制作者防止未经许可复制其录音制品公约》（简称《录音制品公约》或《唱片公约》）。该公约于 1971 年 10 月 29 日在日内瓦签订，1973 年 4 月 18 日生效，到 2004 年 4 月为止，已有 73 个成员国。

（9）中国于 1994 年 1 月 1 日加入《专利合作条约》（PCT）。该条约于 1970 年 6 月 19 日在华盛顿签订，1978 年生效，到 2004 年 7 月为止，已有 123 个成员国。中国专利局是 PCT 的受理局、国际检索局和国际初审局。

（10）中国于 1994 年 8 月 9 日加入《商标注册用商品和服务国际分类尼斯协定》（简称《尼斯协定》）。该协定于 1957 年 6 月 15 日在尼斯签订，1961 年 4 月生效，到 2004 年 7 月为止，已有 72 个成员国。

（11）中国于 1995 年 7 月 1 日加入《国际承认用于专利程序的微生物保存布达佩斯条约》（简称《布达佩斯条约》）。该条约于 1977 年 4 月 28 日在布达佩斯签订，1980 年 8 月 19 日生效，到 2004 年 7 月为止，已有 59 个成员国。

（12）中国于 1996 年 9 月 19 日加入《工业品外观设计国际分类洛迦诺协定》（简称《洛迦诺协定》）。该协定于 1968 年 10 月 4 日在洛迦诺签订，1971 年生效，到 2004 年 7 月为止，已有 44 个成员国。

（13）中国于 1997 年 6 月 19 日加入《国际专利分类斯特拉斯堡协定》（IPCA）。该协定于 1971 年 3 月 24 日在斯特拉斯堡签订，1975 年生效，到 2004 年 7 月为止，已有 54 个成员国。

（14）中国于 1999 年 4 月 23 日加入《保护植物新品种国际公约》。该公约于 1961 年 12 月 2 日在巴黎签订，1996 年生效，到 2004 年 7 月为止，已有 55 个成员国。在此公约的基础上，成立了"保护植物新品种联盟"（UPOV）。

（15）中国于 2001 年 12 月 11 日加入《与贸易有关的知识产权协定》。该协定

（TRIPs）于 1994 年 4 月 15 日签订，1995 年 1 月 1 日生效，到 2004 年 7 月为止，已有 147 个成员国。

第三节
中国知识产权市场的发展

中国知识产权市场的发展，主体可以划分为 4 个 10 年期阶段。第一个阶段是 1982—1991 年的中国知识产权市场恢复与起步期；第二个阶段是 1992—2001 年的中国知识产权市场与国际惯例接轨期；第三个阶段是 2001—2011 年的中国知识产权市场全球化时期；第四个阶段是 2012 年至今的中国知识产权强国战略时期。

一、1982—1991 年：中国知识产权市场恢复与起步期

这个阶段的中国，恰好处在计划经济向社会主义市场经济体制转换的过渡期，中国的知识产权市场也从无到有，从慢到快地开始发展。不过，由于这个时期中国经济的主要矛盾是量的扩张和规模化问题，所以涉及的知识产权内容相对有限，以 1991 年科研活动结果看，全国只有 4122 件专利。显然，以知识产权数量以及交易活跃程度看，这 10 年的成绩是乏善可陈的，但是，要是从知识产权市场规则建立和完善视角看，这 10 年依然是可以大书特书的 10 年。特别是商标法（1982 年）、专利法（1984 年）和著作权法（1990 年）三大知识产权市场规则的制定和实施，初步构成了中国知识产权市场的运行规则。

（1）1982 年通过并实施的商标法是新中国第一部知识产权市场规则的大法。这部有关知识产权市场规则法律的制定和颁行，标志着商标这个无形资产正式成为一种知识产权并得到法律保护，为中国知识产权市场有序发展奠定了法律基础。该法律经过三次修订，其中有关知识产权保护的内容主要集中在该法第七章"注册商标专用权的保护"之中。

如第五十七条规定:"有下列行为之一的,均属侵犯注册商标专用权:(一)未经商标注册人的许可,在同一种商品上使用与其注册商标相同的商标的;(二)未经商标注册人的许可,在同一种商品上使用与其注册商标近似的商标,或者在类似商品上使用与其注册商标相同或者近似的商标,容易导致混淆的;(三)销售侵犯注册商标专用权的商品的;(四)伪造、擅自制造他人注册商标标识或者销售伪造、擅自制造的注册商标标识的;(五)未经商标注册人同意,更换其注册商标并将该更换商标的商品又投入市场的;(六)故意为侵犯他人商标专用权行为提供便利条件,帮助他人实施侵犯商标专用权行为的;(七)给他人的注册商标专用权造成其他损害的。"

再如第六十一条规定:"对侵犯注册商标专用权的行为,工商行政管理部门有权依法查处;涉嫌犯罪的,应当及时移送司法机关依法处理。"第六十三条规定:"侵犯商标专用权的赔偿数额,按照权利人因被侵权所受到的实际损失确定;实际损失难以确定的,可以按照侵权人因侵权所获得的利益确定;权利人的损失或者侵权人获得的利益难以确定的,参照该商标许可使用费的倍数合理确定。对恶意侵犯商标专用权,情节严重的,可以在按照上述方法确定数额的一倍以上三倍以下确定赔偿数额。赔偿数额应当包括权利人为制止侵权行为所支付的合理开支。"第六十七条规定:"未经商标注册人许可,在同一种商品上使用与其注册商标相同的商标,构成犯罪的,除赔偿被侵权人的损失外,依法追究刑事责任。"

(2)1984年通过并实施的专利法,是中国知识产权市场规则的扛鼎之举。这部法律的诞生,标志着中国在法律层面构建起了科研活动成果的保护机制,对中国广大科研机构、科研人员智慧性劳动成果的资产性界定和保护,为日后中国成为知识产权创造大国和强国提供了坚实的制度保障。这部法律已经多次修订,日益符合科研活动规律和国际惯例,以最新版本内容看,其对专利权利的保护更加到位。

如该法第七章"专利权的保护"中明确规定:①发明或者实用新型专利权的保护范围以其权利要求的内容为准,说明书及附图可以用于解释权利要求的内容。外观设计专利权的保护范围以表示在图片或者照片中的该产品的外观设计为准,简要说明可以用于解释图片或者照片所表示的该产品的外观设计。(第五十九条)②未经专利权人许可,实施其专利,即侵犯其专利权,引起纠纷的,由当事人协商解决;不愿协商或者协商不成的,专利权人或者利害关系人可以向人民法院起诉,也可以请求管理专利工作的部门处理。管理专利工作的部门处理时,认定侵权行为成立的,可以责令侵权人立即停止侵权行为,当事人不服的,可以自收到处理通知之日起十五日内依照《中华人民共和国行政诉讼法》向人民法院起诉;侵权人期满不起诉又不停止侵权行为的,管理专利工作的部门可以申请人民法院强制执行。进行处理的管理专利工作的部门应当事人的请求,可以就侵犯专利权的赔偿数额进行调解;调解不成的,当事人可以依照《中华人民共和国民事诉讼法》向人民法院起诉。(第六十条)③专利侵权纠纷涉及新产品制造方法的发明专利的,制造同样产品的单位或者个人应当提供其产品制造方法不同于专利方法的证明。专利侵权纠纷涉及实用新型专利或者外观设计专利的,人民法院或者管理专利工作的部门可以要求专利权人或者利害关系人出具由国务院专利行政部门对相关实用新型或者外观设计进行检索、分析和评价后作出的专利权评价报告,作为审理、处理专利侵权纠纷的证据。(第六十一条)④假冒专利的,除依法承担民事责任外,由管理专利工作的部门责令改正并予公告,没收违法所得,可以并处违法所得四倍以下的罚款;没有违法所得的,可以处二十万元以下的罚款;构成犯罪的,依法追究刑事责任。(第六十三条)

(3) 1990年通过并颁行的著作权法,弥补了商标法和专利法对知识劳动成果界定和保护缺位的问题。该法界定的作品,包括以下列形式创作的文学、艺术和自然科学、社会科学、工程技术等作品:"(一)文字作品;(二)口述作品;(三)音乐、戏剧、曲艺、舞蹈、杂技艺术作品;(四)美术、建筑作品;(五)摄影作品;(六)电影作品和以类似摄制电影的方法创作的作品;(七)工程设计图、产品设计图、地图、示意图等图形作品和模型作品;(八)计算机软件;(九)法律、行政法规规定的其他作品。"

如该法第三章"著作权许可使用和转让合同"中规定:①使用他人作品应当同著作权人订立许可使用合同,本法规定可以不经许可的除外。许可使用合同包括下列主要内容:"(一)许可使用的权利种类;(二)许可使用的权利是专有使用权或者非专有使用权；（三）许可使用的地域范围、期间；（四）付酬标准和办法；（五）违约责任；（六）双方认为需要约定的其他内容。"（第二十四条）②转让本法第十条第一款第（五）项至第（十七）项规定的权利，应当订立书面合同。权利转让合同包括下列主要内容："（一）作品的名称；（二）转让的权利种类、地域范围；（三）转让价金；（四）交付转让价金的日期和方式；（五）违约责任；（六）双方认为需要约定的其他内容。"（第二十五条）③许可使用合同和转让合同中著作权人未明确许可、转让的权利，未经著作权人同意，另一方当事人不得行使。（第二十七条）

二、1992—2001 年：中国知识产权市场与国际惯例接轨期

中国知识产权市场从封闭走向与国际惯例接轨，有两个重要的历史大事件：一是 1992 年通过、1993 年实施的《中美政府关于保护知识产权的谅解备忘录》，二是中国 2001 年成功恢复 WTO 席位。

首先，1992 年通过的《中美政府关于保护知识产权的谅解备忘录》，是中国在双边贸易中就知识产权市场权益保护的第一个与国际惯例接轨的纲领性文件，标志着中国知识产权市场正式迈向国际化。

该备忘录的核心议题是知识产权，特别是在以美国为主要的知识产权输出大国与以中国为主要的知识产权输入大国之间能够形成这样一个备忘录或谅解关系，对推动中国知识产权市场国际化至关重要。

该备忘录内容简洁，核心内容包括：

"第一条 一、中国政府将按照中华人民共和国专利法提供下述水平的保护：（一）专利的客体。专利应授予所有化学发明，包括药品和农业化学物质，而不论其是产品还是方法。（二）授予的权利。专利授权阻止他人未经专利权人同意，制造、使用或销售专利的客体。方法专利授权阻止他人未经专利权人同意，使用该方法以及使用、销售或进口由该方法直接生产的产品。（三）保护的期限。发明专利的保护期限为自专利申请提出之日起二十年。（四）强制许可。1. 专利权的享有不因发明的地点、技术领域以及产品为进口或当地生产而受歧视。2. 在中国法律

允许未经权利人的许可而使用专利客体的情况下，包括政府使用或经政府批准的第三方的使用，下列各项规定应予尊重：（1）批准这种使用应一事一议；（2）只有当申请使用者在使用前曾按合理的商业条款和条件请求权利人允许其使用，并在合理长的时间内未得到这种允许时，才可允许这种使用。在全国紧急状态或其他非常紧急的情况下，或在为公共目的的非商业性使用的情况下，政府可以放弃这种要求。但是，在处于全国紧急状态中或在其他非常紧急的情况下，应在合理时间内尽快通知权利人；对于为公共目的的非商业性使用，如果在未进行专利检索的情况下，政府或订约人知道，或有明显的理由知道一个有效的专利会被政府或为政府所用，则应立即通知权利人；（3）此种使用的范围和时间应受允许此种使用的目的的约束；（4）此种使用应是非独占的；（5）除与有权享受此种使用的该部分企业或信誉一起，此种使用不可转让；（6）允许任何此种使用应主要为供应中国国内市场；（7）当导致授权这种使用的情况停止存在或可能不再发生时，在考虑对被授权使用人合法利益提供充分保护的前提下，这种使用的授权可被终止。接到提出的请求后，主管机关应有权对这种情况是否继续存在进行审查；（8）在每一种情况中，应根据此种许可的经济价值，向权利人支付充分的报酬；（9）任何有关授权此种使用决定的合法性应受司法审查或其他较高当局的独立审查；（10）任何有关这种使用的报酬的决定应受司法审查或其他较高当局的独立审查；（11）当允许此种使用是为补救经司法或行政程序认定的反竞争行为时，前述第2项和第6项规定的条件可不适用。在此情况下，在确定报酬的数额时，可以考虑对反竞争行为进行纠正的需要。当导致这种许可的条件有可能发生时，主管机关有权拒绝终止此种授权使用；（12）当此种使用是由于某一专利（'第二专利'）在不侵犯另一专利（'第一专利'）的情况下不能被实施而授权时，还应符合下列各项条件：1）与第一专利中的发明相比，第二专利中的发明具有重大经济意义的重要技术进步，2）第一专利权人有权在合理的条件下，取得使用第二专利中的发明的交叉许可证，3）除非与第二专利一起转让，对第一专利的此种经许可的使用不能转让。

二、中国政府应向其立法机关提交提供本条第一款规定保护水平的议案，并尽最大努力使修改后的专利法于1993年1月1日前通过并实施。

三、两国政府重申根据保护工业产权巴黎公约（斯德哥尔摩文本1967年）对对方的承诺，并继续承诺按照国民待遇原则为对方的自然人和法人提供专利保护。

四、如果美国政府成为某国际公约成员国，该公约要求美国提供自申请日起至少二十年的专利期限，美国将修改其法律履行该义务。

第二条 两国政府确认，保护工业产权巴黎公约所确立的专利保护的地域原则和专利独立原则应当得到尊重。"

其次，2001年中国恢复WTO席位，极大地加快中国知识产权市场国际化进程。WTO的前身是GATT，中国是最开始缔约国之一，后因种种原因退出了该组织。1986年起，中国要求恢复GATT席位，经过15年的努力与争取，中国终于在2001年恢复了世界贸易组织即GATT改组后的WTO的席位。

WTO对中国的影响是全方位的，尤其在知识产权市场国际化上的影响更为显著。如众所知，作为一个多边的国际贸易组织，其核心内容由货物贸易、服务贸易和知识产权三个方面构成。WTO的知识产权协议（TRIPs）是当前世界范围内知识产权保护领域中涉及面广、保护水平高、保护力度大、制约力强的一个国际公约。鉴于中国在知识产权保护方面的滞后，中国在申请加入WTO过程中，知识产权谈判异常艰难，后来当中国在加入WTO的申请文件中明确作出全面履行《WTO协定》及其附件所规定的义务，包括履行《与贸易有关的知识产权协议》（TRIPs）的义务，并在《中国加入工作组报告书》第五部分就"与贸易有关的知识产权制度"作了较为详细的说明后，中国加入WTO的进程才逐渐加快。

加入WTO，无论是准备加入，还是加入之后，对中国知识产权市场的推动作用都是重大的。如前所述，2001年之前，为适应WTO要求，中国先后完成了对专利法、商标法和著作权法这三部主要知识产权法的修改，颁布、实施了《植物新品种保护条例》《集成电路布图设计保护条例》等相关法规，加入WTO之后颁布、实施了新的《计算机软件保护条例》，并且还在继续制定或修改其他有关的法律、法规。

中国知识产权市场与国际规则的逐步接轨，使国内知识产权创造能力得到大幅度提升，并催生了一些令人尊敬的公司以及出现了一批具有国际竞争力的产业。

2001年国内专利申请受理165773件，申请授权99278件，其中发明专利申请受理和授权分别为63204件、16296件。

三、2001—2011年：中国知识产权市场全球化时期

2001年中国加入WTO，知识产权市场迎来了一个全球化时期。在这个10年周期内，中国的知识产权市场呈现以下几个显著特点。

1. 知识产权市场规则进一步细化和完善

具体体现为：①一系列法律、法规都根据国际惯例与国内实际情况进行了较大幅度的修订。如2010年新修订的《中华人民共和国知识产权海关保护条例》明确界定了知识产权海关保护，是指海关对与进出口货物有关并受中华人民共和国法律、行政法规保护的商标专用权、著作权和与著作权有关的权利、专利权实施的保护。知识产权权利人请求海关实施知识产权保护的，应当向海关提出采取保护措施的申请。这为海关解决知识产权的国际流转和交易，提供了清晰的法律依据。②根据新的知识产权产生情况，及时出台了一系列新的知识产权保护法律、法规。如《集成电路布图设计保护条例》（2001年3月28日通过，2001年4月2日公布，2001年10月1日施行）和《集成电路布图设计保护条例实施细则》（2001年9月18日公布，2001年10月1日施行）的出台，对中国集成电路布图设计的知识产权给出了法律确认，为其后集成电路设计领域的知识产权创造和使用起到了规范、规矩作用。再如《中华人民共和国技术进出口管理条例》（2001年10月31日通过，2001年12月10日公布，2002年1月1日施行）的出台，有效地解决了技术进出口管理的法律盲区。

2. 知识产权创造能力大幅度提高

2001年全国专利申请受理量只有165773件，发明专利受理量63204件，而2011年中国共受理三种专利申请163.3万件，其中发明专利申请52.6万件，分别增长9.8倍和8.3倍，用井喷式增长形容亦不为过。有效发明专利拥有量69.7万件，其中国内拥有量35.1万件，首次超过国外。全年受理PCT国际申请1.75万件，同比增长35.3%。国防专利申请6900余件，审查结案5038件，同比增长

43%。全年受理商标注册申请141.68万件，同比增长32.14%。截至2011年底，中国商标累计申请量971.15万件、累计注册量665.07万件、有效注册商标551.01万件，均居世界第一。全年软件著作权登记量10.93万件，同比增长33.4%。全年受理植物新品种1392件，授予品种权255件。地理标志证明商标、集体商标注册及初步审定总量达到1381件。

3. 知识产权保护力度大幅度增加

2001年中国刚刚加入WTO时，知识产权保护不力一直被世界所诟病，经过10年的励精图治，中国的知识产权保护基本接近发达国家水平。以2011年为截面，这一年中国部署了打击侵犯知识产权和制售假冒伪劣商品专项行动，建立健全了知识产权保护长效机制。仅在这项专项行动中，各级行政执法部门共立案15.59万件，涉案金额34.3亿元，移送司法机关1702件，捣毁窝点9135个。公安机关开展打击侵犯知识产权和制售伪劣商品犯罪"亮剑"专项行动，创新实施"专案集群战役"，破案43550起，抓获犯罪嫌疑人54658名，捣毁制、售假犯罪窝点32573个，打掉批发、销售犯罪团伙7731个，涉案总价值达241.5亿元，总体战果超过往年同期9倍。2011年，各级检察机关共批捕侵权假冒犯罪案件3532件，审查起诉5690件，批准逮捕5952人。全国法院共新收相关知识产权刑事一审案件5707件、审结5504件，共新收知识产权民事一审案件59882件、审结58201件，新收知识产权行政一审案件2433件、审结2470件，有力打击了侵权假冒犯罪活动。全国海关共扣留侵权货物超过1.8万批次，涉及货物1.03亿件，全球反假冒组织将唯一的"全球反假冒2011年最佳政府机构奖"授予中国海关。政府机关软件正版化工作取得阶段性成效，135个中央和国家机关按时于2011年5月底完成检查整改任务；截至2011年底，8个省（区、市）完成省级政府机关软件正版化检查整改任务。专项行动期间，全国各级工商机关通过市场检查、受理投诉举报等手段认真开展案件排查工作，共出动执法人员3978429人次，检查经营户9225576户，检查批发零售市场和集贸市场等各类市场801602个，捣毁制假售假窝点4966个（占各行政执法部门全部统计数量的54.36%），吊销营业执照1745户。已立案查处侵权假冒案件90701件（占各行政执法部门全部统计数量的58.16%），其中侵犯驰名商标专用权案件13831件，涉外商标专用权案件13179件，地理标志商标专用权案件648件，罚没金额50771.81万元，移送司法机关757件（占各行政执法部门全部统计数量的44.48%）。其中利用网络销售假冒伪劣商品案件561件，移送司法机关60件。受理和处理消费者申诉和举报102532件，为消费者挽回经济损失30449.22万元。

4. 中国知识产权市场交易实现了快速增长

2001—2011年，中国技术市场快速发展，2011年全国签订各类技术合同25万多项，成交金额超过4700亿元，技术合同交易额10年增长了近4.5倍。在此期间，北京、上海、江苏、广东依托其知识产权创造和使用的优势，率先成为技术交易核心区，也是国家技术交易合同成交额最大的四个地区，四地技术输出合同成交额占全国技术输出的近2/3。同时，企业作为技术交易主体的地位更为显著，2011年企业主导签订的技术输出合同16万多项，成交金额超过4100亿元，占全国技术合同成交金额的比例从2002年的40%增至87%。此外，国家科技计划继成为知识产权创造主体之后，又成为技术交易主体，2011年来自各类国家级科技计划项目的技术合同1.88万项，成交金额323.1亿元，比2002年增长了7倍多。

四、2012—2017年：中国知识产权强国战略时期

《国家中长期科学和技术发展规划纲要（2006—2020年）》及其配套政策的颁布实施，拉开了走中国自主创新道路、建设创新型国家的大幕，继而又把创新驱动作为新时期国家战略之首，使知识产权市场的战略地位大大加强。为此，知识产权强国战略成为改革开放第四个10年周期的主旋律。

（1）党中央纲领性文件赋予了知识产权市场极为重要的责任和使命。十八届三中全会《中共中央关于全面深化改革若干重大问题的决定》第13款明确指出："加强知识产权运用和保护，健全技术创新激励机制，探索建立知识产权法院。打破行政主导和部门分割，建立主要由市场决定技术创新项目和经费分配、评价成果的机制。发展技术市场，健全技术转移机制，改善科技型中小企业融资条件，完善风险投资机制，创新商业模式，促进科技成果资本化、产业化。"

（2）在此期间，中国知识产权创造能力实现了高基数上的高增长，为中国实施知识产权强国战略提供了有力支撑。2012年中国全年发明专利授权21.7万件，受理PCT国际申请近2万件，每万人口发明专利拥有量由2011年的2.37件增长到3.23件。全年受理商标注册申请164.8万件，商标累计申请量达1136万件，继续保持世界第一。作品登记量68.8万件、软件著作权登记量13.9万件，双双达到历史新高。农业植物新品种权申请量突破1万件，林业植物新品种申请量突破1000件，年度申请量在国际植物新品种保护联盟（UPOV）成员国中列第二位。经过4年多的时间，2016年中国发明专利申请受理量达到133.9万件，同比增长21.5%，PCT（《专利合作条约》）国际专利申请受理量超过4万件，国内有效发明专利拥有量突破100万件。2016年，中国在商标注册方面，受理商标注册申请369.1万件，同比增长28.35%，连续15年居世界第一。截至2016年底，有效商标注册量达1237.6万件。中国申请人提交马德里商标国际注册申请3014件，同比增长29.8%。2016年中国作品、计算机软件著作权登记量分别达到159.9万件和40.7万件，同比分别增长18.65%和39.48%。农业、林业植物新品种权申请量分别达到2523件和400件。新批准地理标志产品180个。

由上数据我们可以自豪地说：中国现在已经是一个货真价实的知识产权大国，距离知识产权强国只有一步之遥了。

第四节
中国知识产权市场展望

知识产权对中国的重要程度已经超过了能源、原材料等物质产品。2017年国务院知识产权战略实施工作部际联席会议办公室发布的《2017年深入实施国家知识产权战略加快建设知识产权强国推进计划》，可以看作中国未来知识产权市场发展的一个新蓝图。

从该计划的内容安排上,我们能够清晰地看到中国政府对中国知识产权市场的整体布局与体制、机制、工具安排,未来,中国知识产权市场将呈现以下几个重要特征。

1. 改革依然是主导

在第一部分深化知识产权领域改革中,共有14条改革措施。其中,推进知识产权管理体制机制改革的措施包括:①落实《知识产权综合管理改革试点总体方案》,确定改革试点地方,加强对试点工作的指导,统筹协调改革试点中的重大政策问题,做好试点地方改革推进的督促检查和考核评估工作,及时总结推广改革的成功经验。②推进国家知识产权服务业集聚发展试验区和示范区建设,制定集聚发展示范区建设指引。③积极研究探索知识产权管理体制机制改革。

改革完善知识产权重大政策的措施包括:①积极推进《中国国民经济核算体系(2016)》的实施,完善研发、计算机软件等知识产权产品的核算方法,探索数据库、娱乐、文学和艺术品原件等知识产权产品核算方法。②制定党政领导干部考核规定,体现知识产权相关内容和要求。③推动发布《关于妥善处理国防知识产权权利归属和利益分配问题的若干意见》。④推动国家科技计划和重大专项知识产权管理相关办法修订工作。⑤研究制定知识产权评议政策和知识产权评议服务相关标准,深入实施重大经济科技活动知识产权评议项目,发布知识产权评议报告,遴选一批知识产权评议服务示范机构。⑥建立以知识产权为重要内容的创新驱动发展评价体系,发布年度知识产权发展状况报告。

深化知识产权服务业"放管服"改革的措施包括:①实施进一步放宽专利代理准入的改革措施,完善专利代理执业信息披露制度,充分利用专利代理机构经营异常名录和严重违法专利代理机构名单加强社会监督。②加强商标代理机构监管,推动出台商标代理信用管理暂行办法。③加强对著作权集体管理组织及涉外著作权机构的监管,规范其开展的各项涉及版权的活动,推动版权社会组织资源进一步整合。④制定并推行知识产权尽职调查规范。选取若干地方开展知识产权保护公证服务试点工作,遴选培育若干家知识产权保护公证服务示范机构。⑤研究国防专利代理机构准入退出机制,制定《关于加强国防专利代理工作的意见》。

2. 保护更加严格

在严格保护知识产权方面，首先是完善法律法规规章。具体来说：①积极推进专利法第四次修订和《专利代理条例》的立法进程。②推进著作权法第三次修订。③积极推动《植物新品种保护条例》修订。④推进生物遗传资源获取管理法规和《人类遗传资源管理条例》立法进程。⑤推动修订《国防专利条例》。⑥参与修订《奥林匹克标志保护条例》。⑦出台《关于审查知识产权与竞争纠纷行为保全案件适用法律若干问题的解释》。⑧出台滥用知识产权的反垄断指南，明确知识产权领域中垄断行为的判定标准，加强对滥用知识产权行为的监管。⑨修订《农业植物新品种权侵权案件处理规定》，起草《农业植物新品种权行政执法规程》。⑩出台《军用计算机软件著作权登记工作暂行规则》。⑪研究制定《军用集成电路布图设计登记办法》的可行性。⑫推动发布《国防专利定密解密工作规程》。

在加强保护长效机制建设上：①推进知识产权民事、行政和刑事案件审判"三合一"工作，推动南京、苏州、武汉和成都等地中级人民法院知识产权审判庭跨区域管辖部分知识产权案件，积极推动完善知识产权案件上诉机制。②推进政府机关软件正版化全覆盖、计算机全覆盖，推广正版软件使用管理工作指南，扩大国产软件应用试点范围。③加强检察机关办理知识产权案件专业力量建设，加强对知识产权领域新型案件办案指导，重点查办一批情节严重、影响恶劣的侵犯知识产权犯罪案件。④以情报导侦带动全面打击知识产权侵权假冒工作，强化集群作战攻势，对侵权假冒犯罪实施全链条打击，建立完善双边、多边合作机制，策划大案联合执法。

开展重点领域专项治理方面：①落实严格专利保护的意见，围绕重点领域关键环节开展执法专项行动，加大对专利侵权行为的惩治力度，深化京津冀、长江经济带和长三角、珠三角等区域的专利联合执法。②加大商标专用权保护力度。加大对驰名商标、地理标志商标、涉外商标专用权保护力度。严厉打击网络商标侵权假冒违法行为，推进线上线下一体化监管。创新商标监管方式，将查处商标侵权假冒行为的监督检查和行政处罚信息纳入国家企业信用信息公示系统，加大失信惩戒力度。③加强网络侵权盗版治理，开展打击网络侵权盗版专项治理"剑网行动"，完善国家版权监管平台，突出对网络影视、新闻、游戏、动漫、软件等重点领域的专项整治，探索对新型网络侵权盗版行为的有效治理模式。④深入开展中国制造海外形象维护"清风"行动，推进互联网领域侵权假冒专项治理，开展寄递渠道重点执法。⑤以网络游戏、网络音乐、网络动漫、网络表演等领域为重点，大力推进知识产权保护，发布违法违规互联网文化产品和经营单位查处名单。⑥加强植物新品种保护执法体系建设，组织开展打击侵犯植物新品种权专项行动。

3. 促进知识产权创造运用措施更实用

关于提升知识产权创造质量，给出的措施包括：①实施专利质量提升工程，优化专利统计指标体系和各类专利资助政策，强化质量导向，加强对非正常专利申请行为的监管，建立健全信息反馈联动机制和工作约谈机制。②开展重点优势产业专利申请集中审查试点，研究建立专利申请集中审查中涉及产业安全的沟通机制，启动制（定）重点优势产业专利申请的集中审查管理办法。③完善发明专利审查质量保障案例分享机制，加强质量保障体系建设和审查质量外部反馈机制，完善业务指导体系，制定《关于加强和规范审查协作中心业务指导的意见》。④试行专利复审及无效优先审查，探索实施短周期案件审查模式，探索建立涉及系列申请复审案件的集中审查机制。⑤加强与相关国家或地区专利审查机构的"专利审查高速路"合作，探索与"一带一路"沿线国家开展"专利审查高速路"合作的可行性，推进"一带一路"地方战略支点建设工作。⑥大力推进商标网上申请，将网上申请由仅对商标代理机构开放扩大至所有申请人，业务受理范围由仅受理注册申请业务，逐步扩大至续展、转让、变更、注销等。⑦深入推进商标注册便利化改革，加强上海、重庆等地区商标审查协作工作。⑧上线运行农业植物新品种保护在线申请系统，实现在线申请系统与办公自动化系统信息对接。⑨推动国防知识产权信息平台建设，分类建设国防知识产权信息平台，开展国防专利标准数据加工，完善国防专利申请审查系统。完成国防科技工业领域专利信息分类检索系统开发，开展国防科技工业领域专利技术分类体系研究。⑩开展中医药传统知识保护制度研究，完善中医药传统知识保护名录数据库，制定并发布中药产业专利报告。

关于加强知识产权综合运用方面，给出的措施包括：①完善科技成果转移转化支持机制,加快实施国家科技成果转化引导基金,设立新一批子基金,实施贷款风险补偿。②上线试运营全国知识产权运营公共服务平台,完善全国知识产权运营平台体系,发挥重点产业知识产权运营基金引导作用。③研究制定知识产权跨国许可与转让指南、知识产权许可合同范本。④推动商标受理和注册商标质权登记工作便利化改革,优化设立商标受理窗口和注册商标质权登记申请受理点。⑤举办2017中国国际商标品牌节与中国商标金奖颁奖活动,促进商标运用与保护。⑥加强对国家版权贸易基地、国家版权交易中心的培育和管理,支持"国家版权交易中心联盟"建设。⑦编制印发《国防科技工业知识产权转化目录(第三批)》。⑧推动中央企业和中央创新投资基金参与相关知识产权运营基金,加大在重点产业领域的布局和投入力度。⑨完善知识产权信用担保机制,鼓励有条件的商业银行等金融机构,在风险可控、商业可持续的前提下,开展知识产权质押融资业务,加强专利保险的险种开发、服务完善、人才培养和风险监控。推动《融资担保公司管理条例》尽快出台,完善被担保人或者第三人以知识产权质押方式向融资担保公司提供反担保的登记机制。⑩出台知识产权强企建设实施方案,继续实施中小企业知识产权战略推进工程,深入推进国家知识产权示范优势企业培育工作。⑪建立基于产业行业的共享专利池,加强中科院和企业的交流合作,共享专利技术。⑫正式启用国家标准制修订系统中国家标准涉及专利管理子系统,实现统计、查询和管理功能,开展《标准必要专利布局指南》的研究和起草工作,加快专利价值分析等国家标准制定。⑬推动完善知识产权认证制度建设,推动知识产权领域认证能力建设,完善知识产权认证监管体系建设。⑭开展《高等学校知识产权管理规范》和《科研组织知识产权管理规范》贯标工作,指导高校和科研组织完善知识产权规范化管理制度,推行高校和科研组织的专利分级管理。⑮实施中小企业知识产权托管试点工程,遴选一批知识产权服务机构,面向小微企业开展知识产权运营与维权服务。⑯制定印发《关于促进国防知识产权向民用领域转移鼓励民用领域知识产权在国防领域运用的若干意见》。

关于强化知识产权信息利用方面,给出的措施包括:①推广实施针对区域、产业和企业的专利导航项目,构建专利导航工作体系。制定专利导航区域创新发展质量评价指标。推动构建产业知识产权联盟。②推进知识产权区域布局试点工作,发布知识产权区域布局发展报告,研究编制知识产权区域布局导向目录范本。③开展产业知识产权协同运用推进行动和行业知识产权服务能力提升行动。发布重点产业知识产权态势报告,建设知识产权信息服务类产业技术基础公共服务平台。④修订国际专利分类与战略性新兴产业对照表,完善战略性新兴产业中国专利数据库和全球专利数据库结构和内容,持续完成战略性新兴产业总体情况及七大子产业专利统计分析工作。⑤积极推进电子商标注册证及电子送达工作,开放商标数据库,加强内部办公平台、社会服务平台"两个平台"建设,推动网上查询、网上申请、网上缴费、网上公告系统提速升级。⑥开展林业知识产权示范、专利产业化推进及林业重点领域专利预警分析研究工作。⑦统计监测知识产权密集型产业发展态势,发布2017年知识产权密集型产业统计报告。⑧完善全国专利信息公共服务体系建设,推进专利数据信息资源开放共享,全面推进"新一代地方专利信息服务中心检索与分析系统"试点工作,依法公开专利审查过程信息。

4. 知识产权国际交流合作将更加全面、深入

在加强重点产业海外布局和风险防控方面:①开展海外知识产权环境研究,及时发布主要贸易目的地、对外投资目的地知识产权制度等信息。②制定《中小企业海外经营知识产权实务指南》,探索建设中小企业知识产权工作远程培训与在线咨询服务平台。③鼓励社会资本设立中国企业海外知识产权维权援助服务基金,遴选海外和涉外知识产权维权服务援助机构,推动"中华老字号"企业在外落地发展。④加强海外知识产权维权援助机制建设,完善与产业、行业主管部门及商协会的沟通机制,继续在重点国际展(博)览会设立中国企业知识产权服务站,为企业"走出去"提供知识产权指引,协助解决企业在境外遇到的知识产权纠纷。⑤拓展与"一带一路"沿线国家海关合作,邀请我国企业参加海关对外合作,维护我国企业海外知识产权利益,助推中国企业"走出去"。

在提升知识产权对外合作水平方面:①加强与世界知识产权组织、世界贸易组织及相关国际组织的合作交流,积极推动"一带一路"沿线国家、金砖国家知识产权合作。深入参与发明领域和外观设计领域中美欧日韩合作。利用知识产权海外

交流活动平台扩大中国品牌国际影响,提升涉外知识产权工作成效。②发挥中美、中欧知识产权工作组等双边政府对话机制的作用,服务中美高层交往、中国—欧盟领导人会晤等重大双边活动。推动中美、中欧知识产权合作项目延续事宜。加快中欧地理标志协定谈判进程。积极推动区域全面经济伙伴关系和亚太经合组织框架下以及金砖国家经贸合作机制下的知识产权合作。③设立援助发展中国家的知识产权学历教育项目,开展面向发展中国家的知识产权学历教育和短期培训。④拓展企业参与国际和区域性知识产权规则制修订途径。推动国内服务机构、产业联盟等加强与国外相关组织的合作交流。⑤建立知识产权仲裁机构,完善知识产权争议解决机制。

第七章
价格改革大步推进

价格改革是中国经济体制改革的一个重要领域,更是市场体系形成和发挥功能的关键。中国近40年的改革实践表明,与国有企业改革一直步履蹒跚不同,价格改革从一开始就迈步向前,有时步子还迈得相当大,走在其他改革的前列。这是中国经济运行机制较快转轨、20世纪90年代中后期即开始出现买方市场、经济市场化程度迅速提高的重要原因。

党和政府一直重视价格改革。1984年,党的十二届三中全会《中共中央关于经济体制改革的决定》就提出:"价格是最有效的调节手段,合理的价格是保证国民经济活而不乱的重要条件,价格体系的改革是整个经济体制改革成败的关键。"改革开放以来,在经济转轨过程中,价格改革是继农村改革即实行家庭联产承包责任制后的改革突破口。由于大步推进价格改革,我国在1992年确立社会主义市场经济体制改革目标时,已经率先在实物商品和服务价格方面实现从政府定价到市场价格体制的转轨。此后市场价格比重继续稳步上升,一直占据绝对优势地位。

表1 改革开放以来实物商品三种价格形式比重变化表

(单位:%)

年份	商品零售环节			农产品收购环节			生产资料出厂环节		
	政府定价	政府指导价	市场调节价	政府定价	政府指导价	市场调节价	政府定价	政府指导价	市场调节价
1978	97	0	3	92.2	2.2	5.6	100	0	0
1984	73.5	10.5	16	67.5	14.4	18.1	—	—	—
1988	47	19	34	37	23	40	60	0	40
1990	29.8	17.2	53	25	23.4	51.6	44.6	19	36.4

（续表）

年份	商品零售环节			农产品收购环节			生产资料出厂环节		
	政府定价	政府指导价	市场调节价	政府定价	政府指导价	市场调节价	政府定价	政府指导价	市场调节价
1991	20.9	10.3	68.8	22.2	20	57.8	36	18.3	45.7
1992	5.9	1.1	93	12.5	5.7	81.8	18.7	7.5	73.8
1995	8.8	2.4	88.8	17	4.4	78.6	15.6	6.5	77.9
2000	3.2	1	95.8	4.7	2.8	92.5	8.4	4.2	87.4
2004	3	1.7	95.3	1.9	1.4	96.5	8.9	2.7	87.8
2008	2.4	2	95.6	0.7	2.2	97.1	2.4	1.1	96.5

资料来源：成致平：《价格改革三十年（1977—2006）》，中国市场出版社，2006年版，第163页。2008年数字见《中国物价》，2012年第8期，第6页。

中国服务价格的市场化改革也快速推进，到1992年，市场价格形式已占优势。

经过多年不懈努力，中国实物商品和服务价格绝大部分已由市场形成。据国家发改委负责人介绍，党的十八届三中全会以来，价格改革进程明显加快，取得了新的重大进展，成品油、天然气、铁路运输等领域价格市场化程度已经显著提高。截至目前，97%以上的商品和服务价格已经由市场来形成。①

与此同时，生产要素价格市场化程度也不断提高。2015年，由于中国人民银行取消了人民币存款利率上限，人民币利率市场化已经基本实现。人民币汇率的浮动幅度扩大了，汇率市场化程度又有进一步提高。人民币资本项目可兑换也在逐步推进中，只差最后一公里。劳动力价格的市场化程度随着劳动力市场的不断扩大和完善而不断提高，目前已基本上由市场形成。土地价格的市场化程度也随着城乡统一的建设用地市场的建立健全而逐步提高。

---

① 《经济参考报》，2015年10月22日。

表2　中国1992年第三产业服务价格形式构成

（单位：%）

价格形式	服务行业	产值比重
市场价格	合计	65.5
	金融、保险业	16.4
	房地产业	4.7
	批发和零售贸易、餐饮业	31
	文化艺术业	1
	社会服务业	5.9
	综合技术服务业	0.8
	电影	0.3
	农、林、牧、渔服务业	0.9
	其他行业	1.5
	地质勘探业、水利管理业	1.2
	科学研究	0.9
	仓储业	0.9
管制价格	合计	15.5
	交通运输、邮电通信业	15.5
非经济价格	合计	20.1
	卫生、体育和社会福利业	4.2
	国家、政党机关，社会团体	11.5
	教育、广播、电视	4.4

资料来源：据《1991—1992中国首次第三产业普查资料摘要》第174~187页计算，中国统计出版社，1995年版。（转引自张卓元主编：《新价格模式的建立与市场发育的关系》，经济管理出版社，1996年版，第111页。）

第七章
价格改革大步推进

第一节
价格改革的主要历程

中国价格改革既坚持市场取向又采取逐渐推进、"摸着石头过河"的方式，总体来说比较平稳、顺利。尽管有的经济学家曾提出一次放开价格的思路，但未被采纳。由于价格改革采取逐步推进的方式，使中国不像苏联和东欧社会主义国家那样在向市场价格体制转轨中出现恶性通货膨胀和人民生活水平大幅度下降的严重问题，而是能够在保持物价大体稳定下推进价格改革，1978—2015 年平均年物价上涨率（以 CPI 上涨率为代表）为 4.16%，其中 1978—2007 年为 5.7%，仍在社会可承受的范围之内。尽管这中间也受到过三次中度通货膨胀的干扰和袭击，但治理及时，未酿成大的灾难。这就有效地保证了改革开放近 40 年来改革、发展、稳定的相互促进，保证了近 40 年来没有一年经济呈现负增长（增速最低的 1990 年为 3.8%）和人民收入、生活水平的下降。当然，在近 40 年的价格改革过程中，也有不少困难和小的曲折，有思想理论的交锋等。

一、1979—1984 年以调整不合理价格体系为主，为此后大规模放开价格创造条件

1979 年，国家大幅度提高农产品收购价格。提价的有 18 种农产品，包括粮食、油脂油料、棉花、生猪、菜牛、菜羊、鲜蛋、水产品、甜菜、甘蔗、大麻、苎麻、蓖麻油、蚕茧、南方木林、毛竹、黄牛皮、水牛皮，其中，粮食、棉花超计划收购部分还加价 50%，平均提价幅度达 24.8%。提价刺激了农产品增产和农民收入增加，1979 年农民由于农产品提价增加收益 108 亿元。

农产品收购价格提高后，国务院于 1979 年 11 月 1 日起，调整了猪肉、牛肉、羊肉、禽、蛋、蔬菜、水产品、牛奶 8 类主要副食品的销售价格，提价总金额

42亿元，提高幅度30%左右，同时，给职工发放副食品价格补贴每人每月5元。为了稳定城市居民生活，对于定量供应的粮食、食用油的销售价格保持不变，增加了对经营部门的补贴。

在这期间，对一些重要工业品价格也进行了调整。调高了煤炭、生铁、钢材等产品价格和交通运输价格（如自1983年10月起，铁路货运提价21.6%），降低了农用薄膜、农用柴油、电子产品、农机产品价格。调整了纺织品价格，主要是1981年11月和1983年初两次调整了涤棉布和纯棉布的比价，大幅度降低了涤棉布的价格，适当提高纯棉布的价格，涤棉布和纯棉布的比价从3:1调整到1.4:1。

需要指出，改革初期，党和政府采取一系列调价措施，如大幅度提高农产品收购价格，鼓励农民增收并取得成效，有的专家据此认为，靠政府调价也能理顺价格关系。20世纪80年代中期，有经济学家推荐测算影子价格，并夸大影子价格的作用，企图通过采用决策价格体系来理顺价格关系。[1]

与此不同，许多经济学家主张让价格回到市场交换中形成，并以市场价格体制作为价格改革的目标模式，调整价格和影子价格、浮动价格等只能作为过渡形式加以利用。持这种意见的经济学家认为，由于改革之初价格结构严重扭曲，为避免一下子全面放开价格带来利益关系的剧烈变动和增强价格改革的可控性，需要采取一些调整价格的办法，参考影子价格以及利用浮动价格等，这是无可非议的。但是一定要看到，调整价格有其固有的缺陷，调价可以使一时的价格关系顺一些，但因没有改变价格形成机制，过不了多久，由于供求关系等变化，原来比较顺的价格关系又会不顺，出现新的扭曲。所以，单靠调整价格是永远理不顺价格关系的。只有实现价格形成机制的转换，即放开价格由市场调节，建立市场价格体制，才能从机制上保证理顺价格关系，保证形成比较合理的价格体系和结构。

二、1985年以后以放开价格为主，1985—1988年消费品价格逐步放开

1985年1月1日，中央一号文件规定：从当年起，除个别品种外，国家不再向

---

[1] 国务院经济技术社会发展研究中心产业政策研究组：《资源最优配置与决策价格体系》，《成本与价格资料》，1987年第20期。

农民下达农产品统购派购任务，按照不同情况，分别实行合同定购和市场收购。粮食、棉花取消统购，改为合同定购。除此以外，生猪、水产品和大中城市、工矿区的蔬菜，也要逐步取消派购。这样，就把多年对粮油实行的统购加价和超购加价这两种国家定价模式，改为国家定价和市场价格并存。

工业品方面，从 1982 年起，陆续放开了小商品价格，第一批为 6 类 160 种，第二批于 1983 年 9 月放开 8 类 350 种。1984 年 10 月进一步规定：除各级政府必须管理的少数品种外，放开小商品价格。1986 年，全部放开了小商品价格，并放开了自行车、收录机、电冰箱、洗衣机、黑白电视机、中长纤维布和 80 支以上棉纱制品的价格，扩大了消费品市场调节价范围。

逐步放开工农业消费品价格导致在社会商品零售总额中，市场调节价比重相应地逐步提高，到 1990 年已超过半数。据当时的国家物价局计算，在社会商品零售总额中，1978 年，国家定价占 97%，市场调节价只占 3%；到 1984 年，国家定价占 73.5%，政府指导价占 10.5%，市场调节价占 16%；到 1990 年，国家定价占 29.8%，政府指导价占 17.2%，市场调节价占 53%。①

1985 年以后，工业生产资料价格开始逐步放开，先实行双轨制，然后合并为市场价格单轨制。

三、1984—1991 年中国实行工业生产资料价格双轨制及顺利并为市场价格单轨制

中国工业生产资料于 20 世纪 80 年代中期开始实行双轨制价格，到 90 年代初顺利向市场价格单轨制过渡，是中国推进渐进式市场化价格改革的成功范例。

还在中国开始实行工业生产资料价格双轨制时，1985 年 9 月，在著名的"巴山轮"会议上，波兰经济学家布鲁斯就对此给予积极的评价，认为这是中国一个有用的发明。他说："在生产资料实行双重价格，是中国的发明。从配给制向商品化过渡时，社会主义国家曾经在消费品市场方面实行过双重价格，但把双重价格应用

---

① 成致平：《价格改革三十年（1977—2006）》，中国市场出版社，2006 年版，第 648 页。

市场决定的历史突破
——中国市场发育与现代市场体系建设40年

到生产资料上,没听说过。这是一个有用的发明。所谓有用,是指它可以作为一个桥梁,通过它从一种价格体系过渡到另一种价格体系,也就是说,由行政、官定价格过渡到市场价格。有了这个桥梁,过渡起来就比较平稳。但有一个条件,双重价格不能持续太长时间。"① 10多年后,美国经济学家斯蒂格利茨又一次对中国实行工业生产资料价格双轨制给予很高的评价,称其为"天才的解决办法"②。

中国同种工业生产资料在同一时间、地点上存在计划内价格和计划外价格,即价格双轨制,是1984年开始出现的。1984年5月20日,国务院规定:工业生产资料属于企业自销(占计划内产品的2%)的和完成计划后的超产部分,一般在不高于或低于国家定价20%幅度内,企业有权自定价格,或由供需双方在规定的幅度内协商定价。1985年1月24日,国家物价局和国家物资局又通知,工业生产资料属于企业自销和完成国家计划后的超产部分的出厂价格,取消原定的不高于国家定价20%的规定,可按稍低于当地的市场价格出售,参与市场调节。从此,双轨价格就成为合法化和公开化的了。

价格双轨制是在短缺经济环境下,双重经济体制特别是双重经济运行机制并存的集中表现,是双重生产体制和物资流通体制并存的集中表现。生产计划体制的改革是缩小国家的指令性计划,给企业予逐渐加大的生产什么、生产多少的决策权;物资流通体制的改革是减少国家统一调拨分配的物资,让企业有权自行销售和采购一部分产品和原材料,这部分物资自由生产和自由购销,自然要有自由价格相配合才有实际意义。如果没有自由价格,所谓自由生产和自由购销就不可能落实,徒有虚名而已。价格双轨制就是在这种条件下出现的。在价格双轨制中,工业生产资料价格双轨制最为重要。因为同一种农产品价格双轨制,是长时期一直存在的。农民根据规定按牌价向国家交售农产品,同时,把剩下的一部分农产品在集市上销售,集市价格往往大大高于国家牌价。工业消费品价格在改革初期就从小商品开始逐步放开,实行双轨制价格的并不普遍和重要。工业生产资料则不同,1984年以后,

---

① 中国经济体制改革研究会编:《宏观经济的管理和改革》,经济日报出版社,1986年版,第51页。
② 斯蒂格利茨:《中国第二步改革战略》,《人民日报》(海外版),1998年11月13日。

实行双轨制价格的范围迅速扩大，不久即几乎遍及所有产品，成为我国价格改革过程中最具特征性的现象。据1988年统计，在重工业品出厂价格中，按国家定价包括地方临时价格销售的比重，采掘业产品为95.1%，原材料产品为74.6%，加工工业产品为41.4%。国家定价外销的部分，一般实行市场调节价。另据国家物价局对17个省、自治区、直辖市的调查，1989年企业按计划购进的生产资料占全部消费额的比重，以实物量计算约为44%，以金额计算仅占28%，其中煤炭的计划调拨数量为45.4%，钢材为29.7%，木材为21.7%，水泥为15.5%。

可见，我国工业生产资料价格走上双轨制道路，是实行渐进式改革不可避免的选择，是从高度集中的行政命令经济体制向社会主义市场经济体制平稳过渡的一种有效途径，以便使市场机制渗入经济运行中。这对原来商品市场经济不发达、市场发育很差的中国来说，更是合乎逻辑的。

中国的实践说明，双轨制价格的利弊都较明显。双轨制价格在物资普遍短缺的条件下，能刺激紧缺物资的增产，鼓励超计划的生产，满足计划照顾不到的非国有经济包括乡镇工业企业的原材料等的需要，有助于调剂余缺、调节流通，有助于了解市场供求关系的变化和正常的比价关系等，这是它的"利"的一面。双轨制价格又常常在利益驱动下影响供货合同履行，不利于增强一部分承担计划任务较多的大中型企业的活力，助长投机倒卖、营私舞弊等，这是它的"弊"的一面。一些经验数据表明，如果双轨价差不那么大，市场价格高出计划价格1倍以内，双轨价的积极作用可以发挥得好一些；而如果双轨价差很大，市场价格高出计划价格1倍以上，双轨价的消极作用就较突出。还有，双轨价只能在短时间内利用，不能延续时间过长。

生产资料双轨价差，主要受供求关系变化影响。1985年12月底，计划外生产资料市场价格水平一般高于计划价格1倍左右，基本上是正常的。此后，在投资需求过旺拉动下，供不应求，价差拉大，到1988年底，双轨价差一般已远超出计划价格的1倍。表3是物资部市场调节司1988年12月1日至15日双轨价差的统计表：

表3 双轨价差统计表

	计划出厂价	市场平均价	地区最高价
线材（6.5毫米，元/吨）	610	1680	2200（锦州、无锡、郑州）
元钢（10~20毫米，元/吨）	592	1473	1980（厦门）
螺纹钢（19~24毫米，元/吨）	520	1611	2120（厦门）
冷轧薄板（1毫米，元/吨）	870	4602	6670（南昌）
热轧碳结钢（17~28毫米，元/吨）	707	1707	1900（厦门）
角钢（2~6号，元/吨）	593	1665	1960（厦门）
中厚板（4毫米以上，元/吨）	570	1804	3850（广州）
铅（1号，元/吨）	4000	16077	19000（武汉）
铸造生铁（Z22号二组锰二类，元/吨）	293	752	820（无锡）
水泥（425号，元/吨）	90	193	279（上海）
纯碱（一级品，元/吨）	390	1192	1800（武汉）
烧碱（含量≥93%，元/吨）	640	2986	3800（武汉）
载重汽车（东风140型，元/辆）	25800	46538	63800（沈阳）
载重汽车（解放141型，元/辆）	29800	39004	40763（济南）
落叶松（原木，元/米^3）	119	636	700（西宁）

资料来源：张卓元（主编）：《中国价格模式转换的理论与实践》，中国社会科学出版社，1990年版，第55页。

由于双轨价差很大，造成市场秩序混乱，人们热衷于倒买倒卖生产资料，追逐流通利润，以权谋私活动猖獗，责骂双轨价、要求取消工业生产资料双轨价的呼声很高。1990年和1991年，由于国家实行治理整顿、紧缩经济政策见效，宏观经济环境好转，供求矛盾趋于缓和，生产资料市场价格回落，双轨价差缩小，一般回落至高出计划价格1倍以内甚至50%以内，个别产品还出现市场价格低于计划价格的现象。这表明，生产资料价格双轨制并轨的条件具备了。价格改革的深化也要求生产资料双轨价并为市场单轨制。

双轨价并轨曾受到一些主管部门的阻挠。例如1991年，水泥、玻璃和其他一些建材产品的供求关系比较协调，双轨价差不大，各方面都认为并为市场单轨制条件成熟，要求抓住机遇并轨。但是，期间并轨并不很顺利。1992年，国家物价局重新修订和颁布中央管理价格的分工目录，其中，重工业生产资料和交通运输价格由1991年的47类737种减少为89种（国家定价33种，国家指导价56种），一次性放开近600种，使绝大部分工业生产资料双轨价一下子并为市场单轨制。显然，这是正确的抉择。

中国的实践表明，必须立足于改革，以市场为取向解决工业生产资料价格双轨制问题。在这个过程中，不应把主要精力用在具体计算并轨过程中价格水平的确定上面。当然，对于并为计划轨的极个别产品来说，的确有一个重新合理确定价格水平的问题，如实行计划价格和市场价格综合平均定价等。但是，绝大部分产品是并为市场单轨制的，就不存在所谓的合理定价问题，而是放开由市场调节。中国在价格改革过程中，比较好地解决了这个问题，使工业生产资料价格双轨制画了一个圆满的句号。

四、21世纪初提出和逐步推进资源产品价格改革

中国工农业实物商品和服务价格的市场化改革，到20世纪90年代中后期，已基本完成。

1997年，无论是社会商品零售总额，还是工业生产资料销售总额和农副产品收购总额，市场调节价的比重均超过80%，市场价格体制已初步建立。但是，中国价格改革并未完成。主要表现在：一是资源产品价格改革远未到位，二是生产要素价格市场化改革才刚刚起步。

2005年，党的十六届五中全会通过了《中共中央关于制定国民经济和社会发展第十一个五年规划的建议》，又一次提出了我国必须转变经济增长方式的重大任务。这是因为，经过改革开放后20多年经济的高速增长，资源和环境的瓶颈制约越来越突出。大家开始明白，中国是一个人均资源占有量短缺的国家，耕地为世界平均水平的40%，淡水为25%，石油、天然气和煤炭分别为11%、4.5%和79%，铁、铜、铝为1/6、1/6和1/9。与此同时，资源利用效率低下。2004年，我国GDP按当时汇率计算占全世界GDP的4%，但消耗了全球8%的原油、10%的电

力、19%的铝、20%的铜、30%的钢材和煤炭。单位产值的能耗是世界平均水平的2倍多，是比较典型的粗放式增长。而我国"高投入、高消耗、高污染、低效益"的粗放型经济增长方式之所以难以根本转变，一个重要原因在于长期以来我国资源产品价格受政府管制，价格明显偏低，变相地鼓励人们滥用浪费。这表现在：

一是地价低。长期以来一些地方政府用行政权力向农民低价征地，然后办开发区等，以低价出让土地招商引资。

二是水价低。2003年，我国城市每立方米水价为0.15美元，农用水几乎是免费的，而国外每立方米水价为：南非0.47美元，美国0.51美元，德国1.45美元。

三是能源价格低。能源价格中长时期没有包括开采原油、煤炭等造成的环境损害成本。大量高耗能产品之所以争着出口，是因为中国的能源价格很低。

四是矿产品价格低。到2005年，在我国15万个矿山企业中，仅有2万个矿山企业是要付费才能取得矿山开采权的，绝大部分通过行政授予无偿占有。矿产资源补偿费平均为1.18%，而国外一般为2%~8%。

要建设资源节约型、环境友好型社会，形成节能、节地、节水、节材的生产方式和消费模式，必须深化资源产品价格改革，使它们的价格能很好地反映市场供求关系、资源稀缺程度和环境损害成本。总的是要逐步提高它们的价格，用价格杠杆迫使生产企业和消费者节约使用资源，提高资源利用效率。

2005年以后，特别是2013年党的十八届三中全会以后，资源产品价格改革逐步展开。煤炭价格已放开由市场调节。成品油市场化价格形成机制进一步完善，设置了成品油价格调控的上下限（上限为每桶130美元，下限为每桶40美元），简化了调价操作方式，并放开液化石油气出厂价格。实现了非居民用天然气存量气和增量气价格并轨。放开直供用户天然气价格后，占消费总量80%的非居民用气门站价格已由市场主导形成。上海石油天然气交易中心2015年7月1日试营业后正式运行，2016年交易量达150多亿立方米；重庆石油天然气交易中心已于2017年1月12日揭牌。电力价格改革全面提速。自深圳2014年率先启动输配电价改革试点以来，改革试点范围已扩大到安徽、湖北、宁夏、云南、贵州等18个省级电网和华北区域电网并已基本完成，还启动了其余14个省级电网改革试点，提前一年实现了输配电价改革在省级电网的全覆盖。① 居民阶梯价格制度顺利推进。居民阶梯电价制度已在除新疆、西藏外的全部省（区、市）实施。26个省（区、市）的289个城市已建立居民阶梯水价制度，14个省（区、市）的58个城市已建立居民阶梯气价制度，其余城市正在积极有序推进。各地还合理调整水资源费、排污费、污水处理费等资源环保价格，对高耗能、高污染和产能严重过剩行业实行差别电价、水价和排污费收费标准，促进节能减排、结构调整和转型升级。②

五、从狭义的价格改革扩展为广义的即包括生产要素价格市场化的价格改革

随着价格改革的逐步推进，实物产品和服务市场化价格改革迈出实质性步伐，从20世纪90年代开始，生产要素价格市场化被提上议事日程，中国从狭义的价格改革扩展为广义的即包括生产要素价格市场化的价格改革。

生产要素价格主要包括：资金的价格（利率）、劳动力的价格（工资）、土地的价格（地租和地价）、人民币对外币的汇率。按照发展社会主义市场经济的要求，它们都要由市场形成和调节，以免最重要的市场信号失真，影响资源配置效率的提高。

在生产要素价格中，资金（本）价格利息率特别重要。因为资金是每一个市场经济社会最重要和最稀缺的资源。生产要素价格市场化，首要的是实现利率市场化。经过多年的渐进式改革，先是实现贷款利率和债券利率的市场化，2015年最终放开银行存款利率的上限，这就标志着利率市场化已基本实现。今后，中央银行主要根据宏观经济变动，通过基准利率来调控利率水平。与此同时，人民币汇率市场化形成机制不断完善。2016年，人民币正式纳入国际货币基金组织特别提款权货币篮子，标志着人民币资本项目可兑换向前迈了一大步。

工资是劳动力的价格，工资体制改革的方向也是市场化，即工资应在劳动力市

---

① 胡祖才：《纵深推进价格改革 提升价格监管水平 以优异的价格工作实绩迎接党的十九大胜利召开》，《价格理论与实践》，2017年第1期。
② 《人民日报》，2015年10月16日第10版。

场上通过竞争形成。劳动力价格（工资）的市场化，是企业成为真正的市场活动主体的前提。劳动力不能流动，职工总是捧着铁饭碗，干好干坏一个样，企业就无法在市场上竞争，或者容易在竞争中失败。职工不能优胜劣汰，企业也就不能优胜劣汰，市场机制就很难发挥其优化资源配置的功能。因此，劳动力价格的市场化，是企业建设现代企业制度和走向市场的重要环节。改革开放后，我国各种各样的劳动力市场逐步建立和发展，大批外来务工人员到城市就业，国有企业也有不少职工下岗和转岗，劳动力价格逐步实现市场化。据统计，2015年，全国2.7亿外来务工人员的平均工资已达每月3000元，且继续呈上升趋势。当然，中国的劳动力市场及其价格形成机制仍需继续完善，劳动资源的配置仍需继续优化。

土地和地租价格市场化，要求首先建立城乡统一的建设用地市场。党的十八届三中全会《中共中央关于全面深化改革若干重大问题的决定》的一项重要内容，就是要建立城乡统一的建设用地市场。《决定》指出："建立城乡统一的建设用地市场。在符合规划和用途管制前提下，允许农村集体经营性建设用地出让、租赁、入股，实行与国有土地同等入市、同权同价。缩小征地范围，规范征地程序，完善对被征地农民合理、规范、多元保障机制。扩大国有土地有偿使用范围，减少非公益性用地划拨。建立兼顾国家、集体、个人的土地增值收益分配机制，合理提高个人收益。完善土地租赁、转让、抵押二级市场。"过去，地方政府在向农民征地时，由于作价低，常常采用各种强征手段，而农民又是弱势群体，造成大量遗留问题，政群关系紧张，有时甚至影响社会稳定。有的专家指出，1999—2015年是中国土地资产化最迅猛时期，这17年，全国土地（主要是农民的土地）出让收入总额约27.29万亿元，年均达1.6万亿元。扣除征地拆迁补偿支出、土地出让前期开发支出、补偿被征地农民支出等，地方政府纯收入（按2008—2014年7年的数据）约占总收入的29.2%。这是一个很大的数字，有时地方财政收入可占30%甚至50%①，从而逐步形成了地方土地财政的概念，使得一些地方政府靠征地卖地过日子，而被征地农民则深受其害，致使群体性事件时有发生。因此，建立规范的城乡

---

① 《第一财经日报》，2016年2月19日第A12版。

统一建设用地市场,从而形成市场化的土地价格和地租,显得十分重要和紧迫。

第二节
1988年价格改革"闯关"失败的原因

1978年改革开放后,一系列调整价格和放开价格的举措成效明显,不仅大大推动了工农业生产的快速发展,而且增强了整个社会的经济活力,市场日趋活跃繁荣。进入20世纪80年代后,经济增速加快,GDP年增长率分别为:1981年5.2%,1982年9.1%,1983年10.9%,1984年15.2%,1985年13.5%,1986年8.8%,1987年11.6%。与此同时,市场—价格改革任务日显突出。1984年,党的十二届三中全会作出了《中共中央关于经济体制改革的决定》,明确社会主义经济是公有制基础上的有计划的商品经济。1987年,党的十三大提出了"逐步建立起有计划商品经济新体制的基本框架"的任务,1988年,中央领导一再提出要建立社会主义商品经济的新秩序。这些都要求深化价格改革,理顺价格关系。1988年5月,邓小平提出要过价格改革关的任务,说:"理顺物价,改革才能加快步伐。……最近我们决定放开肉、蛋、菜、糖四种副食品价格,先走一步。中国不是有一个'过五关斩六将'的关公的故事吗?我们可能比关公还要过更多的'关',斩更多的'将'。过一关很不容易,要担很大风险。……物价改革非搞不可,要迎着风险、迎着困难上。"① 接着,中央有关部门研究讨论价格改革"闯关"方案。

1988年8月15~17日,中央政治局在北戴河召开扩大会议,讨论和通过国务院物价委员会制订的《关于价格、工资改革的初步方案》。8月19日,《人民日报》刊登新华社关于政治局讨论并原则通过了《关于价格、工资改革的初步方案》的公报。公报说,会议认为,价格改革的总方向是:少数重要商品和劳务价格由国家

---

① 《邓小平文选》,第三卷,人民出版社,1993年版,第262~263页。

管理，绝大多数商品价格放开，由市场调节。以转换价格形成机制，逐步实现"国家调控市场，市场引导企业"的要求，根据各方面的条件和现实的可能，今后5年左右的时间，价格改革的目标是初步理顺价格关系，即解决对经济发展和市场发育有严重影响、突出不合理的问题。在此之前不久，5月，国家决定放开四种主要副食品的零售价格。7月28日，国家决定对13种名烟名酒放开价格。当天起，全国各大城市就出现了抢购名烟名酒的风潮。北京、上海、天津的商店在开门几个小时内，库存的烟酒就被抢购一空。因此，公报发表后，由于老百姓已存在通货膨胀预期，全国范围内很快就出现挤提银行存款和抢购商品的风潮。据国家统计局资料，8月社会商品零售总额比上年同期增加38.6%。这次抢购风潮的特点是：来势凶猛，波及面大，抢购风潮自8月中旬在少数地方掀起后，迅速蔓延到全国大部分城市和一部分农村；持续时间长，抢购商品范围广、数量大，如洗衣机销量增长13%，电视机增长56%，电冰箱增长82.8%。据估计，这次商品抢购风潮抢购了约60亿元商品。受抢购风潮影响，8月底，银行储蓄存款余额比7月底减少26亿多元。① 与此同时，物价上涨加快。10月19日，《人民日报》载，国家统计局通报，1988年前三个季度全国物价指数上涨16%。

针对上述经济运行中出现的不正常现象，9月26~30日，中共举行十三届三中全会，批准了中央政治局提出的治理经济环境、整顿经济秩序、全面深化改革的方针、政策和措施，并着手稳定经济和市场。在这之前，8月30日，国务院已明确宣布此后4个月国务院没有新的调价措施出台，所以原定的价格改革方案已推迟实施。

1988年价格改革"闯关"失败的最重要教训是，在通货膨胀抬头的条件下，价格改革是难以顺利推进的。1988年，各方面都估计当年物价上涨率将会达到两位数即10%以上，老百姓也已存在通货膨胀预期，3月就已经刮起了第一次抢购肉、蛋、糖等副食品狂潮，这样的宏观经济环境是不宜价格改革"闯关"的。当时有的经济学家就对此表示担心，薛暮桥在《光明日报》1988年6月30日发表的

---

① 彭森、陈立等：《中国经济体制改革重大事件（上）》，中国人民大学出版社，2008年版，第319页。

文章提出:"我们必须实实在在地制止通货膨胀,使我们有可能逐步放松限价,扩大放松的范围,使价值规律能够逐步发挥对物价的市场调节作用。"总之,1988年价格改革"闯关",决策层对价格改革必要性、紧迫性的认识是对的,是抓住要害的,但对价格改革"闯关"的条件估计不足,对当时已抬头的通货膨胀估计不足,对广大群众能否承受两位数物价上涨研究不够。这次价格改革"闯关"失败,为以后中国价格改革积累了宝贵的经验和教训。

第三节
价格改革的若干规律性

我国推进价格改革已近40年,在取得实质性进展的同时,也积累了丰富的经验。我们要好好研究这些经验,寻找其内在的规律性,更加自觉地深化价格改革,完善价格体系和结构,更好地发挥价格机制优化资源配置的功能。迄今为止,我们认为价格改革的规律性主要有以下几条。

一、价格改革包括价格体系改革和价格管理体制改革两大方面,应着力通过价格管理体制改革推动价格体系的合理化

社会主义国家的价格改革,是价格模式的改革和转换。这种改革的必要性在于,在传统的社会主义经济体制下,实行的是高度集中的、以行政管理为主的计划价格体制。行政定价必然使商品价格僵化半僵化,不能灵活地随着供求关系和资源稀缺程度的变化而变化,必然使价格关系扭曲,比价差价不合理,价格结构畸形。价格形成的高度行政化、计划化,排斥市场机制的作用,商品价格一定是几年固定不变,市场供求关系的变动很难在计划价格的制定和调整中得到反映。即使有些产品的价格经过调整一时比较合理了,但是过不了多久,由于市场供求关系的变化等又会不顺,而国家调整价格不可能频繁进行,市场上有几万、几十万种商品,根据

改革开放前的经验,一些商品调一次价格至少需要三四年才能定下来。所以,光靠行政手段调整价格是永远不可能理顺价格关系的。进行价格改革,面临的最突出的问题是要改革不合理的价格体系和结构,理顺被扭曲了的价格关系。而要做到这一点,最根本的则是改革价格形成机制,实现从行政定价到市场定价的转变,因为原来不合理的价格体系主要根源于不合理的价格形成机制。通过价格形成机制的转换,一方面,把已经扭曲了的价格关系理顺,形成合理的价格结构;另一方面,保证价格运动在比较合理的轨道上进行,不至于出现新的扭曲,不要在理顺价格关系以后过不了几年又要动一次大手术。

因此,价格改革的重点并不是改革价格体系,而是改革价格形成机制。只有这样,才能真正实现价格模式的转换。据此,我们在确定价格改革的目标时,主要是要确立市场价格体制,以便使价格改革沿着正确的方向前进。

二、价格改革要逐步推进,大体走"一调二放三挂钩"的路子

中国在推进价格改革之初,就明确提出先调后放的方针。采取这种逐步推进的方针,是因为要解决原来价格关系严重扭曲的问题,需要先采取有计划调整的办法,初步理顺价格关系,然后才能在较大范围内放开价格,以便使价格变动对人们利益关系的影响不致太大。如果一开始就大量放开价格,原来定价偏低的产品的价格就会大幅上涨,使生产和经营这些产品的企业和部门骤然得到许多利益;而原来定价偏高的产品的价格就会不动甚至有所下降,生产和经营这些产品的企业和部门的经济利益就会受损,从而造成利益关系大的变动。这必然会增加改革的阻力和难度,影响改革的顺利进行。

采取先调后放的办法,还可以在价格改革过程中有效地控制物价总水平的上涨幅度,不至于使物价总水平失去控制,上涨过猛,使老百姓难以承受。因为调整价格对物价总水平的影响及连锁反应程度,是可以测算和控制的,和放开价格会使物价总水平较大幅度上涨与连锁反应较大有所不同。比如,1979年我国大规模提高农产品收购价格(当年提价幅度达24.8%),大幅度提高8种主要副食品价格(提价幅度30%多),只影响1980年社会商品零售价格指数上升6%,而且1981—1984

年一直保持物价基本稳定，社会零售价格指数每年上升1%~3%。与此不同，1985年放开农副产品价格，不但导致1985年社会零售价格指数上升8.8%，而且还使1986年社会零售价格指数上升6%，其中因"翘尾巴"而影响的就占3%。这还是在1985年以前用几年时间通过调整价格降低了价格的扭曲程度出现的情况。如果不是前几年通过调整价格降低了价格的扭曲程度，1985年放开价格肯定会带来物价更大幅度的上涨。

放开价格之后，就提出了是否要同国际市场价格接轨的问题。改革开放初期，我国经济发展水平很低，1978年国内生产总值在世界经济总量中只占1.8%，排在全球第十一位，当时显然不具备完全同国际市场价格挂钩的条件，否则受国际市场价格波动影响太大，在国家经济实力还不够雄厚时容易受国际资本势力所左右。随着改革开放的推进，我国经济迅速起飞，并且持续30多年平均近两位数增长，创造了第二次世界大战结束后一个国家经济高速增长持续时间最长的奇迹。我国经济总量已于2009年超过日本，我国成为世界上第二大经济体。2015年中国经济总量已占世界总量的14.8%，2016年占15%左右。改革开放以来，我国经济高速增长的一个重要特点是对国际市场的充分有效利用。建立在劳动力成本低廉优势和发达国家劳动密集型产业向外转移机会基础上的大规模出口和外向型发展，成为我国经济持续快速增长的重要推动力。1979—2012年，我国货物出口保持20%左右的年均增长率，快速成长为世界贸易大国。我国经济和对外贸易的快速增长，对外开放水平的不断提高，我国经济融入全球化进程的加快，要求我国商品和服务的价格要逐步同国际市场价格接轨，特别是对外依存度高的产品和可贸易商品，以及和它们关联度高的产品，需要先行一步接轨。2001年底，我国加入世贸组织，对外开放进入新的阶段，正如十八届三中全会《决定》所指出的："适应经济全球化新形势，必须推动对内对外开放相互促进、引进来和走出去更好结合，促进国际国内要素有序自由流动、资源高效配置、市场深度融合，加快培育参与和引领国际经济合作竞争新优势，以开放促改革。"所以，同国际市场价格挂钩已是大势所趋，也是深化价格改革新要求。

三、从狭义价格改革扩展到包括生产要素的广义价格改革

这是中国价格改革的一个重要特点，也是渐进式改革在价格领域的重要体现。传统的社会主义经济理论排斥广义价格概念，不承认资金、劳动力、土地等生产要素商品化市场化的可能性和必然性，利息率、工资、地价和地租都由国家制定和调整，排斥市场机制的作用。随着经济体制改革的深化，以及社会主义市场经济体制改革目标的确立，各种生产要素被确认要商品化和进入市场，显露其价格，广义价格的概念被提出来并得到广泛的重视，价格改革也就从狭义的价格改革扩展为包括各项生产要素在内的广义的价格改革。

从经济改革实践看，1979年以来，我国价格改革经历了以下阶段。1984年以前以调整各种产品和服务价格为主，1985年以后以放开各种产品和服务价格为主，从20世纪90年代起，我国价格改革进入一个新的阶段，其主要特点是物价（含资源产品价格）、工资、利率、汇率联动的价格调整与改革，工农业产品和服务价格的市场化扩大到资源产品和生产要素价格的市场化。只有跨越这一阶段，市场机制才能广泛发挥作用，市场取向的改革才算取得实质性进展，市场对资源配置才能起基础性和决定性作用。因此，从狭义价格改革发展为广义价格改革，是中国价格改革进程合乎逻辑的发展。

发展还是排斥商品、市场关系，是新旧体制的根本区别所在。在扩展商品、市场关系方面，我们已几次冲破传统经济理论的束缚，形成新的社会主义商品经济和市场经济观。第一次为20世纪70年代末，肯定生产资料也是商品；第二次为1984年以后，肯定生产要素包括资金、劳动力、土地等的商品化；第三次为1992年，确立社会主义市场经济体制的改革目标，进一步明确生产要素价格市场化改革方向。这就意味着不仅生产资料要进入市场，生产要素也要进入市场，要求建立现代市场体系，从而使依靠市场优化资源配置成为现实的经济过程。

从狭义价格改革发展为广义价格改革，广义的价格改革过程同完整的市场体系形成过程的统一，同市场机制整体功能发挥的统一，是1992年以后价格改革的显著特点。这正好标志着改革的深化和人们对经济改革认识的深化。

四、价格改革的难点和主要矛盾在于，既要通过体制转型理顺价格关系，又要稳定物价水平

中国价格改革的丰富实践告诉我们，进行价格改革的难点和主要矛盾在于，既要通过体制转型理顺价格关系，又要稳定物价水平。处理好理顺价格关系和稳定物价水平的关系，在保持物价总水平大体稳定下逐步推进价格改革，是我国推进价格改革最主要的经验。

在传统体制下，由于严格的行政管制，农产品价格、初级工业产品价格和一些服务收费长期被压得很低。改革价格体系，就是要改变这种状况，着重提高上述偏低的价格，而原来偏高的产品价格是不容易降下来的。这样，在理顺价格关系的过程中，物价总水平一定幅度的上涨是不可避免的。因此，进行价格改革要打破传统的"稳定物价就是冻结物价、物价总水平越是原封不动越好"的观念，逐步树立"商品市场经济价格经常变动、物价总水平会有所上升"的新观念。

在价格改革过程中，无论是调整价格还是放开价格，如果物价总水平上涨只限于改变畸形的价格结构，理顺比价差价关系，那么，其上涨率不会太高，而且这种上涨是分几年十几年实现的，因而其年度上涨率可控制在5%左右，一般不会到两位数，这样就可以保持物价的基本稳定或大体稳定。也就是说，可以在保持物价总水平基本稳定或大体稳定的条件下推进价格改革。我国近40年的价格改革，总的说做到了在保持物价总水平基本稳定或大体稳定条件下逐步推进。当然，在20世纪80年代末（1988年、1989年）和90年代初中期（1993年、1994年、1995年），曾出现居民消费价格指数两位数上涨，说明那时出现了中度的通货膨胀，并严重影响了价格改革的进程。1988年价格"闯关"未成，就是因为当时出现了中度通货膨胀，政府被迫先稳定经济，在经济稳定后再推进价格改革。

所谓通货膨胀，主要是指因货币供应量增速超过经济增长所需的限度而带来的物价持续上涨。我们拿1991—1995年的经济增长和货币供应量的增长为例作说明。

表4 1991—1995年中国经济、货币供应量和物价上涨率

(单位:%)

年 份	1991	1992	1993	1994	1995
经济增长率（GDP）	9.3	14.3	13.9	13.1	11
流通中现金（$M0$）	20.2	36.4	—	24.3	8.2
狭义货币（$M1$）	24.2	35.9	—	26.2	16.8
货币和准货币（$M2$）	26.5	31.3	—	34.5	29.5
居民消费价格指数（CPI）	3.4	6.4	14.7	24.1	17.1

资料来源：《中国统计年鉴》。

从表4可以看出，1991年以来，各种货币增长率（除现金外）都大大超过经济增长率，甚至是成倍地超过，当时我国经济的商品化货币化程度已较高，经济的商品化货币化的继续提高不像过去那样可以吸收较多的货币正常进入市场流通，这必然使通货膨胀的压力逐渐积累和增大。所以从1993年起，通货膨胀压力开始释放，居民消费价格指数连续3年两位数上涨，并创下改革开放以来物价上涨幅度最大和持续时间最长的纪录。

从中国价格改革进程看，1988年以前，我国价格改革过程中物价水平的上涨，可以说主要是由对原来不合理的价格结构进行调整引起的，即主要是结构性的物价上涨；1988—1995年，我国的物价上涨，除了继续包含结构性物价上涨因素外，较多是由通货膨胀所推动，而且比较明显是需求拉动型的物价上涨，还夹杂着一部分成本推动型物价上涨（包括工资增长速度超过劳动生产率增长速度引发的工资成本上升，以及进口原材料价格上涨引发的成本上升）。

物价的持续过高上涨会对人们产生心理压力，使企业和单位不是致力于改进技术，改善经营管理，提高效益，而是致力于囤积居奇，倒买倒卖，竞相提价，以及利用垄断、特权和搞价格欺诈等追逐大量流通利润，使公众产生通货膨胀预期，挫伤群众储蓄的积极性，抢购物资、冲击市场等。这种情况，只能使价格关系混乱，甚至使已初步理顺了的价格关系重新扭曲，使不合理的比价复归。物价上涨过猛，也影响价格改革的深化，使原定的改革方案难以出台，如1987年的钢材调价方案

（调价的文件都已印好）和1988年物价与工资改革方案那样，或者放慢价格改革的步伐，因为风险太大，怕影响社会稳定。1993—1995年物价过大幅度上涨，还突出地带来一段时间利率的双轨价差过大，市场利率高出国有银行利率1倍以上，致使金融体制改革难以深化，政策性金融与商业性金融难以分离，专业银行企业化经营进程受阻。

由上可见，价格改革的难点和主要矛盾在于，一方面，要通过定价机制改革理顺价格关系；另一方面，在理顺价格关系过程中物价上涨幅度不能过大，要保持物价总水平的基本稳定或大体稳定，以利于经济的稳定和社会安定。而如果在改革过程中出现了通货膨胀特别是中度或中度以上通货膨胀，那么理顺价格关系和稳定物价水平的矛盾就会尖锐化，甚至难以解决。一次又一次的教训使人们认识到，深化价格改革，要尽可能排除通货膨胀的干扰，而如果已经出现通货膨胀，就要及时治理它，要抑制它的发展势头。因此，要摒弃通货膨胀的政策，不能采纳某些经济学家鼓吹的用通货膨胀刺激经济快速增长的主张。只有这样，才能为价格改革创造必要的、良好的环境。

理顺价格关系和稳定物价水平的矛盾，在很大程度上规定和制约着价格改革过程中出现的其他矛盾，诸如价格与财政的矛盾、物价与工资的矛盾、国内价格水平与人民币汇率的矛盾、价格双轨制的矛盾等。这些矛盾在不出现通货膨胀时，都比较好解决。但是，如果出现通货膨胀，就会出现"物价—补贴—税收"的怪圈，出现物价与工资轮番上涨、物价上涨与财政补贴增加、国内价格水平上升同人民币汇率下跌的恶性循环，以及双轨制价差拉大等一系列问题。

第四节
中国价格改革展望

中国价格改革经过近40年的努力，已取得重大的实质性的进展，但是尚未完成，价格体制仍不完善，价格关系还未完全理顺。针对这一实际情况，2013年党的十八届三中全会《决定》指出："完善主要由市场决定价格的机制。凡是能由市场形成价格的都交给市场，政府不进行不当干预。推进水、石油、天然气、电力、交通、电信等领域价格改革，放开竞争性环节价格。政府定价范围主要限定在重要公用事业、公益性服务、网络型自然垄断环节，提高透明度，接受社会监督。完善农产品价格形成机制，注重发挥市场形成价格作用。"《决定》发布以来，中国价格改革又取得了一些新进展。一是政府定价大幅度减少。全部电信业务资费、非公立医院医疗服务、社会资本投资新建铁路货运和客运专线价格、绝大部分药品价格、绝大部分专业服务价格都已经放开。新修订的中央定价目录与2001年目录相比，政府定价由13种（类）缩减到7种（类），具体定价项目压减了约80%。已完成修订的28个省份地方定价目录，具体定价项目平均压减了约50%。二是农产品价格形成机制和调控体系不断完善。政府确定的烟叶收购价格于2014年放开后，全部农产品价格都由市场竞争形成。棉花、大豆目标价格改革试点总体顺利，国内外市场价差缩小，市场活力明显增强。同时，综合考虑保障农民基本收入和市场供求平衡，合理确定了稻谷、小麦最低收购价政策。生猪市场价格调整预案的实施也比较平稳。三是新一轮电价市场化改革顺利启动。放开了跨区跨省电能交易价格。输配电价改试点已由深圳市和蒙西电网扩大到全国各省（区）。根据煤电价格联动机制，2015年将全国燃煤发电上网电价平均每千瓦时降低约2分钱，工商业用电价格平均每千瓦时降低约1.8分钱。到2016年，通过煤电价格联动、输配电价格联动等减少企业用电支出1000亿元以上。四是天然气价格形成机制进一步完善。实现了非居民用天然气存量气和增量气价格并轨。落实降低非居民用气价格政策，降低过高的地方天然气管道运输和配气价格，降低企业用气成本约1000亿元。五是铁路货运价格基本理顺。在2013年、2014年每年将国铁货物统一运价每吨公里提高1.5分钱的基础上，2015年又提高了1分钱，实现了铁路与公路货运保持合理比价关系的改革目标。建立货物运价上下浮动的机制，上浮不超过10%、下浮不限，进一步增强运价弹性，为铁路运输企业灵活应对市场环境变化，提供了更宽松的政策环境。六是居民阶梯价格制度顺利推进。居民阶梯电价制度、阶梯水价制度、阶梯气价制度正在积极有序推进。七是清理收费、公布清单。清理规范涉企的各类收费，制定收费目录清单。通过清理不合理收费，降低偏高收费标准，2013—2015年共减少企业支出近400亿元。八是调整资源环保价格。各地合理调整水资源费、排污费、污水处理费等资源环保价格，对高耗能、高污染和产能严重过剩行业实行差别电价、水价和排污费收费标准，促进节能减排、结构调整和转型升级。此外，还加强对价格收费违法违规行为和垄断大案要案的查处。比如，2013年11月起对高通公司滥用市场支配地位行为进行查处，开出了60多亿元的高额罚单，在国内外引起很大反响。① 到2015年10月，97%以上的商品和服务价格已经由市场形成。

尽管如此，与由市场决定价格机制的要求相比，还有差距。主要是：首先，一些重点领域和关键环节价格改革还需深化。如能源、交通运输这些领域的价格改革还没有完全到位，公用事业和公共服务价格改革正处在攻坚时期，也没有完全到位。比如，直至2016年，成品油价格市场化还面临着资源高度集中、市场缺乏竞争的体制性障碍。勘探开发环节，只有少数几家国有公司享有石油勘探开发专营权；进口环节，5家国有企业原油进口总量占整个原油进口的90%以上；炼化环节，国有企业占75%；批发零售环节，由于成品油批发和零售环节的专营体制，市场过于集中于个别央企，在全国9万多座加油站中，社会资本名下的加油站数量接近50%，但销量仅占10%。从产业链看，上中下游资源均过于集中，难以开拓更多油源并有效竞价。国家对成品油价格规定的是最高零售价，加油站基本都是按照最高价执行，掌控市场的主体没有动力降价。其次，政府定价制度还需要进一步健全。再次，市场价格行为有待进一步规范，一些企业经常利用垄断市场的地位抬高价格，乱定价等问题还时有发生。

2015年10月15日，《中共中央国务院关于推进价格机制改革的若干意见》发布，对今后更好地落实十八届三中全会决定深化价格改革、完善市场价格体制进一步指明了方向。

《意见》明确，到2017年，竞争性领域和环节价格基本放开，政府定价范围主

---

① 《人民日报》，2015年10月16日第10版；胡祖才：《纵深推进价格改革 提高价格监管水平 以优异的价格工作实绩迎接党的十九大胜利召开》，《价格理论与实践》，2017年第1期。

要限定在重要公用事业、公益性服务、网络型自然垄断环节。到 2020 年，市场决定价格机制基本完善，科学、规范、透明的价格监管制度和反垄断执法体系基本建立，价格调控机制基本健全。

《意见》明确了今后六大重点领域价格改革方向，即完善农产品价格形成机制，加快推进能源价格市场化，完善环境服务价格政策，理顺医疗服务价格，健全交通运输价格机制，创新公用事业和公益性服务价格管理。对于如何健全政府定价制度，怎样加强市场价格监管和反垄断执法，健全市场价格行为等，《意见》也作出了详尽的阐述。

《意见》发布后，有关部门迅速行动，落实深化价格改革要求。2015 年 11 月 30 日，国家发改委、国家能源局正式对外发布了《关于推进输配电价改革的实施意见》《关于推进电力市场建设的实施意见》《关于电力交易机构组建和规范运行的实施意见》《关于有序放开发用电计划的实施意见》《关于推进售电侧改革的实施意见》《关于加强和规范燃煤自备电厂监督管理的指导意见》六个电力体制改革配套文件，电力体制改革路线图更加明确。其中包括社会资本可投资成立售电公司、清洁能源优先上网等。① 坚持和完善稻谷、小麦最低收购价政策，合理调整最低收购价水平，形成合理比价关系。从 2016 年下半年起推进玉米市场定价、价补分离改革。2016 年 5 月国务院印发《盐业体制改革方案》，提出从 2017 年 1 月 1 日起，改革食盐政府定价机制，放开食盐出厂、批发和零售价格。在完善食盐专营制度的基础上，重点推进四项改革：一是改革食盐生产批发区域限制，取消食盐定点生产企业只能销售给指定批发企业的规定。二是改革食盐政府定价机制，放开食盐出厂、批发和零售价格。三是改革工业盐运销管理，取消各地自行设立的两碱工业盐备案制和准运证制度，取消对小工业盐及盐产品进入市场的各类限制，放开小工业盐及盐产品市场和价格。四是改革食盐储备体系，建立由政府储备和企业社会责任储备组成的全社会食盐储备体系。② 出台推进医疗服务价格改革意见，各地结合实际认真贯彻落实。截至 2016 年底，已有 13 个省份出台了实施意见。医药价格

---

① 《人民日报》，2015 年 12 月 1 日第 15 版。
② 《经济参考报》，2016 年 5 月 6 日第 3 版。

改革已实现县级公立医院全覆盖,在 10 个省份已全面推开,其他省份有 60 多个城市 600 多家公立医院开展了试点;23 个省份放开了个性化需求较强、市场竞争比较充分的部分医疗服务价格;29 个省份出台了加快新增服务项目受理审核的政策措施。①

---

① 胡祖才:《纵深推进价格改革 提升价格监管水平 以优异的价格工作实绩迎接党的十九大胜利召开》,《价格理论与实践》,2017 年第 1 期。

第八章
竞争是社会主义市场经济内在机制

中国 1978 年底实行改革开放后，引入市场机制搞活经济，也就意味着引入市场竞争，竞争不再被认为是异己的东西。1992 年确立社会主义市场经济体制改革目标后，竞争逐渐成为社会经济活动的内在机制。1993 年，《中共中央关于建立社会主义市场经济体制若干问题的决定》明确指出，"创造平等竞争环境，形成统一、开放、竞争、有序的大市场"。2015 年，《中共中央国务院关于推进价格机制改革的若干意见》发布，在党的文件中第一次明确提出，"逐步确立竞争政策的基础性地位"。可见，形成公平竞争的环境、确立竞争政策的基础性地位，是建设统一开放、竞争有序的市场体系，建立和完善社会主义市场经济体制的重要内容。

第一节
竞争机制扩展历程回顾

改革开放以来，我国市场竞争机制的扩展，可以分为以下三个阶段。

第一阶段，1978—1991 年，引入市场竞争机制初始阶段。

1978 年实行改革开放后，从小商品和农副产品开始，逐步放开价格，放开市场，这就意味着开始引入市场竞争机制。放开价格放开市场后，商品自然向价格水平高的地方流去，成本低、质量好、价格适中的生产者和经营者就能得到较多的收益，并不断发展壮大自己；与此不同，成本高、质量差、价格高的生产者和经营者就会出现销售困难，收益下降甚至发生亏损，难以为继。这就是市场竞争，就是优胜劣汰。而正是这种市场竞争机制，使中国多年来僵化半僵化的经济开始在一些领域活跃起来。

在经济理论上也有所反映。1979 年，在全国第二次经济理论讨论会上，就有文章提出，中国社会主义经济是计划经济和商品经济的统一，在社会主义经济中，价值规律起调节作用，竞争是其内在机制。①

在政策上，也开始提出竞争概念。1980 年国务院制定的《关于开展和保护社会主义竞争的暂行规定》，对开展和保护社会主义竞争的必要性、打破地区封锁和行业垄断、采取合法手段进行竞争等作出原则性规定，正式提出了"竞争"的概念。

随着市场和价格放开领域的扩大，竞争机制的作用也在扩大。到 1991 年，工农业产品包括消费品和生产资料领域市场已起主导作用，大部分价格也已放开，竞争机制在社会经济活动中已发挥着重要作用，人们的市场意识竞争意识逐步形成和传播开来。

在市场竞争机制的促进下，整个社会经济活动日趋活跃，市场也逐步繁荣起来，国民经济快速增长，农副产品和工业消费品供应不断增加，票证一个一个被取消，人们采购商品常常货比三家，生活便利多了。

第二阶段，1992—2012 年，市场竞争机制大扩展阶段。

1992 年，党的十四大确立社会主义市场经济体制改革目标，从此，市场化改革迅速推进，市场竞争机制从理论到实践、从立法到政策，都相应地不断扩展和深化。

在理论方面，1992 年党的十四大在确立社会主义市场经济体制改革目标时，就明确提出了使市场在资源配置中发挥基础性作用，这就意味着市场机制、价格机制、竞争机制在社会经济活动中起基础性作用，要求建立统一开放、公平竞争的市场体系即现代市场体系，形成公平竞争的环境和市场秩序。

在改革开放实践方面，市场化改革大步推进。在竞争机制推动下，个体私营经

---

① 孙尚清等：《论社会主义经济计划性与市场性相结合的几个理论问题》，《经济研究》，1979年第 5 期。

济和外资经济在竞争中迅速崛起,其户数和注册资本多年来都以两位数以上速度增长,逐渐成为国民经济中的重要生力军,吸纳了大量人员就业。与此同时,体制外非公经济的迅速发展反过来逼迫体制内公有经济特别是国有经济和国有企业加快改革,以适应市场经济的发展。从20世纪90年代中期起,许多国有企业因其体制机制不适应市场经济而陷入困境。1997年,党和政府提出从1998年开始,用3年左右的时间,使国有大中型企业摆脱困境和建立现代企业制度的任务,对大量国有中小企业,则通过重组、兼并、出售等多种方式放开搞活。为此国家和国企职工支付了大量的成本,其中下岗职工就达千万人以上。可见,市场竞争机制的扩展,也是要付出代价的。不过,这样倒换来了一个充满生机和活力的新体制新机制。竞争机制优胜劣汰的作用,大大调动了各方面的积极性和主动性,有力地促进国民经济迅速起飞快速增长。

在这期间,一系列涉及竞争问题的法律法规也陆续出台,如1993年的《中华人民共和国反不正当竞争法》《中华人民共和国消费者权益保护法》,1998年的《中华人民共和国价格法》,1999年的《中华人民共和国招标投标法》,2001年的《关于禁止在市场经济活动中实行地区封锁的规定》《关于整顿和规范市场经济秩序的决定》,特别是2007年8月,我国正式颁布的《中华人民共和国反垄断法》并于2008年8月1日起实施。《中华人民共和国反垄断法》是一部反对垄断、促进竞争、提高效率的重要法律。

国家需要实施竞争政策也提上议事日程。在理论研究方面,一些文章提出,应着力研究和实施竞争政策,推动企业特别是国有企业在国内和国际市场竞争中不断提高竞争力,发展壮大自己,不要只盯着国家保护和补贴,或者依靠市场的支配地位获取超额利润。与此相呼应,2008年实施的《中华人民共和国反垄断法》第九条也明确规定了国务院反垄断委员会的首要职责是"研究拟订有关竞争政策",这是官方首次提出要研究和拟订竞争政策,具有重要的实践意义。

第三阶段,2012年以后,确立竞争政策的基础性地位,着力完善强调公平竞争的现代市场体系。

2013年党的十八届三中全会发布的《中共中央关于全面深化改革若干重大问

题的决定》，用"使市场在资源配置中起决定性作用"的提法，代替沿用了21年的"基础性作用"的提法；还提出："建设统一开放、竞争有序的市场体系，是使市场在资源配置中起决定性作用的基础。""清理和废除妨碍全国统一市场和公平竞争的各种规定和做法，严禁和惩处各类违法实行优惠政策行为，反对地方保护，反对垄断和不正当竞争。建立健全社会征信体系，褒扬诚信，惩戒失信。健全优胜劣汰市场化退出机制，完善企业破产制度。"党的十八届三中全会《决定》作出后，市场化改革加快。比如商事制度便利化改革使新增市场主体企业日均增加万户以上，吸纳了大量人员就业；又如大批商品和服务价格陆续放开，2015年中央政府管理的近60项商品和服务价格已放开或下放，中央政府直接定价项目仅剩约20项，比2001年减少80%左右；地方价格改革同步推进，平均减少定价项目50%以上。在上述背景下，竞争政策的意义和作用有了进一步的提升。2015年3月，《中共中央国务院关于深化体制机制改革加快实施创新驱动发展战略的若干意见》提出："发挥市场竞争激励创新的根本性作用，营造公平、开放、透明的市场环境，强化竞争政策和产业政策对创新的引导，促进优胜劣汰，增强市场主体创新动力。"接着，2015年10月，《中共中央国务院关于推进价格机制改革的若干意见》明确指出："加强市场价格监管和反垄断执法，逐步确立竞争政策的基础性地位"。对"竞争政策"这样的定位，是我国经济政策的重大调整和完善，对建设完善的社会主义市场经济体制、健全现代市场体系均有重要意义。这里面有一个如何认识竞争政策和产业政策的关系问题。过去，我国一直强调产业政策的指导作用，力图用倾斜的产业政策引导某些产业的加快发展，但实践表明，有些产业政策是成功的，促进了新兴战略产业如航天、高铁、核电等的快速发展，使之达到国际先进水平，但是，有些产业政策并不成功，甚至造成产能过剩。因为优势产业、有发展前景的产业，主要是靠市场选择的，政府选择由于受到认识限制，对信息及其变动掌握不全面、不及时等，常常出错。另外，过度实施产业政策往往会破坏正常的市场运行，不利于形成公平竞争的环境。现在要推进经济向质量效益型转变，要加快转变经济增长和发展方式，要从供给侧结构性改革发力，提高资源配置效率，就要着重强调竞争政策的作用，逐步弱化产业政策的作用，使市场优化资源配置的功能更好发挥出来。①

为了落实逐步确立竞争政策的基础性地位，2016年6月，国务院印发了《关于在市场体系建设中建立公平竞争审查制度的意见》（国发〔2016〕34号），要求建立公平竞争审查制度，防止出台新的排除限制竞争的政策措施，并逐步清理废除已有的妨碍公平竞争的规定和做法。实施公平竞争审查制度，实际上是规范政府决策行为。在政府有关政策出台之前，对其进行竞争审查或评估，是为了防止其排除市场竞争。因为到目前为止，我国有些部门特别是地方政府，还常常采取一些地方保护、行业垄断等政策措施，追逐本部门或本地区利益，但是破坏了公平竞争的市场环境，不利于现代市场体系建设。因此，必须建立公平竞争的审查制度，加强对制定政策措施的事前审查、事中监管，防止有关政策措施排除限制市场公平竞争，使政府政策措施有利于社会主义市场经济的发展。

显然，提升竞争政策的地位和作用，对于扩展市场竞争机制的作用，是至关重要的；对于落实市场在资源配置中的决定性作用，减少政府对市场、对企业不当的行政干预，也是至关重要的。

第二节
区分不同性质的垄断采取取缔限制规范对策

竞争的对立面是垄断，要竞争不要垄断是市场经济发展的一般规则。但是，在社会经济发展过程中，又会出现垄断现象，自由竞争比较充分发展后也会产生它本身的对立面——垄断。为了推动社会主义市场经济健康发展，必须坚持不懈地反对垄断，积极推进垄断行业改革。

中国推进垄断行业改革，是中国经济体制改革的重要组成部分。2002年，党

---

① 吴敬琏：《确立竞争政策基础性地位的关键一步》，《人民日报》，2016年6月26日。

的十六大报告在讲到深化国企改革时,提出:"推进垄断行业改革,积极引入竞争机制。"2003年,党的十六届三中全会通过的《中共中央关于完善社会主义市场经济体制若干问题的决定》对垄断行业改革专门列出一条(第九条)"加快推进和完善垄断行业改革。对垄断行业要放宽市场准入,引入竞争机制。有条件的企业要积极推行投资主体多元化。继续推进和完善电信、电力、民航等行业的改革改组。加快推进铁道、邮政和城市公用事业等改革,实行政企分开、政资分开、政事分开。对自然垄断业务要进行有效监管。"从20世纪90年代中后期开始,至21世纪头几年,电力、通信、石油、民航、城市燃气、有线电视等开始试行政企分开、事企分开改革,通过纵向拆分、横向拆分、引入行业外资本等改革措施,开始有一定程度的竞争。比如,发电领域形成5家公司多寡头垄断竞争(2002年),输配电形成双寡头非对称垄断竞争(2002年);民航业航空运输形成6家公司多寡头垄断竞争(2002年);电信业移动电话形成中国移动、中国联通双寡头(2008年),固定电话形成中国电信、中国联通双寡头(2008年);石油业原油生产和进口由中石油、中石化、中海油三寡头主导,石油炼制由中石油和中石化双寡头主导,成品油批发零售由中石油和中石化为主双寡头垄断(1998年);城市公用事业城市燃气生产由中石油、中石化和中海油三寡头主导(1998年),供水和垃圾处理均为相对独立地域垄断(各地时间差别较大);等等。2003—2013年,中国垄断行业改革进展缓慢,几乎处于停滞状态。2013年党的十八届三中全会作出全面深化改革决定后,垄断行业改革重新启动。《中共中央关于全面深化改革若干重大问题的决定》明确指出:"国有资本继续控股经营的自然垄断行业,实行以政企分开、政资分开、特许经营、政府监管为主要内容的改革,根据不同行业特点实行网运分开、放开竞争性业务,推进公共资源配置市场化。进一步破除各种形式的行政垄断。"此后,不少垄断行业如电力、石油、天然气、电信、铁路、民航、军工等的国企,主要通过混合所有制改革,逐步放开竞争性业务,长期由国家垄断的服务业包括金融、医疗、教育等行业,也逐步对外开放,从而有助于打破垄断。而对自然垄断性业务,则加强政府监管,包括完善定价机制和办法。总之,推进垄断行业改革,是扩展竞争机制和营造公平竞争的市场环境的最重要条件。

另外，则加强反垄断执法，以维护公平竞争秩序。根据国家发改委的材料，自2008年实施《中华人民共和国反垄断法》（以下简称《反垄断法》）至2015年7月底，主管反垄断的国家发改委和地方价格主管部门调查并已作出执法决定的反垄断案件达90件。查处的案件涉及单位422家，其中内资企业及相关行业协会387家，外资企业35家；共没收违法所得2.13亿元，罚款96.37亿元，合计实施经济制裁98.5亿元。这只是一个开端，今后将会对更多的违反《反垄断法》的案件进行查处。

在现实经济生活中，存在不同的垄断，一般来说，主要有三种：一为行政垄断，二为经济垄断，三为自然垄断。下面分别讲这三种垄断及应对之策。

1. 行政垄断及应对之策

所谓行政垄断，是指政府包括中央政府部门和地方政府利用行政权力排除、限制竞争的行为。我国《反垄断法》第五章对常见的滥用行政权力排除、限制竞争行为的表现形式进行了列举，包括限定单位和个人只能经营、购买、使用指定的经营者提供的商品；妨碍商品在地区之间自由流通和充分竞争；排斥或者限制外地经营者参加本地的招标投标活动；排斥或者限制外地经营者在本地投资或者设立分支机构；强制经营者从事本法规定的垄断行为；制定含有排除、限制竞争内容的规定；等等。

对于行政垄断，改革开放后在一些公开的文件和政策中是明确反对和要加以规制的。1980年国务院颁布的《关于开展和保护社会主义竞争的暂行规定》，就对地区封锁和部门分割等妨碍竞争的行为作出禁止性规定。《反垄断法》第八条规定："行政机关和法律、法规授权的具有管理公共事务职能的组织不得滥用行政权力，排除、限制竞争。"

以下是最近几年有关部门加强反对行政垄断执法比较突出的案例。

案例一：河北省交通运输厅等有关部门行政垄断案。

2013年10月，河北省交通运输厅、物价局和财政厅联合下发《关于统一全省收费公路客运班车通行费车型分类标准的通知》（冀公交〔2013〕548号），确定自2013年12月1日起,全省收费公路车辆通行费按车型分类,并对本省客运班车实行通行费优惠政策。客运班车通过办理高速公路ETC卡或者月票,按照计费额的50%给予优惠。2013年10月30日,交通运输厅下发《关于贯彻落实全省收费公路客运班车通行费车型分类标准有关事宜的通知》(冀公交〔2013〕574号),进一步明确规定,优惠政策"只适用于本省经道路运输管理机构批准,有固定运营线路的客运班线车辆"。

河北省的上述做法,破坏了河北省客运班车经营者与外省同一线路经营者之间的公平竞争,违反了《反垄断法》第八条"行政机关和法律、法规授权的具有管理公共事务职能的组织不得滥用行政权力,排除、限制竞争"规定,属于第三十三条第(一)项所列"对外地商品设定歧视性收费项目、实行歧视性收费标准,或者规定歧视性价格"行为。

国家发改委依法向河北省人民政府发出执法建议函,建议其责令交通运输厅等有关部门改正相关行为,对在本省内定点定线运行的所有客运企业,在通行费上给予公平待遇。河北省相关部门已重新印发文件,对外省相关客运班车同样给予通行费优惠政策,恢复了相关市场的公平竞争秩序。

案例二:山东省交通运输厅行政垄断案。

2011年以来,山东省交通运输厅多次印发文件,要求全省"两客一危"车辆必须直接接入省技术服务平台,重型载货汽车和半挂牵引车必须直接接入省北斗货运动态信息平台,并明确规定山东九通物联网科技有限公司(以下简称"九通公司")为上述两平台的技术支持单位。同时,规定只有通过省技术服务平台即九通公司调试的车载终端才能进入山东省市场,并公布2012年交通运输部北斗示范工程招标中标价格作为终端最高限价。

山东省交通运输厅的上述做法,排除和限制了监控平台和车载终端市场的竞争:在监控平台市场上,强制要求道路运输企业只能接入九通公司运营的监控平台,市场竞争被完全排除;在车载终端市场上,通过九通公司调试的产品型号只有22个,仅为通过交通运输部审查数量的5%,市场竞争被严重削弱。在市场竞争不充分的情况下,山东省交通运输厅公布将2012年中标价格作为最高限价,使其成为大多数终端厂商按最高限价销售的依据。调查显示,上述做法导致山东省平台服务费标准和终端产品价格远高于其他省份,不合理增加了道路运输企业的经营负担。山东省交通运输厅的相关行为违反了《反垄断法》第八条的规定,属于第三十二条"限定或者变相限定单位或者个人经营、购买、使用其指定的经营者提供的商品"行为和第三十七条"制定含有排除、限制竞争内容的规定"行为。

2015年3月9日,国家发改委依法向山东省人民政府发出执法建议函,建议其责令交通运输厅改正违法行为,包括放开"两客一危"车辆、重型载货汽车和半挂牵引车的监控平台市场,取消终端设备进入山东省市场的限制,并废止将2012年北斗示范工程招标中标价格作为最高限价的规定,促进由市场形成价格。此后,山东省全面放开动态监控平台和车载终端市场,并取消了对车载终端销售价格的限制。

案例三:云南省通信管理局行政垄断案。

2009年8~10月,云南省通信管理局牵头组织中国移动云南分公司、中国电信云南分公司、中国联通云南分公司和中国铁通云南分公司多次会议协商,于2009年底达成《云南基础电信运营企业规范各类赠送活动的协议》(以下简称《协议》),对4家电信运营商开展相关赠送活动的内容、额度、频次等进行了约定,包括各企业均不得采取"无预存话费"或"无在网时限"等方式开展赠送活动;赠送通信内产品的价值不得高于用户承诺在网期限内承诺消费总额的60%,赠送通信外产品的价值不得高于用户承诺在网期限内承诺消费总额的30%;赠送活动对同一用户每年不超过两次(含两次);在各电信企业制定的积分回馈方案中,用户消费价值与积分价值之比不超过1:1,积分价值与兑换服务的价值之比不超过1:0.05。《协议》同时规定了有关执行措施。对电信运营商违反《协议》开展赠送的行为,其他电信运营商可以向云南省通信管理局申告。云南省通信管理局在确认后下发整改通知书,责令相关企业进行整改。

4家电信运营商存在直接竞争关系。各电信运营商在市场营销中对消费者给予话费、充值卡等礼品赠送,直接影响到产品最终价格,是开展市场竞争的重要手段。云南省通信管理局牵头组织4家电信运营商达成协议,对赠送的范围、幅度、频次等进行约定,并通过下发整改通知书等手段强制执行,限制了电信运营商的竞争能力和手段。上述行为违反了《反垄断法》第八条的规定,属于第三十六条所列"滥用行政权力,强制经营者从事本法规定的垄断行为"。

2014年后,经有关部门查处,云南省通信管理局已进行整改,停止相关做法,恢复了公平竞争的市场秩序。国家发改委也就此同工业和信息化部进行了沟通,建议其对各省、自治区、直辖市存在的类似行为进行全面规范清理。同时,云南省发改委依法对参与垄断协议的4家电信运营商进行了处罚,罚款金额共计约1318万元。

案例四:安徽省蚌埠市卫计委行政垄断案。

2015年4~5月,蚌埠市卫计委分3次组织发布公告,进行药品采购。其中,在2015年4月10日发布的《蚌埠市公立医疗机构临床用药单品种带量采购询价公告》(皖C-2015-CG-X-111)中,不仅确定了30种药品的品种、规格和剂型,还直接确定了生产企业,排除和限制了同种药品不同生产企业之间的竞争,不利于通过市场竞争形成合理价格,违反了《反垄断法》第三十二条"行政机关和法律、法规授权的具有管理公共事务职能的组织不得滥用行政权力,限定或者变相限定单位或者个人经营、购买、使用其指定的经营者提供的商品"和第三十七条"行政机关不得滥用行政权力,制定含有排除、限制竞争内容的规定"要求。在2015年4月10日发布的市区组竞争性磋商公告(皖-2015-CG-C-112)和5月22日发布的三县组竞争性磋商公告(皖-C-2015-CG-C-168)中,对本地和外地经营者设置不同的资质要求:在112号公告中,要求"市外投标企业2014年销售额不低于20亿元人民币,本市企业2014年销售额不低于4000万元人民币",对本地和外地经营者的规模要求相差近50倍;在168号公告中,要求"市外投标企业年销售额(不含税)不低于5亿元人民币,本市企业年销售额(不含税)不低于2000万元人民币",对本地和外地经营者的规模要求相差约25倍。同时,在外地和本地相关经营者数量明显存在巨大差别的情况下，两次招标均明确规定外地和本地同样数量的经营者中标，保护本地相关经营者的意图明显。相关做法排除了外地潜在投资者，不利于促进相关市场充分竞争，控制药品虚高价格，涉嫌违反《反垄断法》第三十四条和第三十七条的要求。

2015年8月17日，国家发改委依法向安徽省人民政府发出执法建议函，建议其责令蚌埠市卫计委改正相关行为，并对本省药品在集中采购中是否还存在其他违反《反垄断法》的排除限制竞争行为，总体上予以清理和规范。

案例五：四川省卫计委行政垄断案。

2015年，国家发改委根据举报，对四川省卫计委在组织实施本省药品集中采购工作中，实施地方保护行为，损害了相关市场的公平竞争一事进行调查。发现：一是于2013年印发《四川省医疗机构药品阳光采购管理暂行办法》，对医疗机构采购本省药品比例进行考核，对未达到比例要求的采取一定的惩罚措施；二是在2014年药品挂网采购中，禁止全国均未挂网/中标的外地药品挂网，而相同条件下的本地药品可以参与挂网，限制此类外地药品进入本省市场；三是在2015年8月公布的《2015年四川省公立医院药品集中分类采购实施方案（征求意见稿）》中，通过经济技术标准评审中给本地企业额外加分、本地企业可以不占指标单独入围商务标评审等方式，重点支持本地药品生产企业参加双信封招标。上述做法妨碍了商品在地区间的自由流通，破坏了外地和本地企业之间的公平竞争，分别属于《反垄断法》第三十三条第四项所列"设置关卡或者采取其他手段，阻碍外地商品进入或本地商品运出"和第三十四条所列"以设定歧视性资质要求、评审标准或者不依法发布信息等方式，排斥或者限制外地经营者参加本地的招标投标活动"行为。

在国家发改委调查后，四川省卫计委高度重视，立即承诺采取措施进行整改，纠正相关违法行为，恢复相关市场的公平竞争秩序：一是重新发布《2015年四川省公立医院药品集中分类采购实施方案（征求意见稿）》，取消涉及地方保护的规定；二是允许2014年未挂网的药品生产企业参加2015年药品招标采购；三是将在2015年实施方案公布执行后，立即对《2013年药品阳光采购管理办法》进行修订,删除采购本省药品占比的考核要求。

案例六：浙江省卫计委行政垄断案。

2015年,国家发改委根据有关举报对浙江省卫计委在药品集中采购中,涉嫌违反《反垄断法》、滥用行政权力排除限制竞争行为进行了调查。

调查发现,浙江省卫计委在2014年度两批药品集中采购中,涉嫌指定交易和实施地方保护,排除和限制了相关市场竞争。具体包括：一是在《浙江省2014年药品集中采购（第一批）实施方案》和《2014年浙江省普通大输液集中采购方案》的经济技术标评审项目中,专门针对本地企业设定"浙江省应急储备定点品种""浙商返乡投资新建药品生产企业""省级政府技术创新综合试点企业"等加分项目,外地企业无法获得此类加分,使外省企业无法获得与本省企业平等加分机会,一定程度上限制了外省企业与本省企业的公平竞争。二是第二批采购将招标范围限定为在药品集中采购平台上有历史交易记录的产品,即2010—2011年的中标企业和中标产品,导致之前未中标企业及其他药品生产企业和新产品无法参与此次采购。上述做法限制了相关市场的公平竞争,分别属于《反垄断法》第三十四条和第三十二条的行为。

在国家发改委调查后,浙江省卫计委积极采取措施进行整改,承诺在本轮招标标期结束后（2016年5月20日）,按照《国务院办公厅关于完善公立医院药品集中采购工作的指导意见》（国办发〔2015〕7号）和《国家卫生计生委关于落实完善公立医院药品集中采购工作指导意见的通知》（国卫药政发〔2015〕70号）要求,开展新一轮药品集中采购,保障医疗卫生机构所需药品均有资格参与投标,纠正对外省企业设置歧视性指标的做法。

（注：以上六个案例材料均摘自胡祖才主编：《〈中共中央国务院关于推进价格机制改革的若干意见〉学习读本》,人民出版社,2016年版,第350~359页。）

2. 经济垄断及应对之策

所谓经济垄断,又称市场垄断,是指经济活动中经营者达成或实施垄断协议行为、滥用市场支配地位行为,排除、限制竞争,违背公平竞争原则。市场竞争过程中通过优胜劣汰会使优势企业越做越大并逐步走向垄断，大企业为追逐超额利润会寻求相互之间达成协议价格同盟破坏竞争，削弱竞争给市场带来的活力，妨碍经济发展，不利于提高人民群众的福利。随着市场经济的发展，反垄断将越来越注重和着力反对并查处经济垄断或市场垄断。

根据《反垄断法》第十三条第二款的规定，垄断协议是指排除、限制竞争的协议、决定或者其他协同行为。其中，协议是指两个或者两个以上的经营者通过书面协议或者口头协议的形式，就排除、限制竞争的行为达成一致意见；决定是指行业协会、企业集合体或者其他形式的企业联合体以发布决议的形式，要求成员企业共同实施的排除、限制竞争的行为；其他协同行为是指经营者之间虽然没有达成书面或者口头方面的协议，但相互进行了意思联络，心照不宣地共同实施排除、限制竞争的行为。按照参与协议的主体不同，垄断协议分为横向垄断协议和纵向垄断协议。前者指处于生产或者销售同一层次的经营者之间如生产商之间、批发商之间、零售商之间，达成或实施的协议；后者指在生产或者销售中处于不同层次的经营者之间如生产商与批发商之间、批发商与零售商之间达成或实施的协议。不论横向的还是纵向的垄断协议，均对市场公平竞争造成严重损害，均遭到各个市场经济国家和地区的有力打击，处罚极为严厉，有的甚至处予几百亿美元的罚款。最近几年，我国有关部门在查处垄断协议方面也有新进展，从而有力地规范了市场秩序，维护了公平竞争的市场环境，保护了广大生产经营者和消费者的权益。

滥用市场支配地位行为，也是反对垄断的另一着力点。我国《反垄断法》第十七条第二款规定："本法所称市场支配地位，是指经营者在相关市场内具有能够控制商品价格、数量或者其他交易条件，或者能够阻碍、影响其他经营者进入相关市场能力的市场地位。"经营者如果不当地利用了其已合法取得的"市场支配地位"或"垄断地位"，实施《反垄断法》第十七条第一款规定的一系列禁止性行为，则涉嫌违法，会受到《反垄断法》的制裁。

据有关部门介绍，滥用市场支配地位行为包括以下几种。①以不公平的高价销售商品或者以不公平的低价购买商品。②没有正当理由，以低于成本的价格销售商品。指具有市场支配地位的企业在一段时间内以低于成本的价格销售商品，待同行经营者财力耗尽被排挤出相关市场后,开始提价销售的行为。目的主要是将竞争对手排挤出相关市场或者阻止新的竞争对手进入相关市场。③没有正当理由,拒绝与交易相对人进行交易。拒绝交易行为是指制造商、批发商、零售商没有正当理由拒绝向下游购买者出售商品。④没有正当理由,限定交易相对人只能与其交易或者只能与其指定的经营者进行交易。⑤没有正当理由搭售商品,或者在交易时附加其他不合理的交易条件。这种行为是指具有市场支配地位的经营者强迫交易相对人购买从性质、商业习惯上均与合同无关的商品。⑥没有正当理由,对条件相同的交易相对人在交易价格等交易条件上实行差别待遇。⑦国务院反垄断执法机构认定的其他滥用市场支配地位的行为。

由于滥用市场支配地位会破坏市场秩序,妨碍公平竞争,所以,必须依据《反垄断法》予以纠正和查处。最近几年,反垄断执法机构对一些滥用市场支配地位的行为进行了查处,在社会上产生了较大的正面的影响,有力地维护了公平竞争的市场秩序,维护了生产经营者和消费者的正当权益。

以下是近几年受到查处的搞垄断协议和滥用市场支配地位的一些比较典型的案例。

案例一:8家汽车零部件企业横向垄断协议案。

2000年1月至2010年2月,日立、电装、爱三、三菱电机、三叶、矢崎、古河、住友8家日本汽车零部件生产企业为减少竞争,以最有利的价格得到汽车制造商的零部件订单,在日本频繁进行双边或多边会谈,互相协商价格,多次达成订单报价协议并予实施。价格协商涉及中国市场并获得订单的产品包括起动机、交流发电机、节气阀体、线束等13种。经价格协商的零部件用于本田、丰田、日产、铃木、福特等品牌的20多种车型。截至2013年底,当事人经价格协商后获得的与中国市场相关的多数订单仍在供货。

8家汽车零部件企业达成并实施的汽车零部件的价格垄断协议,违反了《反垄断法》第十三条禁止具有竞争关系的经营者达成"固定或者变更商品价格"垄断协议的规定,排除、限制了市场竞争,不正当地影响了我国汽车零部件及整车价格,损害了下游制造商的合法权益和我国消费者的利益。

国家发改委依据《反垄断法》第四十六条、第四十九条规定对上述8家企业予以处罚,对主动提供重要证据的相关当事人适用了《反垄断法》减轻或免除处罚的条款。第一,对第一家主动报告达成垄断协议有关情况并提供重要证据的日立,免除处罚。第二,对第二家主动报告达成垄断协议有关情况并提供重要证据的电装,处上年度销售额4%的罚款,计1.5056亿元。第三,对只协商过一种产品的矢崎、古河和住友,处以上一年销售额6%的罚款,分别是2.4108亿元、3456万元、2.904亿元。第四,对协商过两种以上产品的爱三、三菱电机和三叶,处以上一年度销售额8%的罚款,分别是2976万元、4488万元、4072万元。

案例二:4家轴承企业横向垄断协议案。

2000年至2011年6月,不二越、精工、捷太格特、NTN 4家轴承生产企业在日本组织召开亚洲研究会,在上海组织召开出口市场会议,讨论亚洲地区及中国市场的轴承涨价方针、涨价时机和幅度,交流涨价实施情况。当事人在中国境内销售轴承时,依据亚洲研究会、出口市场会共同协商的价格或互相交换的涨价信息,实施了涨价行为。这违反了《反垄断法》第十三条禁止具有竞争关系的经营者达成"固定或者变更商品价格"垄断协议的规定,排除、限制了市场竞争,不正当地影响了我国汽车零部件及整车、轴承的价格,损害了下游制造商的合法权益和我国消费者的权益。

国家发改委依据《反垄断法》第四十六条、第四十九条规定对这4家企业予以处罚,并对主动提供重要证据的相关当事人适用了减轻或免除处罚的条款。第一,对主动报告达成垄断协议有关情况并提供重要证据的不二越,免除处罚。第二,对主动报告有关情况并提交涉及中国市场所有证据和销售数据的精工,处以上一年度销售额4%的罚款,计1.7492亿元。第三,对2006年9月退出亚洲研究会但继续参加中国出口市场会议的NTN公司,处以上一年度销售额6%的罚款,计1.1916亿元。第四,对提议专门针对中国市场召开出口市场会议的捷太格特,处以上一年度销售额8%的罚款,计1.0936亿元。

第八章
竞争是社会主义市场经济内在机制

案例三：8家滚装货物国际海运企业横向垄断协议案。

根据相关企业提供的线索，国家发改委于2014年8月起对日本邮船株式会社、川崎汽船株式会社、株式会社商船三井、威克滚装船务有限公司、华轮威尔森物流有限公司、智利南美轮船有限公司、日本东车轮船有限公司、智利航运滚装船务有限公司8家滚装货物国际海运企业涉嫌垄断行为进行调查。相关证据显示，8家涉案企业在往返于中国与其他国家和地区的滚装货物（包括汽车、卡车以及工程机械等）海运服务市场上，存在互不侵犯既有业务以维持或抬高运费水平的共识，并针对滚装货物制造商发出的进出口中国的海运业务招标、询价等事项，通过电话、会议、聚餐、邮件、专程拜访等方式频繁进行双边或多边沟通，交换敏感信息、进行价格协商、商讨投标意向、分配客户及航线，多次达成报高价或不报价的协议并予以实施，协助具有竞争关系的海运企业获得海运订单。

8家滚装货物国际海运企业达成并实施价格垄断协议（串通投标）的行为排除、限制了相关市场竞争，抬高了滚装货物国际海运费率，损害了中国相关滚装货物进出口商和终端消费者的利益，违反了中国《反垄断法》关于禁止具有竞争关系的经营者达成并实施固定价格、分割市场等垄断协议的规定。

根据价格垄断协议行为的违法性质、程度、持续时间等因素，国家发改委依法对8家企业分别处以各自2014年度与中国市场相关的滚装货物国际海运服务销售额不同比例的罚款。第一，对达成并实施垄断协议时间长、涉及品牌多、涉案事件多、情节严重的日本邮船株式会社、川崎汽船株式会社、株式会社商船三井，考虑到这3家海运企业主动报告了汽车等滚装货物国际海运市场达成垄断协议的有关情况并提供了重要证据，符合中国《反垄断法》第四十六条规定的宽大情节，因而对第一家适用宽大制度的日本邮船株式会社免除处罚，对第二家适用宽大制度的川崎汽船株式会社处以4%的罚款，计2398.09万元，对第三家适用宽大制度的株式会社商船三井处以7%的罚款，计3812.11万元。第二，对达成并实施垄断协议持续时间长、涉及品牌多、涉案事件多、情节严重，但提供了反垄断执法机构未掌握的有关违法事实和证据的威克滚装船务有限公司、华轮威尔森物流有限公司，综合考虑分别处以9%和8%的罚款，分别计2.84亿元和4506.13万元。第三，对达成并实施垄断协议持续时间长但涉及品牌、事件和航线数量较少的智利南美轮船有限公司、日本东车轮船有限公司、智利航运滚装船务有限公司（还具有在垄断协议中仅起到协助配合作用的情节）分别处以6%、5%和4%的罚款，分别计307.67万元、1126.86万元和119.84万元。

案例四：上海黄金饰品横向垄断协议案。

上海黄铂金行业协会分别于2007年7月、2009年1月、2009年10月、2010年2月、2011年11月21日多次组织具有竞争关系的会员单位商议制定《上海黄金饰品行业黄金、铂金饰品价格自律实施细则》（以下简称《价格自律细则》），约定了黄金、铂金饰品零售价格的测算方式、测算公式和定价浮动幅度。执法人员依照《价格自律细则》中规定的测算公式及浮动范围制作了黄金、铂金饰品零售测算价格及浮动范围表，经测算比对，老凤祥银楼、老庙、亚一、城隍珠宝、天宝龙凤5家金店黄、铂金饰品零售牌价全部落在测算公式规定的浮动范围内，并且调价时间、调价幅度以及牌价高度一致。5家金店操纵了黄金、铂金饰品价格，排除、限制了相关市场的竞争，损害了消费者的合法权益。

《反垄断法》第十六条规定，行业协会不得组织本行业的经营者从事《反垄断法》禁止的垄断行为。鉴于上海黄铂金行业协会在组织各金店达成、实施垄断协议中起到了主导作用，情节较重，社会影响较大，依法对其处以最高50万元罚款。老凤祥银楼、老庙、亚一、城隍珠宝、天宝龙凤5家金店违反了《反垄断法》第十三条关于禁止具有竞争关系的经营者达成固定或者变更商品价格的垄断协议的规定。考虑到5家金店在调查前已主动停止了违法行为，在调查过程中能够积极配合，并承诺整改，依法对它们处以上一年度涉案产品销售额1%的罚款，计1009.37万元。

案例五：茅台纵向垄断协议案。

2012年至2013年初，贵州省茅台酒销售有限公司与全国1300多家具有独立法人资格的经销商签订合同,规定经销商应当严格执行公司制定的市场零售价,公司驻各大区及各省的办事处对经销商执行市场零售价的情况进行监督和考核,对低价销售茅台酒的行为给予扣减保证金、扣减年度合同计划、暂停执行合同等处罚。2012年,贵州茅台对北京、山西、吉林、浙江、河南、广西、重庆、四川、贵州、陕西、西藏、新疆12省(区、市)的18家经销商低于市场零售价销售茅台酒的行为进行了处罚,扣减20%~30%保证金,扣减30%茅台酒合同计划,并在公司营销网络平台向全国经销商进行通报。贵州茅台酒销售有限公司通过合同约定和考核奖惩措施,对经销商向第三人销售茅台酒的最低价格进行限定,对低价销售茅台酒的行为给予处罚,达成并实施了茅台酒销售价格的纵向垄断协议,违反了《反垄断法》第十四条规定,排除和限制了市场竞争,损害了消费者的利益。

考虑到茅台酒公司接受调查后迅速对外发布公告纠正违法行为,撤销了对经销商的处罚,按照法律规定进行了整改,反垄断执法机构依法对其从轻处罚。按照《反垄断法》第四十六条、第四十九条和《行政处罚法》第二十七条的规定,国家发改委责令贵州省物价局对贵州省茅台酒销售有限公司依法处以上一年度销售额1%的罚款,计2.47亿元。

案例六:婴幼儿奶粉系列纵向垄断协议案。

2013年3~8月,根据举报,有关部门对合生元、美赞臣、多美滋、雅培、富仕兰(美素佳儿)、恒天然、惠氏、贝因美、明治等乳粉生产企业开展了反价格垄断调查。证据材料显示,2010年至2013年上半年,涉案企业均对下游经营者进行了不同形式的转售价格维持,存在固定转售商品的价格或限定转售商品的最低价格的行为。具体的措施和手段各企业有所差别,主要包括:合同约定、直接罚款、变相罚款、扣减返利、限制供货、停止供货等。这些措施和手段均具有惩罚性和约束性,一旦下游经营者不按照涉案企业规定的价格或限定的最低价格进行销售,就会遭到惩罚。涉案企业的行为均达到了固定转售商品的价格或限定转售商品的最低价格的效果,事实上达成并实施了销售乳粉的价格垄断协议,违反了《反垄断法》第十四条的规定,不正当地维持了乳粉的销售高价,严重排除、限制同一乳粉品牌内的价格竞争，削弱了不同乳粉品牌间的价格竞争，破坏了公平有序的市场竞争秩序，损害了消费者的利益。

国家发改委依据《反垄断法》第四十六条、第四十九条的规定，决定对其中6家乳粉生产企业的价格垄断行为进行处罚，共处罚款6.6873亿元。其中，对于违法行为严重、不能积极主动整改的广州市合生元生物制品有限公司处以上一年度销售额6%的罚款，计1.629亿元；对不能主动配合调查但能积极整改的美赞臣营养品（中国）有限公司处以上一年度销售额4%的罚款，计2.0376亿元；对能够配合调查，并主动整改的多美滋婴幼儿食品有限公司处以上一年度销售额3%的罚款，计1.7199亿元，雅培贸易（上海）有限公司处以上一年度销售额3%的罚款，计7734万元，富仕兰食品贸易（上海）有限公司处以上一年度销售额3%的罚款，计4827万元，恒天然商贸（上海）有限公司处以上一年度销售额3%的罚款，计447万元。对主动向反垄断执法机构报告达成垄断协议有关情况、提供重要证据，并积极主动整改的惠氏营养品（中国）有限公司及惠氏（上海）贸易有限公司、浙江贝因美科工贸股份有限公司、明治乳业贸易（上海）有限公司免除处罚。

案例七：奔驰汽车垄断协议案。

2013年1月至2014年7月，奔驰公司通过电话、口头通知或者召开经销商会议的形式，限制江苏省不同区域内E级、S级整车的最低转售价格。奔驰公司加大对经销商的考核力度，对不执行限价政策的经销商进行约谈警告、减少政策支持力度等多种方式，促使垄断协议得以实施。奔驰公司与江苏省内经销商达成并实施了限定E级、S级整车及部分配件最低转售价格的垄断协议，违反了《反垄断法》第十四条的规定，排除、限制了相关市场竞争，损害了消费者利益。另查明，奔驰汽车的苏州经销商自2010年11月至2014年7月，南京、无锡两地经销商自2014年1~7月，在奔驰公司组织下多次召开区域会议，达成并实施了固定部分配件价格的垄断协议，违反了《反垄断法》第十三条的规定。

有关部门依据《反垄断法》第四十六条、第四十九条规定，对奔驰公司处以上一年度涉案产品销售额7%的罚款，计3.5亿元。对在奔驰公司组织下达成并实施垄断协议的经销商处以上一年度涉案产品销售额1%的罚款,其中主动报告达成垄断协议有关情况并提供重要证据的经销商,依法免除或者从轻处罚。对南京、无锡、苏州三地的经销商共计罚款786.9万元。

案例八:东风日产汽车垄断协议案。

2012年至2014年7月,东风日产通过下发商务规定、价格管理办法、考核制度等方式,严格限定广东省内经销商整车销售的网上、电话和营业厅报价以及最终成交价,并于2013年对违反价格管控措施的广州经销商进行处罚。东风日产与其广东省内经销商达成并实施了固定汽车转售价格的垄断协议,违反了《反垄断法》第十四条的规定,排除、限制了相关整车的市场竞争,削弱了与其他汽车品牌的竞争,损害了消费者的利益。2012年4月至2014年7月,广州区域销售商在东风日产广州地区协会组织下,多次召开会议,达成并实施了固定相关车型价格的垄断协议,违反了《反垄断法》第十三条的规定。

依据《反垄断法》第四十六条、第四十九条规定,考虑到东风日产公司在调查过程中及时改正违法行为,减轻违法后果,且能够配合调查等情节,广东省发改委对东风日产处以上一年度涉案产品销售额3%的罚款,计1.23亿元。对达成并实施垄断协议的经销商依法处以上一年度涉案产品销售额2%~4%的罚款,共计1912万元。

案例九:高通公司滥用市场支配地位案。

2013年11月,国家发改委根据举报启动了对高通公司的反垄断调查。经调查取证和分析论证,高通公司在CDMA、WCDMA、LTE无线通信标准必要专利许可市场和基带芯片市场具有市场支配地位,实施了以下滥用市场支配地位的行为。

一是收取不公平的高价专利许可费。高通公司对我国企业进行专利许可时拒绝提供专利清单,过期专利一直包含在专利组合中并收取许可费。同时,高通公司要求我国被许可人将持有的相关专利向其进行免费反向许可,拒绝在许可费中抵扣反向许可的专利价值。此外,高通公司的无线通信标准必要专利主要体现在基带芯片组上,对于被迫接受非标准必要专利"一揽子"许可的我国被许可人,高通公司在坚持较高许可费率的同时，按整机批发净售价收取专利许可费。这些因素相互叠加，导致许可费过高。

二是没有正当理由搭售非无线通信标准必要专利许可。在专利许可中，高通公司不将性质不同的无线通信标准必要专利和非无线通信标准必要专利进行区分并分别对外许可，而是利用在无线通信标准必要专利许可市场的支配地位，没有正当理由将非无线通信标准必要专利许可进行搭售，我国部分被许可人被迫从高通公司获得非无线通信标准必要专利许可。

三是在基带芯片销售中附加不合理条件。高通公司将签订和不挑战专业许可协议作为我国被许可人获得其基带芯片供应的条件。如果潜在被许可人未签订专利许可协议，或者被许可人就专利许可协议产生争议并提起诉讼，高通公司均拒绝供应基带芯片。由于高通公司在基带芯片市场具有支配地位，我国被许可人对其基带芯片高度依赖，高通公司在基带芯片销售时附加不合理条件，使我国被许可人被迫接受不公平、不合理的专利许可条件。

高通公司的上述行为，排除、限制了市场竞争，阻碍和抑制了技术创新和发展，损害了消费者权益，违反了我国《反垄断法》关于禁止具有市场支配地位的经营者以不公平的高价销售商品、没有正当理由搭售商品和在交易时附加不合理交易条件的规定。

国家发改委依据《反垄断法》第四十七条、第四十九条规定，对高通公司上述滥用无线标准必要专利许可市场和基带芯片市场支配地位的行为作出处罚决定：

高通公司在对中华人民共和国境内的无线通信终端制造商进行无线标准必要专利许可时，应当向被许可人提供专利清单，不得对过期专利收取许可费。

高通公司在对中华人民共和国境内的无线通信终端制造商进行无线标准必要专利许可时，不得违背被许可人意愿，要求被许可人将持有的非无线标准必要专利反向许可；不得强迫被许可人将持有的相关专利向当事人反向许可而不支付合理的对价。

对为在中华人民共和国境内使用而销售的无线通信终端，高通公司不得在坚持较高许可费率的同时，以整机批发净售价作为计算无线标准必要专利许可费的基础。

高通公司在对中华人民共和国境内的无线通信终端制造商进行无线标准必要专利许可时，不得没有正当理由搭售非无线标准必要专利许可。

高通公司对中华人民共和国境内的无线通信终端制造商销售基带芯片，不得以潜在被许可人接受过期专利收费、专利免费反向许可、没有正当理由搭售非无线标准必要专利许可等不合理条件为前提；不得将被许可人不挑战专利许可协议作为高通公司供应基带芯片的条件。

上述各项责令高通公司停止的违法行为适用于高通公司的子公司及其具有实际控制权的其他公司；转让无线标准必要专利的，应当要求权利受让方承诺受上述禁止行为的限制。

高通公司在中华人民共和国境外授权的无线标准必要专利许可行为，对中华人民共和国境内市场竞争不具有显著排除、限制影响的，不适用以上决定。

经核定，高通公司2013年度在中华人民共和国境内的销售额为761.02亿元人民币（汇率按中华人民共和国国家外汇管理局公布的2013年度平均人民币汇率中间价计算）。高通公司滥用市场支配地位行为的性质严重，程度较深，持续时间较长，依法决定对当事人处以2013年度在中华人民共和国境内销售额8%的罚款，计60.88亿元人民币。

（注：以上案例摘自胡祖才主编：《〈中共中央国务院关于推进价格机制改革的若干意见〉学习读本》，人民出版社，2016年版，第329~349页。）

3. 自然垄断及应对之策

所谓自然垄断，是指随着社会经济的发展，人类社会经济活动中出现了以输送网络系统的存在为基础的网络型经济，如电网、铁路网线、输油输气管道、自来水管道、邮政网点等，在网络经济中，一家经营比多家竞争效率更高，经济学将这种现象称为市场失灵。电力、铁路、电信、石油天然气、自来水、邮政等都是自然垄断部门。但是，随着科技的进步，几乎所有自然垄断部门都会有越来越多的业务成为非自然垄断业务，如电力部门的发电业务，石油天然气部门的石油天然气采购业务、炼油业务，通信运营商可以租赁光缆等，均可以引入市场机制提高效率。中国经济改革的一项重要内容,就是要逐步放开国有控股的自然垄断部门中的竞争性业务。党的十八届三中全会《决定》指出,国有资本继续控股经营的自然垄断行业,要根据不同行业特点实行网运分开,放开竞争性业务。可以认为,国有控股的自然垄断行业中的竞争性业务,正是今后搞混合所有制改革的广阔领域。比如2014年中石化把销售板块业务的30%拿出来出售,搞混合所有制经营,就是一个比较典型的例子。这也是自然垄断行业改革的重要内容。还有,有些自然垄断业务,如城市自来水、天然气供应,也可以通过特许经营招标方式,在一定程度上引入竞争机制,以达到提高效率的目的。十八届三中全会《决定》还指出,"制定非公有制企业进入特许经营领域具体办法"。现在国内许多城市的自来水、天然气供应,都是采取特许经营的方式交给非公有制企业经营,政府主要是加强服务质量、成本价格等监管。这方面的经验已积累不少,正在不断总结,以便更好地改进工作,造福广大消费者。

第三节
反垄断仍任重道远

中国反垄断工作,包括反行政垄断和反经济垄断,近几年虽然取得一些进展,上一节也列举了一些比较典型的反垄断案例,但是,无论从健全社会主义市场经济体制的要求看,还是与成熟的市场经济国家相比,都还有相当大的差距,反垄断仍然任重道远。

首先,反行政垄断任务仍然艰巨。到现在为止,各级政府对经济活动的介入较深,政府部门常常利用手中权力,搞各种形式的行政垄断,排除和限制市场与价格竞争,帮助本地发展经济,并为本地官员取得较好的经济工作业绩。我国改革开放前实行的是以行政管理为主的计划经济体制,改革开放后,逐步引入市场竞争机制,但是,长时期实行计划经济的思维和行为习惯难以一下子完全消除。另外,为了尽快赶超经济发达国家,各级干部都热衷于把地区生产总值增速作为自己工作的主要任务,干部提拔也常常以地区生产总值增速作为最重要的标准,增速快的提拔就快,增速慢的提拔就慢甚至得不到提拔。因此,许多官员常常用行政权力,千方百计包括采取行政垄断的办法,力求本地区本部门经济增速快一些,从而破坏市场公平竞争原则。所以,现阶段在中国,各种各样的行政垄断还相当普遍,前面列举的反垄断执法机构查处行政垄断的案例,很可能只是冰山一角,这方面的任务还非常繁重且艰巨。

党的十八届三中全会《决定》明确指出:"进一步破除各种形式的行政垄断。"在深化财税改革部分,还专门指出:"按照统一税制、公平税负、促进公平竞争的原则,加强对税收优惠特别是区域税收优惠政策的规范管理。税收优惠政策统一由专门税收法律法规规定,清理规范税收优惠政策。"2015年10月,《中共中央国务院关于推进价格机制改革的若干意见》第十六条强化反垄断执法中也明确指出:"密切关注竞争动态,对涉嫌垄断行为及时启动反垄断调查,着力查处达成实施垄断协议、滥用市场支配地位和滥用行政权力排除限制竞争等垄断行为,依法公布处理决定,维护公平竞争的市场环境。建立健全垄断案件线索收集机制,拓宽案件来源。研究制定反垄断相关指南,完善市场竞争规则。促进经营者加强反垄断合规建设。"

中国的反垄断工作,最重要和最困难的在于国有控股的自然垄断行业如何逐步把竞争性业务放开,引入竞争机制。这不但要解决认识分歧问题(如有关部门负责人认为中国现阶段面临的主要问题是产业集中度不够而不是垄断妨碍竞争),更重要和更艰巨的是要打破既得利益固化问题,垄断部门的员工特别是其中的高管收入和福利畸高,打破垄断引入竞争机制会使他们的一些利益受损,很自然会受到他们的阻挠和反抗。因此,这项改革不仅要有顶层设计,其中最重要的是准确区分垄断行业中的自然垄断业务和可以放开的竞争性业务,更需要有自上而下的推动,还要适当协调好利益关系如逐步减少垄断行业奖金、缩小与其他行业职工收入差距以减少阻力。

推进垄断行业改革是国有中央企业改革的主要任务。国有中央企业是中国国有企业的主体，目前央企中最强最大的都属于垄断行业，它们拥有丰富的资源，其产出约占全国 GDP 的 1/10，在国民经济中起着举足轻重的作用。积极推进垄断行业改革，进一步开放垄断行业包括服务领域垄断行业，如在上海等自由贸易区做的那样，引入外资和民间资本，对于优化资源配置、提高整体经济效率，具有十分重要的意义和作用。

我国《反垄断法》实施后的最近两三年，由于不断加大反垄断执法的力度，并公布了一系列重大典型案件，社会影响巨大，公众期待继续加强反垄断执法，维护市场公平竞争的环境，保护消费者权益。另外，经过多年的反垄断执法实践，需要认真总结丰富的经验，对《反垄断法》进行完善，使法律更加健全，制度体系更加完善，执法机制更加有效。有关部门已提出启动修改《反垄断法》的研究工作。比如，对于《反垄断法》第七条的规定，就需要作出更为准确的表述。原规定说："国有经济占控制地位的关系国民经济命脉和国家安全的行业以及依法实行专营专卖的行业，国家对其经营者的合法经营活动予以保护，并对经营者的经营行为及其商品和服务的价格依法实施监管和调控，维护消费者利益，促进技术进步。"这其中讲的"行业"似乎需更具体和明确，最好列出一个明细的清单，如果说得比较笼统，容易扩大范围，既影响准确执法，也影响竞争性现代市场体系的建设和完善。

第九章
市场规则的统一性与开放性

市场规则的统一性与开放性，是现代市场体系的基本特征。中共中央十八届三中全会提出的现代市场体系建设，首要含义就是市场规则的统一性与开放性。2013年以来，我国在现代市场体系的统一性与开放性建设方面，先后进行了商事制度改革和负面清单制度改革，对加快建设和完善我国现代市场体系起到了至关重要的作用。

第一节
现代市场规则及其作用

市场体系演进到现代市场体系之后，早已不是自由竞争时期的放任性市场，也不是市场主体之间简单约定的市场，而是一个有着严密规则和严格规范的市场。对于一个成熟的统一市场来说，开放性、竞争性和有序性是相互统一的。这个市场在市场规则规范下，正在从区域市场向全球市场过渡，从封闭市场向无边界市场转化。

何为市场规则？简而言之，市场规则就是对市场主体行为的一系列规范、约束、处罚的总和。市场规则包括法律规范、政策规范、惯例规范、道德规范四个方面，其中前两个具有强制性或一定的强制性，后两个更多属于非强制性范畴。

强制性市场规则是保障市场经济健康运行的基本规则，主要作用表现为以下几个方面：

第一，确定市场主体行为边界。市场是供求双方博弈的场所，也是多个市场主体实现其价值或效用目的的场所,所以市场规则的第一要义是确定各个市场主体的行为边界,避免强势主体歧视甚至欺压弱势主体。如不同经济体的对等市场开放,不同竞争对手之间竞争手段的合法化等。通常情况下,市场规则对市场主体行为边界界定多采用"负面清单"方式,即只规定哪些行为违法、违规不被允许,而对法律、法规等未加界定部分则视同许可。当然,也有很多经济体的市场规则是"正面清单"与"负面清单"混搭模式,即市场规则中包括鼓励和支持的行为。从世界各市场经济体市场规则演化脉络看,主体方向是"负面清单"原则,我国在党的十八大之后也逐步由"正面清单"向"负面清单"转变。

当然,市场经济下的市场主体规模大小、能力强弱以及诉求不同,使它们之间经常出现信息透明、不充分和不对称。在此情况下,强制性市场规则还要为整个市场制定交易准则,如《中华人民共和国合同法》等,使市场主体行为准则格式化,如签约规则、效力规则、履行规则、担保规则、变更规则、终止规则、责任规则等。

第二,维护市场主体之间竞争的公平、公正和透明。强制性市场规则的规范都是公开、普适的,不能对任何符合要求的市场主体有歧视性条款。在现代市场体系下,无论是政府、企业,还是消费者,都必须遵守市场规则,不能有超越规则的主体。即使作为监管者角色的政府,也必须秉承公正立场和公共准则。

维护市场主体的有序竞争,是现代市场体系的新特点。没有竞争就会窒息市场活力,形成资源错配,而过度竞争同样会造成大量资源浪费,所以现代市场体系市场规则要维护的是有序竞争、有效竞争——不能出现市场独占者也不能任由市场主体恶性竞争。换言之,现代市场规则所要规范的市场,既要"反垄断""反不正当竞争",也要防止过度的自由放任,从而造成经济波动过大。

第三,保护市场主体的合法权益,惩处不当得利及违法违规行为。市场经济是法治经济,强制性市场规则就是法的具体化。因此,强制性市场规则的另一个重要功能是对违法违规者的处罚以及对受害者的利益补偿。如企业生产、出售了不合格的产品或服务,监管者就要依法依规进行查处,对违法违规者作出处罚,对使用该产品或服务的消费者给予必要的补偿。

非强制性市场规则一般不具有法律、法规效力，它是各类市场主体在长期的运营中形成的共识或公认的行为规范，包括一般惯例、特定风俗习惯、伦理规范、道德观念、意识形态等。非强制性市场规则不具有法律规定的直接惩罚性，是市场主体之间默认的行为规范，对调节和约束市场主体的长期行为具有重要作用。如诚信、信用、信誉等虽然不一定在强制性规则中进行一一确定，但市场主体如果不能在其行为中秉承、遵守这些规则，随着时间的推移以及行为的暴露，则会导致其在市场交易中的被动甚至是出局。

法律是成文的道德，道德是心中的法律。非强制性市场规则在调节和保障市场健康运行中发挥着独特的作用。非强制性市场规则是商业文化与商业伦理的直接反映，可以大幅度节约市场主体之间的交易成本。在一个市场框架下，市场主体彼此之间的诚信，可以促成交易的快速完成和交易规模的不断扩大，自然会进一步引致整个经济体的经济繁荣。相反，如果市场的商业文化和商业伦理不健康，到处充斥着欺骗、欺诈，市场主体之间的交易就难以达成或时间推迟、交易规模萎缩。

第二节
商事制度改革与市场统一性规则建设

2001 年我国加入 WTO 之后，市场规则的统一性规则建设一直备受重视，特别是党的十八届三中全会后，统一性规则建设进一步提速，其核心举措是商事制度改革。

1. 商事制度改革的主要内容

商事制度的核心是商事登记制度，它是当事人依据法律规定的内容和程序将营业事项向营业所所在地的登记主管机关提出申请并经登记机关审查核准，登记于商事登记簿的法律行为，是商事主体设立、变更和终止的基本法律事实，是反映商事主体信用基础和信用状况的法律形式，在性质上具有私法兼公法的二重性。

我国的新一轮商事制度改革始于2013年10月25日李克强总理主持召开的国务院常务会议。在这次会议上，李克强部署推进公司注册资本登记制度改革，主要内容包括企业设立由注册资本实缴登记制改为注册资本认缴登记制，取消了原有对公司注册资本、出资方式、出资额、出资时间等的硬性规定，取消了经营范围的登记和审批，从以往的"重审批轻监管"转变为"轻审批重监管"。

开展新的商事制度改革，主旨在于改善企业登记环节高昂的设立成本、复杂的程序以及法律的不确定性，进一步降低市场准入门槛，为大众创业、万众创新打开空间。

2. 商事制度改革的作用

从近两年实践看，商事制度改革对我国市场统一性规则建设发挥了非常重要的作用。第一，放宽市场准入，初期创业成本大幅度降低。改革红利持续释放。"先照后证"的普遍推行，注册资本"认缴制"的实行，使商事主体特别是新办的商事主体（创业者）可以更为方便、快捷地创办企业。第二，部门职责强化，后续监管自然到位。按照"谁审批谁监管"的原则，明确各许可监管部门职责，实现由重审批向重监管转变。第三，信用监管加强，社会诚信意识提高。商事主体信用信息是社会诚信体系建设一个不可或缺的组成部分。

第三节
负面清单制度与市场开放性原则建设

党的十八届三中全会之后，我国现代市场体系建设的另一大举措就是以"负面清单"为核心的开放性原则得到了快速落实。

1. 负面清单管理模式

清单管理模式，最早用于外资引进条件设置。清单包括负面清单和正面清单，前者相当于投资领域的"黑名单"，列明了企业不能投资的领域和产业，后者即列明了企业可以做什么领域的投资。清单模式的优点是让外资企业可以对照清单实行自检,对其中不符合要求的部分事先进行整改,从而提高外资进入的效率。比较公认的负面清单,是1994年生效的北美自由贸易区(NAFTA)。

改革开放以来的相当长时间内,我国对外资,甚至包括民营资本都采用行政审批制。行政审批制在保护市场的有序开放方面虽然发挥了重要作用,但它也使市场的开放性受到了很大制约。为此,我国于2013年决定先在上海自由贸易区对外商投资实施负面清单管理,即《中国(上海)自由贸易试验区外商投资准入特别管理措施(负面清单)(2013年)》。该负面清单以外商投资法律法规、《中国(上海)自由贸易试验区总体方案》《外商投资产业指导目录(2011年修订)》等为依据,列明中国(上海)自由贸易试验区(以下简称"自贸试验区")内对外商投资项目和设立外商投资企业采取的与国民待遇等不符的准入措施。

这是我国第一个推进市场开放的负面清单,按国民经济行业分类,列出18个门类,89个大类,419个中类,1069个小类,190条管理措施,约占试验区内1069个小经济行业分类的17.8%。对于未列入负面清单的外商投资一般项目,最快4天企业可以拿到营业执照、机构代码和税务登记等。对于列入负面清单的外商投资,试验区将按照原有办法进行管理。而对于未列入清单的外商投资一般项目,则将按照内外资一致的原则,把项目的核准制改为备案制,把原来合同章程的审批改为备案管理。

2. 负面清单制度的重要意义

经过一年多的试验,市场准入的负面清单制度体现出了非常好的效果。为此,国务院于2015年10月2日出台了《国务院关于实行市场准入负面清单制度的意见》(国发〔2015〕55号,此部分简称《意见》)及《关于开展市场准入负面清单制度改革试点的工作方案》。

该《意见》既是我国前期负面清单实践的总结,又是我国现代市场体系开放性原则的综合体现,是现代市场体系建设的里程碑。

从该《意见》的重大意义上看,一是确立了负面清单制度是我国的市场准入制度,充分体现了现代市场体系的开放性原则。该《意见》指出:市场准入负面清单制度，是指国务院以清单方式明确列出在中华人民共和国境内禁止和限制投资经营的行业、领域、业务等，各级政府依法采取相应管理措施的一系列制度安排。市场准入负面清单以外的行业、领域、业务等，各类市场主体皆可依法平等进入。

二是厘清了市场在资源配置中的决定性作用和政府监管市场的边界。正如《意见》所说：通过实行市场准入负面清单制度，赋予市场主体更多的主动权，有利于落实市场主体自主权和激发市场活力，有利于形成各类市场主体依法平等使用生产要素、公开公平公正参与竞争的市场环境，有利于形成统一开放、竞争有序的现代市场体系，将为发挥市场在资源配置中的决定性作用提供更大空间。而通过实行市场准入负面清单制度，明确政府发挥作用的职责边界，有利于进一步深化行政审批制度改革，大幅收缩政府审批范围、创新政府监管方式，促进投资贸易便利化，不断提高行政管理的效率和效能，有利于促进政府运用法治思维和法治方式加强市场监管，推进市场监管制度化、规范化、程序化，从根本上促进政府职能转变。

三是打通了国内市场与国际市场统一性规则的壁垒，为中国经济深度开放创造了条件。正像《意见》指出的，实施市场准入负面清单和外商投资负面清单制度，有利于加快建立与国际通行规则接轨的现代市场体系，有利于营造法治化的营商环境，促进国际国内要素有序自由流动、资源高效配置、市场深度融合，不断提升我国国际竞争力，是以开放促改革、建设更高水平市场经济体制的有效途径。

3. 负面清单制度的看点

从《意见》及方案内容看，有以下几个方面尤其值得关注：

第一，适用对象与适用条件的开放性。这次《意见》把市场准入负面清单分成禁止准入类和限制准入类，适用于各类市场主体基于自愿的初始投资、扩大投资、并购投资等投资经营行为及其他市场进入行为。对禁止准入事项，市场主体不得进入，行政机关不予审批、核准，不得办理有关手续；对限制准入事项，或由市场主体提出申请，行政机关依法依规作出是否予以准入的决定，或由市场主体依照政府规定的准入条件和准入方式合规进入；对市场准入负面清单以外的行业、领域、业务等，各类市场主体皆可依法平等进入。在适用条件界定上，对各类市场主体涉及以下领域的投资经营行为及其他市场进入行为，依照法律、行政法规和国务院决定的有关规定，可以采取禁止进入或限制市场主体资质、股权比例、经营范围、经营业态、商业模式、空间布局、国土空间开发保护等管理措施；涉及人民生命财产安全、政治安全、国土安全、军事安全、经济安全、金融安全、文化安全、社会安全、科技安全、信息安全、生态安全、资源安全、核安全和新型领域安全等国家安全的有关行业、领域、业务等；涉及全国重大生产力布局、战略性资源开发和重大公共利益的有关行业、领域、业务等；依法可以设定行政许可且涉及市场主体投资经营行为的有关行业、领域、业务等；法律、行政法规和国务院决定规定的其他情形。

第二，制定负面清单充分体现了法治下的开放性原则。《意见》制定原则包括法治原则、安全原则、渐进原则、必要原则和公开原则。法治原则要求制定市场准入负面清单要全面落实依法治国的基本方略；安全原则要求制定和实施市场准入负面清单必须坚持总体国家安全观，遵循维护国家安全的法律法规和国家关于各领域安全的制度体系；渐进原则要求制定和实施市场准入负面清单要立足国情、循序渐进、整体规划、分步实施，取得可复制、可推广的经验后全面推开，对市场上出现的新技术、新产品、新业态、新商业模式等，要本着鼓励创新、降低创业门槛的原则，加强制度供给，寓监管于服务，不急于纳入市场准入负面清单管理；必要原则要求列入市场准入负面清单的事项应当尽量简化、确属必要；公开原则要求市场准入负面清单的制定和调整要体现公开公平公正的原则，形成稳定、透明、可预期的制度安排，保障公众的知情权和参与权。

第三，保障措施更加强调制度保障机制。如：①对市场准入负面清单以外的行业、领域、业务等，各类市场主体皆可依法平等进入，政府不再审批；②对限制准入事项，各级政府及其有关部门要根据审批权限，规范审批权责和标准，按照《国务院关于规范国务院部门行政审批行为改进行政审批有关工作的通知》（国发〔2015〕6号）和《国务院办公厅关于印发精简审批事项规范中介服务实行企业投资项目网上并联核准制度工作方案的通知》（国办发〔2014〕59号）要求，精简前置审批，实现审批流程优化、程序规范、公开透明、权责清晰；③各地区各部门要按照各司其职、依法监管的原则，加强对市场主体投资经营行为的事中事后监管。要按照简政放权、依法监管、公正透明、权责一致、社会共治原则,转变监管理念,创新监管方式,提升监管效能,优化对准入后市场行为的监管,确保市场准入负面清单以外的事项放得开、管得住。

第四,更加强调对负面清单违规行为的监管和处罚。《意见》明确要求要健全社会信用体系,完善企业信用信息公示系统,将市场主体信用记录纳入"信用中国"网站和全国统一的信用信息共享交换平台,作为各类市场主体从事生产、投资、流通、消费等经济活动的重要依据。推动建立市场主体准入前信用承诺制,要求其向社会作出公开承诺,若违法失信经营将自愿接受惩戒和限制。将信用承诺纳入市场主体信用记录。健全守信激励和失信惩戒机制,根据市场主体信用状况实行分类、动态管理,对守信主体予以支持和激励,对失信主体在投融资、土地供应、招投标、财政性资金安排等方面依法依规予以限制。将严重违反市场竞争原则、扰乱市场经济秩序和侵犯消费者、劳动者、其他经营者合法权益的市场主体列入"黑名单",对严重违法失信者依法实行市场禁入。

附录

关于开展市场准入负面清单制度改革试点的工作方案

第一条 按照《中共中央关于全面深化改革若干重大问题的决定》关于"实行统一的市场准入制度,在制定负面清单基础上,各类市场主体可依法平等进入清单之外领域"和《国务院关于促进市场公平竞争维护市场正常秩序的若干意见》(国发〔2014〕20号)关于"改革市场准入制度"的要求,国务院决定选择部分地区开展市场准入负面清单制度试点。为正确、有序、协调地推进这项改革,现制定本方案。

第二条 市场准入负面清单制度,是指国务院以清单方式明确列出在中华人民共和国境内禁止和限制投资经营的行业、领域、业务等,各级政府依法采取相应管理措施的一系列制度安排。市场准入负面清单以外的行业、领域、业务等,各类市场主体皆可依法平等进入。

第三条　本方案适用于国务院批准的开展市场准入负面清单制度改革试点的地区。未纳入试点的地区，仍然实行现行管理模式。

第四条　试点应当遵循简政放权、依法监管、公正透明、权责一致、社会共治的原则，处理好政府和市场的关系，使市场在资源配置中起决定性作用和更好发挥政府作用。制定市场准入负面清单，应当遵循法治、安全、渐进、必要、公开的原则。

试点地区要把制度创新作为核心任务，把形成可复制、可推广的制度性经验作为基本要求。

第五条　试点地区省级人民政府根据发展改革委、商务部牵头汇总、审查形成的市场准入负面清单草案（试行版），提出拟试行市场准入负面清单制度的方案，报国务院批准后实施。

试点地区在探索市场准入负面清单的制定、实施和调整程序的同时，要不断深化相关改革，建立健全与市场准入负面清单制度相适应的准入机制、审批机制、监管机制、社会信用体系和激励惩戒机制、信息公示制度和信息共享制度、投资体制、商事登记制度、外商投资管理体制，营造公平交易平等竞争的市场环境，对完善与市场准入负面清单制度相应的法律法规体系提出建议。

试点期间，各类市场主体不得投资经营禁止准入类清单所列的行业、领域、业务等；各类市场主体投资经营限制准入类清单所列的行业、领域、业务等，按照法律、行政法规和国务院决定的有关规定，经过审批或其他方式的行政确认后方可进入。负面清单以外的行业、领域、业务等，各类市场主体皆可依法平等进入，政府不再审批。要坚持放管结合，有关部门要统筹考虑国家安全、生态环境、群众利益、安全生产等方面的因素，完善综合考量指标体系，落实企业首负责任，依法加强监管，建立安全审查监管追责机制，形成政府监管、企业自治、行业自律、社会监督的新格局。对属于市场准入负面清单的事项，可以区分不同情况探索实行承诺式准入等方式，进一步强化落实告知性备案、准入信息公示等配套措施。

试点期间，试点地区省级人民政府要根据改革进展情况和各类市场主体反映的突出问题，提出调整市场准入负面清单的建议，报国务院批准后实施。

第六条 试点期间,试点地区省级人民政府可以根据实行市场准入负面清单制度的需要,经国务院授权或同意后,暂时调整《产业结构调整指导目录》《政府核准的投资项目目录》等有关规定。涉及暂停有关法律、行政法规或其相关条款实施的,按法定程序办理。

第七条 试点地区省级人民政府要加强组织领导和统筹安排,建立流程管理、预警预报、信息反馈、动态绩效考核等工作机制,完善配套政策措施,确保改革取得实质性进展。

第八条 发展改革委、商务部牵头负责市场准入负面清单制度改革试点的指导、协调、督促、评估等工作,重大情况和重要问题及时报告国务院。有关部门要加强与试点地区的工作对接,将优化市场准入管理的改革措施放到试点地区先行先试。

第九条 试点地区要及时总结经验,善于发现苗头性、倾向性、潜在性问题,及时纠正偏差、完善政策,扎实推进工作,确保按期完成改革任务。

试点地区省级人民政府应当定期向国务院提交改革试点情况报告。中期评估报告应在改革试点满一年之日起一个月内提交;总结报告应在改革试点期满之日起两个月内提交。

试点期间,发展改革委、商务部要牵头组织开展第三方评估,对改革执行情况、实施效果、取得的经验、存在的问题、影响因素等进行客观调查和综合评价,提出完善和改进的意见。试点地区在中期评估、总结评估时,应当优先采用第三方评估方式。

第十条 本方案由发展改革委、商务部负责解释。

第十一条 本方案自2015年12月1日起施行,有效期至2017年12月31日。

第十章
市场竞争规则

市场组织的竞争性是现代市场体系有效性的保障条件之一。按照十八届三中全会提出的建设现代市场体系的要求,保护市场组织的公平竞争和有效竞争,将是我国现代市场体系建设的重要组成部分。

第一节
竞争与效率

任何一种经济体制、一种社会制度,都广泛存在着竞争。竞争的优劣以及竞争格局形成的前提直接决定着竞争有无效率。所以,评价一种经济体制是否优于另一种经济体制,其判别标准也仅在于这种经济体制下所形成的竞争能否激发出经济主体的活力,更为有效地促进经济的发展和社会的进步。

传统的高度集中型的计划经济体制之所以被越来越多的社会主义国家所放弃,主要原因是这种体制下所形成的竞争机制的低效率或负效率。

那么,究竟什么样的竞争才会带来经济发展的高效率呢?只有各种类型的经济主体机会均等的竞争才能产生真正的高效率。它剔除了竞争中的差别待遇,使经济主体的潜能在竞争中获得充分的发挥;它排除了坏的商业惯例,肯定了好的商业惯例——建立了一种自由、平等和公共市场的基本原则,使"人们在市场上能够自由地按照交易对手所出的价格进行买卖,任何人都应该能够自由生产、出售和买进任何有可能生产或出售的东西"。即只有大家都站在同等的位置进行较量,才会产生公平的富有效率的竞争。具体而言,市场竞争中的机会均等或公平,实际上是承认所有投资者、购买者、售卖者的平等地位,不论这些主体的外在形式是中央政府、地方政府、企业,抑或是个人,都具有同样进出市场的竞争权利。在市场竞争中,市场规则及市场裁判必须以公正、自由、平等为准则,并不保证竞争中任何一方是绝对的优胜者或失败者。我国要建立的市场经济体制,就是要形成公平而富有效率的市场竞争机制,以取代传统的行政竞争机制。

第二节
竞争机制的作用形态

通过各市场主体之间公平而自由的竞争,使社会经济资源在各产业部门之间适当分配,各生产部门不断提高劳动生产率,不断提高商品质量和降低价格,增加社会公众的利益。反之,如果经济运行中广泛呈现出垄断组织和通过不正当的市场交易方法阻碍公平而自由的竞争,则不仅限制竞争会人为地提高价格使物价上涨,而且摆脱竞争压力的有关企业会不注意改善经营管理,使经营成本增高,同样会间接地对物价发生不良影响。所以,竞争机制的正常运转是市场经济制度建立的前提。因为市场经济是一个竞争制度的体制,它"是一架精巧的机构,通过一系列的价格和市场,发生无意识的协调作用。它也是一具传达信息的机器,把千百万不同个人的知识和行动汇合在一起。虽然不具有统一的智力,它却解决着一种可以想象到的牵涉到数以千计未知数和关系的最复杂的问题"。市场是商品生产者、经营者和消费者利益冲突、实现的场所,竞争机制是这种利益分配的重要工具之一。进入市场的每个市场主体,都是不同的利益集团或个人,他们作为卖者或买者,为了实现自己的利益,就必须密切注意市场动向,关心市场行情,通过竞争在交换中不仅实现自身的近期利益,而且要使这种利益经常地保持下去。利用市场机制,就是为企业提供平等的竞争环境,保护竞争。市场的竞争机制,调动着市场运行主体,经常保持着最佳的生产和营销状态,引导消费者的消费趋向,使各方面利益在竞争中达到均衡。竞争机制为市场主体提供平等的市场机会，如果企业善于把市场机会转变为企业机会，那么在竞争中必然处于优势地位。要竞争就有淘汰，没有淘汰也就没有创新，只有通过竞争机制，才能使社会资源得以达到最优配置，才能激发起市场主体对自身利益的强烈关心，才能使企业的内在动力转化为企业的活力。

竞争既包括买者与卖者之间的竞争，又包括买者之间和卖者之间的竞争，这些由竞争而结成的市场主体之间的关系就是竞争机制。在一个竞争机制充分展开的市场里，尽管市场主体之间的决策都是分散进行的，但由于市场竞争的作用，这些市场主体不得不适应市场竞争规律。

企业在进行市场活动时，首先是与买者的竞争。企业进入市场，就必须接受买者的检验、挑选甚至挑剔，企业产品如果被买者所拒绝，那么企业的市场条件就会丧失。企业作为卖者与买者的竞争，主要表现为买者约束。一般情况下，当市场上买者群小，市场需求量收缩时，买者选择、回旋余地大，挑剔性强，企业产品销售出现困难，很多企业被迫撤出市场竞争，市场表现为买方市场。但是，当市场买者群大，市场需求规模大时，买者选择余地小，产品销售较为容易，市场表现为卖方市场。

其次是卖者之间的竞争。企业在市场营销活动中，不仅受到来自买者的竞争，而且还有来自卖者的竞争。卖者竞争包括同类卖者竞争和非同类卖者竞争。同类卖者竞争主要是指生产同类产品的企业，在市场营销中争夺市场时受到的压力。当竞争对手力量强大，也就是资金雄厚、采用高新技术、产品质量好、宣传和服务良好时，企业的压力系数逐渐达到极限。此时企业有三条竞争策略可供选择：一是改变生产结构，退出该产品市场，避开竞争对手的锋芒，另图发展，但这样会使企业原有的大量专用设备闲置，尤其是在市场不完善的情况下，闲置设备的存量调整发生困难，会造成企业转产风险，特别是对那些大企业来说，选择转产并非良策。二是与竞争者进行针锋相对的竞争，这种方式虽然可以促使企业更加注意改善管理和经营，但由于对方也会更加谨慎，所以容易造成两败俱伤，甚至有被对方吞掉的危险，没有相当实力的企业一般不会选择这个策略。三是与竞争对手达成协议，分割市场。这种方式实际上是一种卖者垄断，是为了避免力量相当的竞争对手两败俱伤。它往往适用于那些竞争对手较少，且力量相当的具有一定垄断性质的产品。如果竞争对手很多，那么，通过达成协议来分割市场是不可能的。在卖者竞争中，非同类卖者竞争也是不容忽视的。由于大多数产品，特别是消费品的替代性比较大，所以，当市场价格发生急剧变化时，人们会选择替代品。当然，当市场价格大体相同时，人们的消费习惯在选择中会起很大作用。

再次是买者之间的竞争。在市场供求格局一定的情况下，其竞争的激烈程度很大程度上取决于同构型市场组织和个人消费水平的分布状况，即如果广大买者的消费层次过于集中，那么，市场的竞争就趋于激烈，反之则相反。消费层次的分布状态与市场是一种正相关关系。

竞争机制分为完全竞争机制和非完全竞争机制。完全竞争机制是一种理想的机制，它只有在任何市场主体在市场上所占的份额都大到能对市场价格施加影响的地步才能实现，而这是不可能的。在市场活动中，个人在这里不过是作为社会力量的一部分，作为总体的一个原子在发生作用，并且也就是在这个形式上，竞争显示出生产和消费的社会性质。非完全竞争机制是市场竞争机制运行的常态，一切经济生活都是竞争成分与垄断成分的混合物，社会所能争取的仅仅是最接近于完全竞争的状态。

由于竞争机制的公正性和"残酷性"，即使在微观经济层次，竞争也并不总受到欢迎。萨缪尔森说：企业家、农民和劳动者既喜欢竞争又不喜欢竞争。当竞争使我们能扩充自己的市场时，我们都喜欢它，但当它对我们不利时，我们就说它是"欺骗的""不公道的"和"破坏性的"。工人生活的好坏取决于市场上劳动价格的大小，当竞争带来压低工资的威胁时，劳动者可能会发出最早的呼喊。农民集团了解竞争给农产品所带来的后果，他们经常对政府施加压力，以便限制生产，从而提高价格。可见，竞争机制并不以人们的好恶而失去作用，它是根据市场主体之间的经济活动而客观地发挥调节作用的，每个市场主体都要经历竞争机制的筛选。

影响竞争机制正常发挥作用的主要危险来自垄断。一个社会经济体系要保证有效运行，就要求始终保持其经济细胞——企业的合理规模和适当数量。任何经济组织，当它规模巨大形成垄断时，它就可以控制市场价格、抑制竞争，窒息整个经济的活力。这时,这些大垄断企业往往不是通过提供优质产品和良好的服务,从正常的市场经营中获取利润,而是凭借其垄断地位获取平均利润和超额利润。实践已经证明垄断对经济发展的危害性,它窒息技术进步,人为地造成短缺,使许多资源不能被充分利用。不过,我们说一个有效的竞争机制必须是反垄断的,并不等于说我国现有企业规模过大。我国的垄断不是经济组织的垄断,而是国家行政组织对经济的垄断,目前完善和培育市场机制,首先应该打破国家的垄断,发展市场竞争。我国目前的企业还远未达到垄断规模,大多数企业都还没有实现规模经济,需要有一个大发展,才能增强企业的竞争能力。垄断和竞争是一对此消彼长的矛盾体。市场机制运行的有效性来源于竞争机制的动力,反对垄断,意在竞争。

影响竞争机制正常运行的另一个危险是交易方法的非市场化。竞争机制是市场机制的最主要部分,它的作用基础是统一市场规则下的交易主体。如果交易行为是非市场性质的,比如通过行政手段或人际关系进行的"交易",一开始就把市场主体划分成若干个特指的对象,分成许多等级,这就使市场主体间机会不平等,竞争机制没有发挥作用前,优劣、胜败已分,根本不可能起到激励、推动、约束企业积极进行市场营销活动的作用,市场竞争也就流于形式。市场机制不发挥作用,非经济因素就会乘虚而入,诸如贿赂、拉关系就可能代替正常的市场交易,使竞争机制失去作用基础。

第三节
存在异化现象的市场竞争

概述了一般的市场竞争机制后,当我们把分析的视角转向中国20世纪80年代中后期至21世纪10年代初的经济运行现实时,就会发现——我们期望的公平而富有效率的市场竞争机制存在被原有体制以及一些非体制因素异化的现象。

(1) 各种无序性市场活动干扰了市场的正常发育,竞争机制存在非市场化现象。如存在自由市场中的非法交易和各种欺诈行为,以及"灰市场"(加上回扣)和市场竞争中的"犯规"等。

(2) 人际关系的渗透和人际组织的发育,使市场主体身份不明,公平的市场竞争中渗入"关系"竞争和"身份"竞争。在较长时期内,中国的市场组织具有浓厚的行政色彩,独立性很差,依附性极大,企业的行政等级森严,财产占有、资源占有和税率标准各异,产权关系十分模糊。改革以来,市场竞争受到企业原有身份和行为规范的影响,一部分竞争者具有超经济背景,市场主体并非在同一起跑线上。某些背景、身份的企业或公司不顾及市场交易规则和起码的信誉,对市场份额展开了最大限度的无规则拼抢,出现了"循环倒卖,循环加价"的现象,不仅增加了社会交易费用,而且扰乱了市场秩序。

(3) 市场力量与行政力量双向渗透,经济运行中存在行贿、受贿、索贿等腐败现象,增加了市场竞争的不公平性。在经济转轨时期,大一统行政控制的松弛,市场竞争机制功能的不健全,给各种市场力量与行政力量的双向渗透予可乘之机。

(4) 市场参数作用机制各异,经济总水平不稳,各类市场的发育相互影响。价格、利率、工资等市场参数本来应该由市场自然形成,但我国的市场参数却受不同机制左右,使市场竞争信号指向各异。价格上既有计划牌价、自由市场价,又有"灰市价"(加上回扣)等;收入上既有个体经济、私人经济的自由收入制度,又有由行政限定的工资制度,还有由"身份""等级"决定的工资含金量的差别收入机制。由于市场参数的混乱和相互影响使市场发育不能深化,因此市场竞争机制亦悬浮在市场运行表象中,市场主体行为和客体流向出现诸多反市场化倾向。

公平的市场竞争在中国现实经济运行中在某种程度上被异化或扭曲,其成因虽然是多方面的,但核心是市场规则的不健全与非统一性。引入市场机制,建立市场经济体制,除了普遍的商品货币关系,最重要的就是依据法律、法规建立起与市场经济相适应的统一的市场规则,使市场组织的行为市场化、规范化。但由于我们面向市场的改革是在法律、法规不健全、不完善,尤其是执行不力的情况下进行的,因此对市场机制的运行缺乏制度性约束,结果使经济呈现某种混乱。

市场规则的不健全,还使市场组织不能在同一基点上起跑,市场不能较为准确地评价市场组织的功能；市场规则的不统一，造成了市场组织行为的混乱，政策中的区别对待（如完全进入市场、不完全进入市场的企业等）使经济运行中的"撞车"事故不断增加，经济效益在相互摩擦中不断消耗。

第四节
竞争类型与垄断竞争目标的择定

考察或评价一个社会的经济结构是否优化，主要标志就是看其有无效率和效率高低。当一种社会经济结构的效率完全高于其他存在的或潜在的经济结构的效率时，说明该社会经济结构是优化的。同样的标准，也适合于对市场竞争的分析。一般来说，按市场性质和结构划分，主要有完全竞争市场、垄断市场和垄断竞争市场。

1. **完全竞争市场**

完全竞争又称纯粹竞争，它的实现至少包括三个方面：一是大量的卖者；二是产品的一致性；三是自由进入与退出市场。所谓大量的卖者，主要是指市场上存在着为数众多的中小工商企业，它们的数目足以达到使每个厂商都能相信自己无论生产多少产品都不能左右甚至影响市场价格。这时商品和生产要素的价格完全由市场供求决定，价格对企业来说是外生的，既定的，企业在"看不见的手"指挥下相互进行竞争。

产品的一致性是完全竞争市场的另一要素，它是指购买者对购买任何厂商（企业）的产品都无所谓，也唯有如此，市场上的同一产品才有同一个价格。价格的一致性，除产品的质量、形式、包装、广告宣传一致外，买者的主观效用评价亦要一致。如果买者对不同企业生产的同一类产品的主观效用评价不一致，他就会在非同类企业的产品上支付不同的价格；或者，一个企业能够设法使买者购买他的产品而不购买其他企业的同样产品，该企业就能通过调整产品产量以影响价格，这也就破坏了完全竞争的市场状态。

自由进入或退出市场，是保证完全竞争的又一重要条件。自由进入或退出市场，不仅包括通过社会法令和法律，认可和允许所有人创办企业从事商品生产和经营，也包括对任何以经济的或非经济的手段对他人进入或退出市场的干预的限制，甚至对某一市场的投资亦不受其资本量所限。也就是说，只有存在自由进入与退出市场的原则，现有的工商企业才不会影响市场价格，也只有对限制他人进出市场的行为进行限制，才能保证竞争的充分性和纯粹性。

完全竞争市场是一种古典式的市场，它能否成为现在的市场竞争模式呢？这个问题在国际上仍存在很大争议。有人说，"市场经济不能和自由竞争制度分割开来；没有了自由价格的作用，它也就无从进行。谁要排除自由价格的作用——不管是由政府，或者是由工业组织通过卡特尔创议的——都会扼杀竞争，而且使经济停滞"。至今仍坚持完全竞争的经济学家认为：①在完全竞争的长期均衡下，各厂商能够提供最低可能的价格和最大可能的产量，而所有消费者愿意支付的价格会等于所供应的产品的边际成本；②在长期中企业只能获取正常利润，所以工业也只使用适当数量的资源，避免资源的无益耗损；③各种资源能作最大生产效能的使用，因为此时的平均成本是最低的；④广告费用成为毫无意义的支出，因为企业在市场上可能出售任何他愿意出售数量的产品。但是，更多的经济学家和政府经济决策者认为，完全竞争并不是最理想的市场和经济组织形态：①一致的产品不一定符合消费者的需要，对多样化的产品支付稍高的价格或许更为值得；②较高的利润刺激，对诱使企业从事于改进产品的研究和发展企业的规划，或许是很有必要的；③在许多工业领域里，只有少数大企业才能以最低的平均成本从事大规模的生产，这是众多的小规模企业所不可能做到的。

我们认为，完全竞争型的市场有其具体的适应环境，在我国作为一个短期的过渡性目标或许更为合适。因为我国的经济体制改革目前所要突破的主要是其僵滞的运行状态，倡导充分竞争有利于激发企业的活力。同时，在我国存在的企业主要以中小企业为主时，还不可能较快地产生大规模的经济组织，形成规模经济，这时完全竞争是必要的和必需的。近似于完全竞争的市场格局也确曾给我国经济的发展带来了生机和活力,尤其是以农户经济为底盘的农业经济,实行完全竞争的市场组织方式更为合适。但若把完全竞争的市场组织方式作为市场发育的长期目标,则不是理想的。完全竞争的市场以粗放经营为基础,以中小企业的活动为中心,不可避免地增大交易费用、浪费资源、耗费时间,导致企业竞争的内部不经济和外部不经济。如果从市场经济的整个发展过程进行考察,单纯的"看不见的手"的完全竞争往往引起市场波动和不稳定因素的大量积聚,最终导致周期性经济危机的爆发。在宏观经济不稳定的运动中抵消由市场竞争产生的活力,资本主义经济在20世纪初爆发的大规模经济危机,基本上宣告了完全竞争市场理想的破灭。因此,在现代西方老牌市场经济国家中,完全竞争型市场早已被淘汰、替代或改进了。

2. 垄断市场

垄断市场根据其垄断手段不同,可分为行政垄断市场和自然垄断市场。中国传统的行政性的产业组织、市场结构具有极强的垄断性,而且这种垄断既不是一般的市场垄断,也不是自然垄断,而是一种非规范的超经济的行政垄断。这种垄断主要表现为政府通过包罗万象的计划,依靠行政命令,对经济运行的宏观活动和微观活动进行全面的控制与协调。财政上统收统支,企业产品统购包销,生产资料统一分配,企业活动与生产要素流向及活动半径,不是以最短最经济为准则,而是通过各地区、各部门纵横交错的行政组织,实行国有国营式的完全垄断或独占。这种行政性的垄断,产生了中国以往经济发展的高速度与低效率、高投入与低产出,已被证明是一种缺乏效率与活力的市场。

关于行政性垄断,我们在前面已有诸多分析,现在再让我们来考察一下自然垄断或经济垄断。

自然垄断是指一家企业或一个企业集团能够控制和左右市场。垄断组织的出现以及它们滥用其市场支配地位的各种做法,对中小企业造成了很大的威胁。它们控制原料来源以及对某一商品的购买、销售、运输的价格和条件作出有利于自己的规定,以牟取高额利润,并往往通过大垄断组织之间的协议、瓜分市场、固定价格、搞掠夺性定价,以及采取对某些企业实行优惠,而对另一些企业加以歧视的做法,以达到打击和搞垮竞争对手,垄断市场的目的。市场一旦被垄断组织所控制,广大中小企业就被排斥在市场之外，扼住了卖者或生产者之间竞争的可能性和可行性，进而使消费者彻底丧失选择机会，再加之垄断组织制造的"人为稀缺"，更使买者与卖者进行竞争的条件丧失。由于垄断组织滥用其优势地位，破坏了市场竞争中的公平、自由、公开市场原则，在破坏竞争的同时也降低了经济发展的效率，不仅市场供给粗放，而且造成短缺积聚，极易引起经济波动与社会动荡，因此，为了保护市场经济下企业自由竞争的秩序，就有必要对大垄断组织进行一定的限制，防止其滥用市场优势地位破坏公平竞争。

3. 垄断竞争市场目标的择定

垄断竞争之所以被竞争法或反托拉斯法以及公众看作有效且公正的市场竞争形式，主要在于其在消除垄断组织滥用优势地位的同时又保留了组织的规模经济性。一般而言，垄断组织滥用优势地位主要表现为：①无客观上合理的理由而去妨碍其他企业参加竞争，从而严重地影响市场上的竞争；②在有效竞争的条件下该企业不大可能达到那种它当前所要求的报酬等营业条件；③企业所要求的报酬等营业条件，与它自己在其他可比较的市场上对类似的买方所提的要求相比较，对买方更为不利。市场若要保证其竞争性，就必须对垄断组织的这些行为进行制裁。

垄断竞争市场是一种卖者很多的市场，各个卖者不考虑他的竞争者对其行为的反应，好像每个卖者对别的卖者的行动无所反应，因此，市场所有卖者的行动基本一致。如果从垄断竞争的微观层次上分析，它包含这样一些内容。

第一，具有规模经济的市场主体之间的竞争是垄断竞争市场的主要形式。在这种市场上，一些产品彼此有别、生产集中程度以及市场占有率较高的股份公司或企业集团，操纵着市场的变动方向和变化方式。每一个股份公司或企业集团都往往由总公司、分公司等大大小小的企业构成。在股份公司或企业集团内部，按照一定的分工和协作关系，把许多完全竞争状态下的市场交换关系转化为企业内部的协作关系，从而减少了交换环节，节约了交易费用，达到了企业内部的规模经济。与此同时，由于市场上仍存在多个股份公司或企业集团，企业对市场的垄断受到来自竞争的遏制，形成企业之间外部的市场竞争均衡，从而保证了经济运行的活力。

第二，市场竞争的方式和行为更多地从价格竞争转向非价格竞争，主要表现为产品差别（包括产品质量、批量、品种、包装、商标、广告和服务等）上的竞争。垄断竞争下的问题要比完全竞争市场复杂得多。完全竞争市场的企业是一个价格承受者（Price-Taker），它只能按照市场流行价格出售其产品，所以价格竞争就成为企业参与市场竞争的主要手段。但垄断竞争企业不单纯是市场价格的承担者，它在出售商品时会受到其自身定价的限制，定价愈低出售量愈多。此外，在完全竞争市场下只有一种一致的产品，而垄断竞争市场上有多种产品，于是，垄断竞争企业控制市场力量的程度，主要取决于能否成功地使它的产品或劳务区别于其竞争对手的产品或劳务。由于垄断竞争市场上，企业之间的竞争主要在于产品差别方面，所以，价格竞争降到次要地位，而企业在产品质量、批量、品种、包装、商标、广告和服务等方面凭实力和效率进行的技术竞争上升为市场竞争的主要形式。

第三，国家对市场运行的间接干预有了可靠的组织结构基础。由于垄断竞争者主要是股份公司和企业集团，其规模较大，它们之间的市场竞争波动性小、稳定性或达到均衡的可能性增大，这样就便于国家对市场信息收集、整理的及时性、准确性，为政府作出正确的调控政策提供了可靠的保证。另外，由于垄断竞争市场上的竞争者规模都比较大，国家的宏观间接调控政策也能够较及时地作用于市场经济组织，通过这些政策的诱导，使市场竞争始终保持在有效竞争与市场平稳、健康的作用区间。另外，国家除通过财政政策、货币政策、收入分配政策、产业政策等间接手段调控市场，还可以通过股份参与和金融渗透等直接对产业组织进行改造或协调，调整产业结构和产业组织形式，保证市场发展的长期均衡。

如上分析，我们可以较为清晰地看到垄断竞争市场要优于完全竞争市场和垄断市场，它在吸收了完全竞争激发活力与垄断组织易实现规模经济优点的同时，也抑制了由于市场组织过于分散化带来的不稳定性、不经济性和由于纯粹垄断造成的市场呆滞性。因此，垄断竞争市场是现代市场的主导形式，我国在培育市场的过程中，应该以垄断竞争市场为目标。

不过，垄断竞争市场作为培育市场竞争机制作用的底盘，在我国并不是一蹴而就的。根据我国各部门、各地区市场经济的发展水平，真正的垄断竞争市场要经历几个不同的发展阶段。

第一阶段，完全竞争下的垄断竞争。为了破除传统的行政垄断，中国的经济改革必须经过一段市场竞争主体分散化、多元化的充分竞争，唯有如此，才能使商品、货币、市场等观念植根于中国的经济、政治体制中。但是，我们不能将完全竞争时期拖得过长，要适时地引导产业组织的升级换代，向垄断竞争市场转化。在中国，农村和城镇的个体经济、私人经济，基本处在不规范的完全竞争市场阶段，下一步改革的任务就是要转化这些企业的组织结构和组织规模。

第二阶段，以行业管理为主要特征的垄断竞争。在这一阶段，通过对政府管理经济方式的变革，使工业企业、商业企业向股份公司或企业集团发展，在某些行业形成一个或几个大公司的垄断竞争格局。

第三阶段，寡头垄断竞争。这时，市场主要由巨型公司或企业操纵，形成社会经济的支柱产业，主要包括燃料、冶金、制造等工业行业。同时，为了形成寡头垄断组织之间的竞争，在同一行业尽量保证"双头垄断"，即至少有两个巨型企业的市场格局。

第五节
中国市场竞争规则的演进路径

在中国市场体系建设中，从无序到有序，从混乱到规范，《中华人民共和国反不正当竞争法》（1993年通过实施）作用重大。这部法律堪称中国市场规则的"宪法"，是界定各类市场主体行为是否正当的基本法理依据，至今并不过时。

1. 制度框架清晰

从"总则"四条内容看，它确定了社会主义市场经济中竞争的制度框架。第一，该法直接点明其立法目的是"保障社会主义市场经济健康发展，鼓励和保护公平竞争，制止不正当竞争行为，保护经营者和消费者的合法权益"。第二，明确"经营者在市场交易中，应当遵循自愿、平等、公平、诚实信用的原则，遵守公认的商业道德"。第三，明确"不正当竞争，是指经营者违反本法规定，损害其他经营者的合法权益，扰乱社会经济秩序的行为"。而经营者，包括从事商品经营或者营利性服务（以下所称商品包括服务）的法人、其他经济组织和个人。第四，对政府责任和公职人员的市场行为也给出了明确约定。如"各级人民政府应当采取措施，制止不正当竞争行为，为公平竞争创造良好的环境和条件"，国家鼓励、支持和保护一切组织和个人对不正当竞争行为进行社会监督，国家机关工作人员不得支持、包庇不正当竞争行为。

2. 对不正当竞争行为界定明确

不正当竞争行为是破坏市场"自愿、平等、公平、诚实信用原则"的大敌，所以，对不正当竞争行为的界定必须准确。

这部分内容是该法的核心部分，如第五条明确经营者不得采用下列不正当手段从事市场交易，损害竞争对手。这些禁止性行为包括：假冒他人的注册商标；擅自使用知名商品特有的名称、包装、装潢，或者使用与知名商品近似的名称、包装、装潢，造成和他人的知名商品相混淆，使购买者误认为是该知名商品；擅自使用他人的企业名称或者姓名，引人误认为是他人的商品；在商品上伪造或者冒用认证标志、名优标志等质量标志，伪造产地，对商品质量作引人误解的虚假表示。

对于来自行政垄断的行为，该法第六条和第七条分别规定：公用企业或者其他依法具有独占地位的经营者，不得限定他人购买其指定的经营者的商品，以排挤其他经营者的公平竞争；政府及其所属部门不得滥用行政权力，限定他人购买其指定的经营者的商品，限制其他经营者正当的经营活动。政府及其所属部门不得滥用行政权力，限制外地商品进入本地市场，或者本地商品流向外地市场。

3. 对不正当竞争行为执法责任权力界定准确

该法第十六条规定：县级以上监督检查部门对不正当竞争行为，可以进行监督检查。接着第十七条规定：监督检查部门在监督检查不正当竞争行为时，有权行使下列职权：①按照规定程序询问被检查的经营者、利害关系人、证明人，并要求提供证明材料或者与不正当竞争行为有关的其他资料；②查询、复制与不正当竞争行为有关的协议、账册、单据、文件、记录、业务函电和其他资料；③检查与本法第五条规定的不正当竞争行为有关的财物，必要时可以责令被检查的经营者说明该商品的来源和数量，暂停销售，听候检查，不得转移、隐匿、销毁该财物。

4. 对不正当竞争行为的法律责任界定明确

这部分内容主要体现在第二十条、第二十一条、第二十三条。第二十条规定：经营者违反本法规定，给被侵害的经营者造成损害的，应当承担损害赔偿责任，被侵害的经营者的损失难以计算的，赔偿额为侵权人在侵权期间因侵权所获得的利润；并应当承担被侵害的经营者因调查该经营者侵害其合法权益的不正当竞争行为所支付的合理费用。第二十一条规定：经营者假冒他人的注册商标，擅自使用他人的企业名称或者姓名，伪造或者冒用认证标志、名优标志等质量标志，伪造产地，对商品质量作引人误解的虚假表示的，依照《中华人民共和国商标法》《中华人民共和国产品质量法》的规定处罚。第二十三条规定：公用企业或者其他依法具有独占地位的经营者，限定他人购买其指定的经营者的商品，以排挤其他经营者的公平竞争的，省级或者设区的市的监督检查部门应当责令停止违法行为，可以根据情节处以五万元以上二十万元以下的罚款。被指定的经营者借此销售质次价高商品或者滥收费用的，监督检查部门应当没收违法所得，可以根据情节处以违法所得一倍以上三倍以下的罚款。

第十一章
市场主体发展展望

市场主体是市场经济体制的主体系统，是由各种市场经济组织构成的。市场主体的行为方式支配着市场客体的流动方向、规模和形式。考察一个经济系统的市场化程度，市场主体系统的完善程度是其重要标志。在原始或经典市场上，市场主体的成分较为单一，主要是消费者和企业（公司）；而在现代市场经济条件下，市场主体的成分越来越复杂，特别是政府在经济活动中的作用越来越强，政府自身的行为以及公共企业（准政府）的行为也更加表现为市场行为。这种变化，使市场经济的微观结构更加复杂化，从而直接影响市场机制的生成和运行方式以及市场体系的构成方式。

第一节
市场主体结构

一、概念分析

任何一个运行中的市场，都是一个或精密或松散的组织结构，它由主体结构、客体结构、时间结构和空间结构组成，市场的运行正是不断地从一种主体组合、客体组合、时间组合和空间组合过渡或转换为另一种或几种新的组合，市场要素也就在这种不断进行新的组合的过程中得到重新配置——或淘汰，或优胜，或投入，或产出……市场组合的每一种新结构的出现和形成都是市场整体功能作用的结果，其个别功能唯有通过系统的整体才能得以充分的表现。但不可否认的是：市场功能的整体优化却是以它的要素结构的分别优化为基础的，尤其是市场主体的优化，更是启动、收缩、扩张市场整体发挥作用的底盘。显然，研究市场主体的内涵，是我们分析市场主体结构以及市场其他组合关系的逻辑起点，这就要求我们分析的视角更加集中在对市场主体本身的认识上。

（1）市场主体是运行于市场，具有自我组织、自我调节、自我约束的多功能的有机生命体。市场主体作为一个有机生命体，遵从于共同的市场运行规则、共同的市场运行规律，不断通过竞争、风险、供求、价格等市场要素机制，把市场机会转化为主体机会，并力图将自身的最佳发展一直保持下去。换言之，市场主体就是监护商品或劳务进入市场的当事人，是市场关系发生的基础要素。作为监护商品或劳务进入市场的当事人，一般对商品或劳务具有四种基本权利——所有权、占有权、使用权和处置权。

一个充分的市场主体，一般情况下是这四种权利的统一者，但现代市场运行的更多情况表现为四种权利的分离，尤其是所有权与使用权的分离更是构成市场主体关系最经常的表现形态。市场主体的四种对商品或劳务权利的分离性和独立性，使得市场主体之间发生了各种权利的让渡关系。从市场主体之间发生的经济关系来看，市场的基本活动就是其经济权利的相互让渡关系。这种经济权利的相互让渡关系分为：一是所有权让渡关系，即商品或劳务在交易过程中发生彻底的主体易位；二是占有权让渡关系；三是使用权让渡关系；四是处置权让渡关系。每一种权利都是在对自己没有效用或效用较之其他权利较小时才被让渡出去，因此，这种让渡行为总是伴随着价值补偿运动。可见，以上四种权利让渡关系的明朗化和独立化，就形成了市场主体运行所赖以生存和进行的所有权市场、占有权市场、使用权市场和处置权市场。也就是说，市场主体的自我组织、自我调节、自我约束、自我扩张、自我收缩的功能，不过是市场主体间权利让渡关系在主体内部的映射，二者相辅相成，形成市场主体运行的正向与反向回路。

所谓自我组织，实际是指市场主体在收到市场信号刺激之后，能够自动地安排其组合结构，尽可能与市场变动趋势呈适应态。在这一自动重新组合过程中，市场主体要使内部的各要素系统按照一定顺序进行，并使其与外界条件相适应。所谓自我调节，是指市场主体经过自我组织之后所形成的主体内部结构及其与外部结构可能还存在着若干偏差，这时市场主体就会根据市场形势进行自动调节，直至偏差消失或不对市场主体运行构成威胁为止。所谓自我约束，是指市场主体行为要始终有利于主体的最佳发展，包括自我扩张和自我收缩两种主要职能。当市场主体认为某种市场行为对其自身发展有利时，市场主体的扩张机制就会充分展开，使整个或绝大部分市场主体的功能都服务于该市场行为。反之，当市场主体认为某种市场行为在现期或远期将对其自身发展不利时，市场主体的收缩机制也会充分展开，使整个市场主体的功能尽快退出该市场行为。市场主体自我约束中的完全自我扩张或自我收缩是两种极端情况，更为经常和普通的自我约束表现为扩张与收缩交互进行，使主体在这种动态的波动中寻求最佳发展。

（2）市场主体可以是经济组织，但它又不同于一般经济组织。一般而言，凡是具有经济职能，并且以比较利益为基准，在利己动机支配下通过交易来完成的组织或个人活动，都被称为市场活动，其当事人亦被称为市场主体。而经济组织的内涵要比市场主体大得多，只要组织的活动属于经济行为，其职能属于经济职能，就属于经济组织。我们知道，经济组织可分为市场性经济组织、行政性经济组织、人际化经济组织。市场性经济组织是指那些以比较利益为基准，在利己动机支配下，活动由市场来进行的经济组织。市场是这类组织的运行核心，组织的运行体现为市场主体运行。行政性经济组织是指那些以行政权力需要建立起来的经济组织。它服务和听命于行政中心，其活动的基准是政权的稳定与否而不是比较利益，活动的动机导源于统治集团整体利益的需要，利己被大大弱化，通行的准则不是市场交易中的等价交换，而是权力之间的上下级约束，因此，这类经济组织不构成市场主体。人际化经济组织虽然是一个新提出的组织概念，实际上早已有之，即它是指通过各种人际关系建立起来的经济组织，表面看来，它的职能、经济行为都是市场化，强烈的利己动机支配着其活动。但如果透视一下人际化经济组织的内幕，就会发现：它往往与特权联系在一起，其市场交易对象往往属于特权控制下的商品或劳务，其发展手段也往往是掠夺性的。这种组织的经济活动更确切地说不是一般商品或劳务的市场交易，而是权力的商品货币化，因此，其特殊商品——权力的监护人也就不是我们通常意义上的市场主体,而是超越市场正常活动之上的经济主体。这就是说,人际化经济组织亦不是市场主体。

(3) 市场主体与市场客体是构成市场运行的两大系统,二者密切配合,缺一不可。市场主体是市场力量的决定方。市场体系包括主体体系、客体体系和参数—规则体系,市场主体是构成市场体系最灵活、最富动力的部分。市场主体既是市场需求者的集合,又是市场供给者的集合,市场的运动正是在市场供求矛盾不断更迭的过程中向前推进、拓展,决定着市场的发展规模、发展速度和发展方向。市场客体(商品、劳动、工资、技术、信息)的市场需求量大小取决于市场主体的有货币支付能力的需求;市场客体的供给规模也取决于市场主体供给能力的提高。尤其是从较短时期考察,市场的供给能力和需求能力都是市场主体作用的结果,而不是市场客体自发产生的后果。

市场主体的决定力量还在于它对市场客体的入量组织和出量管理,决定着市场客体的流动方向。市场主体作为进入市场的商品或劳务的监护人或承担者,在进行入量组织时,总是以最优的配合比例投入,尽量以边际价格购入,使投入品的价值量降至最低限度而又不至于影响投入品所应具有的效用量。同样,当商品或劳务表现为市场主体的产出时,市场主体则努力使它以高出边际价格出售,使其自身获取大的价值量。如果市场主体处于其他主体入量的供给者地位,那么,就会形成入量组织价格与出量组织价格经过竞争所形成的均衡价格,当这种竞争是充分或较为充分时,市场客体的流动方向就基本上是正常的。

市场主体作为市场运行力量的决定方,还体现在市场参数体系与市场规则体系上。市场参数体系主要包括:①自组织参数,诸如竞争、风险、供求和广义价格(包括商品价格、工资、资金利率),它们对市场运动方向进行调节和约束的方式,完全是以自发的市场机制为依据的;②调控型系数,诸如财政政策、货币政策、产业政策、收入政策、消费政策、外贸政策等,它们对市场运动方向进行的调节和控制,则是自觉遵循市场机制的作用方式,进行有意识的调节。但是,不论是自组织参数,还是调控型参数,其调节和控制的作用对象从来都是市场主体,任何参数调节都是围绕着市场主体的运动而进行的。

市场规则体系主要包括市场管理原则和市场监督两大系统。市场管理原则的制定必须以不损害市场机制正常功能的发挥为前提。它的作用在于抑制或剔除市场机制的非正向调节功能，借此保证市场机制正向调节功能的充分展开。市场管理原则表现为一系列法律或法规，对运行于市场中的市场主体具有划一性和强制性，主要是保障竞争，反对垄断。市场监督主要是指维护市场原则在市场运行中的统一性和法律性的约束体系，它通过物价、工商、卫生检疫以及经济司法等对市场主体进行监督，执行惩罚或奖励，以维护和保障社会主义市场的有效、有序化和正常化发展。由此可见，市场管理原则的制定以及市场监督亦同样是保证市场主体正常发展的条件，只有市场主体到位并获得充分发展时，市场规则体系才显得重要。正如我们所看到的，商品经济的发展最为重要的标志是市场主体发展的各种阶段性变化，每一市场主体发展的每一阶段性变化则必然要产生相应的市场规则体系。

从市场运行的长期趋势来看，市场客体对市场的制约则上升为主要方式。市场主体对市场运行方向的制约和决定，是要从市场短期变动来考察的，是以市场客体条件为既定方式的。但如果把分析的视角放大到市场的长期变动上，市场客体就成为动态的市场因素，它的规模、类别直接决定着市场主体的发展方向、发展规模以及有机构成比例。如果一个中央政府没有油气资源，那么，直接以油气为投入要素的企业就不可能获得发展，与油气有关的一类产业也更无从谈起。一般而言，市场客体对市场主体的制约程度是随着该客体的短缺度上升而提高的。如果市场客体完全缺短，或说呈零供给，那么，市场主体就必须退出对该客体的需求；如果市场客体过剩，或说呈大于供给，那么此时的客体约束就是负约束。因此，考察一个市场的运动状态，只要看其市场主体的自由度与市场客体的约束度孰大孰小即可，自由

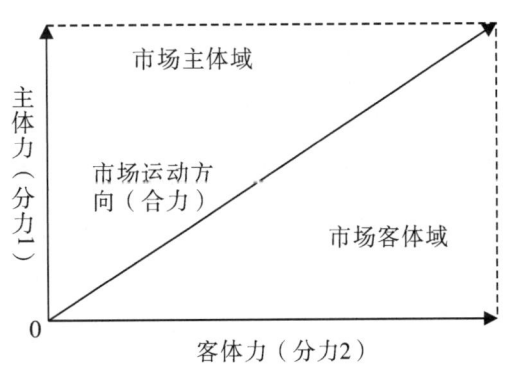

图 1　市场主客体作用示意图

度与约束度二者之和等于 1，自由度大于 0.5，意味着市场上占支配和决定力量的一方是市场主体；反之，则是市场客体制约和决定着市场的变动方向。实际上，市

场运动方向就是市场主体与市场客体相互作用的合力,二者的矛盾是主客体的矛盾,其作用方式可简单地用图1表示。

二、市场第一原生主体——消费者

如前所述,市场主体是一个系统,是具有统一规则和整体功能的有机整体,但这不等于说其中的各个要素在市场运行中的地位和作用就是并列的或一致的。其实,构成市场主体的各要素之间存在着千差万别,它们的行为准则和作用机制也不尽相同,因此,必须对市场主体进行细分,才有利于解决不同市场主体所遇到的不同问题,才有利于理顺各类市场主体的关系。我们这里对市场主体进行分类,主要遵循历史和逻辑相统一的原则。

市场是需求不断扩大,社会分工不断细分化的产物。商品经济的最初发展,是由于部落或氏族内部所生产的产品无法满足其成员的全部需要,而某些产品又出现了相对剩余,于是就产生了部落或氏族的边界贸易。这种边界贸易的产生,完全是由于部落的消费者或消费者群的现实需要,贸易额的大小以及交易的品种和形式,取决于消费者需要的程度。在这种简单市场上,消费者的需要成为市场发展的启动和推动力量,离开了消费者的需要,即使是偶然的边界贸易,也不可能存在。

到了以奴隶制经济为主导的社会形态,市场发展的基本动力仍是消费需求的扩展和增大,只不过此时的需求更加集中——主要成了奴隶主集团的消费需求。由于奴隶主的需求不仅是某些社会剩余产品,而且需要大量劳务,因此,奴隶亦成了消费对象,或者说,奴隶市场的发展也是消费需求扩张的结果之一。或许有人要问,奴隶应该算作消费者,而不应该算作消费对象?是的,奴隶作为生产工具或服务工具,他依然要消费生活资料,但要明确的是,他不是以人的身份存在的,而是以生产资料状态存在,他消耗的生活资料就像机器需要用的油、马吃的草料一样,只不过是保持奴隶的体力和脑力而已。所以,奴隶市场的发展并不能否定消费者需求在市场发展过程中的主体地位,而恰恰反映了消费者需求的扩大是市场发展的第一动因。

在封建社会,小商品经济曾经达到相当繁荣的程度。中国的唐朝,国际贸易已经很发达，如公元 769 年、公元 770 年，每年仅在广州登陆的外国商船就达 4000 余艘，平均每日 10 余艘。而当时，广州仅是交州、泉州、扬州和明州等著名的大港当中的一个。① 到了宋朝，中央政府每年征收的商业税曾达 2200 万缗，约占总税收的 1/7。② 尽管商业如此繁荣，但如果仔细加以分析，市场的启动力量仍然是消费者的市场需求的扩大，只不过此时的消费者群是以封建王朝为核心的。此时，消费者需要的满足由于主要还是自给自足（农民是男耕女织，地主也是自成一体，中央政府需要的满足很大部分又依靠非商业组织官商和官办手工业），市场的需要仍没有超出偶然需要，所以消费者对市场的控制力量仍是绝对的。

结论一：从市场的发生学角度考察，在前资本主义阶段，消费者需求始终是社会的主导需求，它的扩张或收缩直接决定着市场发展规模的扩大或减小，所以说，消费者是市场发生、发展的第一原生主体，也是该阶段市场上的唯一主体。

消费者的市场需要由偶然到经常的变化，是由于劳动力成为商品，货币转化为资本，社会生产和社会消费成为普遍的现象。消费者的市场需要一旦变成经常，社会的生产关系也就发生了根本的变化，它必然要求生产面向市场，进而满足消费的需要。由于消费者的经常性市场需要，就要求社会能够提供大量的商品和劳务，这就产生了为市场而生产或服务的经济组织——企业。企业的诞生，标志着市场经济的真正出现，它扬弃了小商品经济的唯一市场主体状况，使市场的运行力量不仅仅来自于消费者，而在很大程度上来源于企业。尤其是当消费者的市场需求已经变得普通和经常，但其需求又不能经常获得满足阶段时，企业的主导地位更加明显。当市场上可供消费的商品或劳务超过和将要超过消费者需求时，消费者的经常性、大量性的市场需要获得满足，市场的发展也就进入了有效需求不足阶段，消费者对市场的制约作用就会以其明显的方式表现出来，消费者对商品的认可和接受程度，直接决定着生产者的命运。

结论二：商品经济即使发展到市场经济阶段，决定市场主导力量的仍是消费者的需求，没有消费者普遍的、大量的、有货币支付能力的市场需求，市场就只能萎

---

① 林家劲：《唐代广州与南海的交通》，《学术研究》，1979 年第 6 期。
② 《宋史》卷 179《食货志下》，中华书局版，第 13 册，第 4349 页。

缩,或者说,在市场的发展过程中,企业或其他的力量对市场的作用都是隐性的,都不能持久地对市场进行左右,只有消费者是显性的,他们的需求始终构成市场的第一推动力。因此,消费者作为市场的第一原生主体是与商品经济的发展相伴而生的。

三、市场第二原生主体——企业

如果说消费者市场需要的不断扩大,加速了小商品经济向市场经济的蜕变,那么,企业制度的建立就是市场经济体制确立的标志和保障。企业继消费者之后步入市场并成为市场经济原生主体。企业具有较稳定的组织结构和较和谐的利益、决策、信息系统,使得企业在市场运行中更有凝聚力。

企业之所以成为市场第二原生主体,是因为如下理由。

理由一:按照历史的、逻辑的顺序,市场主体是由消费者到企业。一个经典的自由竞争型市场,活动于市场的主体主要是消费者和企业,中央政府或其他主体的需求都是次要的。也就是说,市场的发展最初是由消费者一元主体启动和发育,当消费者的市场需求成为普遍的和经常的时候,市场的发展就转化为由消费者和企业二元主体启动和拓展。

理由二:企业是市场最具活性、最具拓展力量的经济实体。在市场运行中,消费者的需求通过企业被引向更深层次,它不仅使一般产品和劳务转化为商品,而且把社会的一切生产、分配、交换和消费都纳入市场领域。企业作为一个经济实体,既是生产者团体,也是初次分配的承担者,还是交换主体,同时又是生产、生活消费的主体,社会的一切市场经济关系,在这里都找到了存在的客观基础。市场能否扩大,功能能否健全,关键在于市场中的企业是否具有灵敏的反应能力、应变能力和迅速把市场机会转化为企业机会的能力。哪里有需求,哪里就存在着市场机会,企业的功能就是延伸需求,增长供给,在追逐个体利益的同时拓展市场规模。

理由三:企业的产生与发展,是市场经济发展的开端;企业规模的扩大和企业功能的多样化,是市场经济走向现代经济的途径,它意在减少市场机制自发调节所带来的周期性经济危机,克服企业规模狭小所带来的规模不经济。

理由四：企业是市场运行的主体。企业作为市场运行的主体，是市场上最经常、最大量的市场客体需求者和供给者。企业要进行生产活动，就要购进大量原材料和劳动力，然后进行尽可能最佳比例的配置，使单位生产要素形成最大的边际产出。这时的企业，更多是以需求者的身份出现，它的购买活动直接影响着市场客体的流动方向和产出品的结构。企业作为市场供给者，是最经常的商品提供者，消费者需求的满足亦在很大程度上取决于企业的供给能力。企业供给能力的提高则会使消费需求向更高级发展，而需求的转换又会影响供给结构的变动。

四、市场第一派生主体——中央政府

中央政府，在市场经济发展的较高阶段，其综合职能被大大地放大了，它不仅具有组织和管理经济的职能，而且可以直接进入市场，参与市场活动。因此，我们在此把中央政府视为市场第一派生主体，它是市场二元原生主体——消费者和企业发展的客观需要。

中央政府作为市场第一派生主体，包括两个层次。

其一，中央政府以消费者或经营者的身份直接进行市场活动，其作用方式与普通消费者或经营者差异微小。这种意义上的派生主体，我们称之为"相邻派生主体"。中央政府作为统治集团的工具，要保持其有效运转，就需要大量的人力、物力和财力，而在市场经济体制下，劳动力、货物、资金都是以商品的形式出现，中央政府要想获得这些财货和劳务，必须遵循市场等价交换规律，以一个普通消费者的身份进行购买。同样，中央政府要进行生产经营活动，也只能以平等的法人实体身份参与市场活动。随着中央政府需要的增加和中央政府公有财产的增多，中央政府作为市场"相邻派生"主体的现象越来越多，有些中央政府甚至成为市场运行最经常、最大量的主体。

其二，中央政府以调节和控制者的身份参与市场活动，其作用方式是出自市场运行之中，又超乎市场活动之上。中央政府不是以运行主体的方式出现，而是市场运行的宏观调控主体。这种意义上的派生主体，我们称之为"推进派生主体"。"推进派生主体"的出现，是由于社会经济的发展越来越整体化、社会化，需要有

一个强有力的调节和控制中心,这个中心通过一系列经济手段使市场运行方向在一个较小的范围内波动,防止经济的大起大落。在现代社会,只有中央政府才有可能具有这种调控中心的职能,才能对整个市场以至整个国民经济作出通盘的调节和控制。因此,中央政府在现代市场经济体制中的作用,更多更重要地体现在它作为推进派生主体上,更多的时候它应该是市场运行的调控者。

五、市场第二派生主体——地方政府

世界经济的发展历史似乎沿着这样两条主线推进:其一是由消费者与企业构成的经典市场,然后为了加强管理的需要,地方政府被卷入市场运行之中;其二是由中央政府组织起来的高度集中的行政性经济体制,在向市场经济体制转化的过程中,其权力(包括管理权和某些调控权)总是先落到地方政府手里,地方政府直接成为市场的参与者与管理者。实际上,地方政府的市场参与、管理、调控职能,都是中央政府经济职能的深化,因此,我们把地方政府称为"市场第二派生主体"。

地方政府派生为市场第二派生主体,固然对组织市场运行具有灵活性和有效性的特点,但也存在着肢解中央政府调控职能,造成地方封锁、割据,使统一市场难以形成的现实威胁。尤其当地方政府的权力过大,不仅在经济上而且在政治上摆脱中央政府的控制时,其消极作用就更大。因此,有人认为,地方政府最多只能具有参与和管理市场的职能,而不应具有调控职能。

第二节
现代企业制度与企业行为

企业作为现代市场体系中最重要和最具有组织性的主体,其行为是否真正实现了市场化,是检验市场体系建设有效性的关键。

一、现代企业制度的内涵

1. 企业制度的主要类型

自从企业这种经济组织形式诞生以来，人们就不断从制度上改进、完善和创新。时至今日，企业制度已经是多种多样，主要包括以下五种。

（1）企业主制。企业主制是指单个资本所有者与生产者结合的企业制度。从产权结构看，这种企业的产权有以下特点：企业主拥有生产者工资后的企业剩余收入，企业主作为监督者监督劳动者劳动，有关企业生产的各种决策由持有剩余索取权的企业主作出。这种产权安排通过监督者（企业主）拥有剩余索取权解决了监督者的动力问题，这是因为生产者收入是一定的，监督者越努力，其获得的收入就越高，进而通过监督者对生产者的监督解决了企业效率问题。同时，由于企业主既拥有剩余索取权又拥有经营决策权而解决了盈利运用即企业发展问题。这种产权结构简单明了，易于操作，早期企业一般都采用企业主制的产权安排，因而它也被称为资本主义古典企业。直至现在，在数量上企业主制企业仍占多数。企业主制最大的弱点是受企业主个人能力的限制，企业发展限于较小的规模和范围之内，而生产力的发展则要求大规模企业的出现。

（2）合伙制。合伙制是指两个或两个以上出资者共同投资并分享剩余、共同监督和管理的企业制度。从产权结构的角度看，合伙制与企业主制的区别在于，由于出资人不止一个而使监督者之间出现了"偷懒"动机，即合伙人数越多，每个合伙人的监督努力对自己报酬份额的影响就越小。当然，如果监督活动容易得到观察，则会促使每个合伙人的监督努力趋向最大化，那么，合伙制的产权结构将是增进企业生产的理想制度，从而有利于企业规模扩大。但现实却是，监督活动通常是不易观察的，这就使监督的努力主要取决于每个合伙人的负责精神，从而为合伙人的"偷懒"和"搭便车"提供了可能。这也使合伙制企业只能处于较小规模而难以发展为大企业。合伙制的另一特点是每个合伙人的资产难以转让或出售，如果一个合伙人离开，合伙制就会瓦解，就必须重新组伙。产权结构的这种不稳定性也是阻碍合伙制企业规模扩大的原因之一。

（3）股份制。股份制是指由多个所有者共同出资，专门聘用职业经理人员监督、管理企业，所有者只按出资份额（股份大小）获取财产收益的企业制度。它具有以下特点：①股份制企业天然具有独立于企业组成人员的法律存在。②企业所有权（股份）属所有者（股份）个人所有，并且是可以自由交换和转让的。③所有权与经营权相分离。股份制具有吸收大量股份即大规模聚集资金的功能，有利于大规模企业的成长。从产权安排看，股份制通过经营者（经营层）对生产者的监督解决了企业效率问题；通过所有权与经营权分离、经营者负有企业发展全权、经营者利益由企业发展来体现而解决了经营者动力问题。所有权可转让性一方面形成所有者对经营者的制约机制；另一方面保证了企业的稳定、连续性。因此，作为一种制度创新，股份公司制逐渐成为发达国家主导型的企业制度。

（4）全民所有制。全民所有制是指企业资产归国家全体公民所有，所有者与经营者合一，共同监督、管理的企业制度。全民所有制的所有者完全是由公民资格决定而不是由出资份额取得的，每个所有者权益也是平均分配和完全相等的。与上述三种企业制度的根本区别是，全民所有制消除了生产资料的个人所有，其所有权是公有的。现实中全民所有制都以国家所有制的形式进行，其产权安排是，国家（政府部门）作为所有者一方面监督、管理企业；另一方面进行各种经营决策和长远发展决策。

（5）合作制。合作制是指企业成员共同拥有企业财产，所有者与生产者合一，企业成员共同监督、管理企业的制度。合作制与全民所有制基本类似，都属于公有所有权和公有产权结构，只是合作制的范围由全民所有制的整个国家和全体公民，缩小到一个企业及其内部成员。我国集体所有制的实质就是合作制。

2. 现代企业制度的主要内容

企业制度从古典形态演进到现代形态，与市场经济体制的不断发展和完善密切相关。现代企业制度的主要内容包括以下方面。

（1）企业产权制度与法人制度。产权制度实际上是具有一定约束的财产关系。由投资主体对企业注入资本金，形成经营性资产所产生的财产权益即为产权。谁向企业注入资本金，谁就拥有该企业的产权，成为该企业的产权主体。产权表明所有者的身份、享有所有者的权益，同时还体现对经营权的约束；决定投资收益分配；决定企业组织结构的调整；决定企业负责人；批准企业财务报表；等等。企业中的国有资产所有权属国家，企业拥有包括国家在内的出资者形成的全部财产权，成为享有民事责任的法人实体。企业以其全部法人财产，自主经营、自负盈亏，对出资者承担保值增值的责任。出资者按投入企业的资本额享有所有者的权益，即资产受益、重大决策和选择管理者等权利。法人财产权表现为依法享有法人财产的占有、使用、收益和处分权，并对自己的经营活动负责。当企业破产时，出资者只以投入企业的资本额为限对企业承担责任，企业以全部法人财产为限，对其债务承担有限责任。确立法人财产权对国有企业来说，不会改变国家的所有者地位，改变的只是国家对国有资产的管理方式，即由资产实物形态的管理转变为资产价值形态的管理，国家资产总量并未减少和流失。

（2）企业组织制度。通过规范的企业组织结构，使企业的权力机构、监督机构、决策和执行机构相互独立、权责明确，形成制约关系，并通过法律和公司章程得以确立和实现。公司体制是现代市场经济体制下，企业组织制度的主要法律形式。它产权关系清晰，权利责任明确。它通过股东会、董事会、执行部门和监事会等公司治理机构的设置和运作，形成调节所有者、法人代表、经营者和职工集体之间关系的制衡和约束机制。实行公司制也便于筹集资金，为扩大生产规模、实行资本社会化创造了一种好形式。这种公司组织结构：股东会是公司的最高权力机构；董事会是公司的经营决策机构，董事长由董事会选举产生，一般为公司法定代表人；公司的总经理负责公司的日常经营管理活动，对公司的生产经营进行全面领导，对董事会负责；对总经理实行董事会聘任制，不实行上级任命制，董事、经理的人事和工资关系均脱离国家行政系列；监事会是公司的监督机构，由股东和职工代表按一定比例组成，对股东大会负责。这种组织制度既赋予经营者充分的自主权，又切实保障所有者的权益，同时能够调动生产者的积极性。

（3）企业管理制度。企业管理制度是企业制度的组成部分。现代企业管理应是高效率的管理，包括人、财、物、安全、质量等全方位的管理，按照《中华人民共和国公司法》的规定，将国有制企业的组织制度改变为公司形式，那么，相应的管理制度也必须改革。按《公司法》规定，建立股东会、董事会、监事会和经理班子等分层次的组织结构和权力机构，有利于实行经营决策的科学化、民主化和专业化程序。在领导体制变革的同时，要对企业的机构设置、用工制度、工资制度和财务会计制度等进行创新，建立严格的责任制体系。机构的设置，应根据生产经营特点和市场竞争需要，按照职责明确、结构合理、人员精干、权力与责任对等原则，由企业自主决定。要改革国家直接管理用工的方式，用工主体由国家转向企业。企业有择业自主权。经营者的收入应与资产的保值增值及企业利润相联系，职工的收入应根据其劳动技能和实际劳动贡献来确定。由于旧的企业财会制度与国际惯例不接轨，特别是其不注重考察负债状况，所以不少企业虚盈实亏。要建立新的企业管理制度就必须建立相应的财会制度，改变按不同所有制、组织形式、经营形式分别确定企业财务会计制度的做法，形成对企业的审计监督机制。

二、从市场组织资源角度看建立现代企业制度的障碍

市场经济的建设过程是一个复杂系统的体制全面转换，而其转换成功的标志之一，就是培育出市场经济组织。然而，中国市场组织资源的不发育以及由此引起的组织资源匮乏的现状并未得到实质性改变，充斥于经济活动领域的依然是"缘约经济组织""政约经济组织"或它们的变形体，真正符合"契约经济关系"的市场经济组织几乎难以找到，使通向现代企业制度的道路障碍依旧。

1. 缘约经济及其反市场运行

缘约经济是以血缘、亲缘、友缘以及地缘关系联系起来的以家庭或亲族、友团、帮派为基本经济单位的经济形态。这种经济内在地抑制了市场因素的生成。它具有如下特征：

（1）经济活动主要是以血缘和亲缘关系组织起来的，各个家庭在相当大的程度上是自给自足的封闭性经济组织。血缘、亲缘、友缘和地缘关系构成了信用关系最基础和最重要的部分，在不存在缘约关系的家庭或集团之间缺乏统一的信用基础，不存在广泛的分工和协作关系。由于共同的缘约关系只能存在于家庭成员以及亲族之间，因此，按这种信用关系进行的经济活动就只能限定在家庭或家族之内，各个

家庭自然成为自我服务的近似于封闭的小系统。即使扩大了缘约关系（亲缘、友缘、地缘关系），也仅仅能把各个家庭的剩余产品分配活动扩展到有限的家庭、集团，生产什么、如何生产、生产多少，以及如何分配产品的活动仍未能超出家庭的局限，也不会触动缘约经济基础组织（家庭）的生成和运行方式。由于缺乏较大范围的统一性信用基础，社会分工与社会协作就很少发生和发展；而没有分工与协作，自然就没有交换和市场，各个生产单位（家庭、部属或集团）的产品就不会成为彼此需要的对象，市场自然也就不能发育和拓展。

（2）社会财富是小规模的、分散性的，单个经济主体很少能达到规模经济。在缘约经济中，遗产继承方式有两种：长子继承制和多子分别继承制。前者能够达到家庭财富规模的保持和扩大，后者则往往会缩小、分散财富的规模。在实行长子继承制的缘约经济中，由于财富不断集中，它内部的剩余产品量和对外部稀缺品的需要都会以较快的速度增长，其信用关系也会逐渐突破缘约关系的狭隘通道。市场就会由偶然的发生到经常性发生，作为缘约关系下的经济组织——家庭或庄园就会演变为以契约关系为常态的市场经济组织。因此，从某种意义上讲，长子继承制本身就是缘约经济发展中自我产生的否定因素，当外界条件成熟之后，缘约经济组织就可能以此为契机转换为"契约经济组织"，使市场迅速发育和扩张，最终将整个经济运行过程纳入市场机制调节之中。

但是，在实行"多子分别继承制"的缘约经济中，由于财富在继承过程中不断分散化，聚敛的速度一般要慢于分散的速度，致使个体单位的财富规模较之继承前缩小，其内部剩余产品的数量也随之减少，对外部稀缺品的需求也会压缩到最低限度。市场需求能力和供给能力的减少，直接带来的是贸易萧条、市场萎缩，缘约经济的"亲情友"关系又必然成为家庭或集团活动的信用基础和调节手段。由于社会的多子分别继承制是作为该经济体系的文化范畴存在的，一般情况下不会发生实质性变动，因此，作为社会经济活动的细胞——家庭的财富聚敛规模始终不会太大，商品经济的契约经济关系也就无法取代缘约经济的缘约关系。可见，多子分别继承制在客观上成为维系缘约经济不断复制和再生的保障条件，它会始终把市场因素抑制在较小的规模，使市场的发育和发展被阻滞在经济组织外部。

（3）缘约经济缺乏外部积累的条件，财富的分散化使家庭缺乏再投资的资金储备。同时，统一信用基础的缺乏使每个家庭很难从外部得到所需要的资本。即使在这一经济形态中存在着一些信用机构，其利息率也往往高于家庭投资所能获得的平均利润率，家庭不是因意外事故而急需一般是不借贷的。所以，每个家庭都尽量减少对外部产品的需求，从而降低产品的商品化、市场化程度。

当今中国社会的市场组织发育方式，仍未能真正摆脱缘约经济的束缚，市场经济组织在发展初期往往仍是通过宗族等人际关系形成的以血缘、亲缘、友缘或地缘关系为轴心的"缘约式经济组织"。这种"缘约式经济组织"发育之始，便深深地带上了封建宗法体制的烙印，使得它在发展壮大到一定规模后，因血缘、亲缘或友缘关系的疏远发生经济组织的分裂和分化，把已经发展到较大规模的市场组织又蜕变为若干个规模很小的"缘约式经济组织"。"缘约式经济组织"在我国广大农村、城镇的个体、私人或合伙人经济中广泛存在。由于按照宗族关系、人际关系发育起来的市场经济组织的组织结构是以血缘、亲缘或友缘关系维系的，信用的基础在于"缘"，所以缘约组织的利益分配也必须服从"亲情友好"之间的内在联系，其运行方式和资源获取要服从于人际关系。因此，它必然内在地排斥市场经济所要求的"契约式市场组织"的生成和发展。再加之"缘约式经济组织"的脆弱基础，必然产生市场组织规模过小、数量过多的"社会病"。

"缘约式经济组织"在我国现实经济中的反映，主要体现在两个方面：

其一，人际组织对市场组织的替代。引入市场机制，培育市场客体和市场主体，要求市场组织成为一个权责利紧密结合在一起的法人实体。但我国的某些市场组织往往不是严格的通过法律程序建立起来的正规组织，而是依靠各种人际关系的亲疏远近及互惠程度结合在一起的若干非正规市场组织。这种以人际关系为基础发育起来的"缘约式经济组织"，由于其盈利的方式和手段主要是借助其成员的地位特权和职业特权，"盗窃"国家财产，"掠夺"消费者，使丰厚的利润在非市场竞争中达到最大化，远比正规市场组织通过市场竞争来得容易。

"缘约式经济组织"这种非正规的市场组织，在我国的发展早已超出了宗族式的单细胞存在状态，已经成为构造新企业的基础。在经济运行中，"缘约关系"的作用往往超过市场机制或行政机制的作用，使市场发育陷入一种主体严重缺位、客体运行混乱的非稳定格局。

其二，缘约关系对正规市场组织的渗透和变异。在我国，市场发育中的组织匮乏还表现在正规市场组织的萎缩和变异。即使那些被视为正规的市场组织，由于"缘约式经济组织"的渗透，在这些组织内部也构成了对市场机制的抑制和对行政指令的弱化。凡是有利于组织发展的政策或法规，很快就会成为缘约组织活动的领域，而市场或行政的强制性外力，经过缘约经济关系的几轮吸纳和反弹之后，就改变了力的方向，弱化了力的强度。

2. 政约经济的反市场运行

政约经济是通过行政对市场渗透、管制所形成的经济形态，它在我国有着悠久的历史。政约经济具有如下的反市场运行特征。

（1）行政机构直接控制市场主体，使企业成为行政机构的附属物或一级行政单位。到目前为止，政约经济在我国已经经历了两个不同的发展阶段：第一阶段，建立了中央集权的经济体制，地方政府和官员个人的决策权力很小，企业几乎没有自主权，只是这部大机器上的一个"螺丝钉"；第二阶段，从1978年改革开放开始，行政约束力逐渐从中央转移到地方政府以及更多的地方官员手上，同时，由于市场因素注入经济机体，遂逐步衍化成商品货币关系与行政权力互相渗透的政约经济。在第一阶段，部门、地方及企业的效益主要取决于各经济实体在计划分配会议上所得到的资源数量的多寡，在这里，讨价还价的能力往往直接变为资源配置的重要杠杆。在第二阶段，"放权""让利"式的改革使行政约束力分散化，削弱了中央政府的集控权，却加强了地方政府和地方官员的权力，结果在某种程度上出现了"人际关系""贿赂"与价格机制共同配置社会资源的"三重奏"。官员权力转变成"权"和"利"，发育市场、深化改革的各项政策、措施的效力必然随之削弱。

（2）政府机构直接操纵市场信号系统。这是政府对市场主体的直接控制相对失灵时对市场的进一步渗透。对商品价格、工资、利率以及汇率等市场信号的直接控制，造成了供求之间的总量和结构失衡，导致双轨制价差过大和串轨。

政约经济的反市场行为，往往使市场组织在发育过程中，经过政约经济的行政吸纳和行政"热炒",蜕变为行政化经济组织。由于这种市场组织的结构、运行机制、维系体系基本上是以行政为核心的,所以我们把按政约经济运行的市场经济组织称为"政约式经济组织"。"政约式经济组织"的发育有两个来源:第一,对现有市场经济组织进行行政渗透,最终达到变异;第二,通过行政手段组织创办新的经济组织,在极其短暂的时间内便使其运转起来。由于"政约式经济组织"是依靠权力维系和运转的,组织内各分层之间以及组织与外部的关系,都由权力关系来约束,因此不可避免地亦要内在地排斥以"契约关系"为基础的市场经济组织的生成、发育和发展、完善。正如现实经济生活中所显示的:市场经济组织的发展规模和性质,在行政机制的约束下,在组织还没有达到规模经济时,就已经开始蜕变为行政化经济组织,成为集权经济体制的有机组成部分。

从我国经济组织发育看,由于组织发育过程中在某种程度某些地方出现的行政蜕变和行政依附,破坏了市场组织的发生机制和发展机理,市场上的平等竞争让位于等级界定下的"场外分配",使企业在财产占有、资源占用方面标准各异。尤其是改革以来,中央集权的行政约束有所减弱。个体、私人以及乡镇企业等经济组织大量出现,但由于中央并未同企业进行真正的经济性分权,而是与地方政府进行了一系列行政分权,结果市场竞争基本上没有打破原有行政等级的界定,竞争当事人各具超经济背景,并非同一起跑线上平等竞争的市场主体。随着改革的深入,经济组织发育所受到的行政吸纳又有所加强。企业要立足于市场,首先不是着眼于组织内部的优化,而是寻找有实力的行政机构做靠山,通过"挂靠"形成行政与市场的统一。即使一直被认为市场性很强的乡镇企业也逐渐显示出行政化倾向,它的许多业务直接受乡政府制约,其产权亦在很大程度上被乡政府所占有。同样的经济组织行政化倾向也发生在深圳、珠海等经济特区,这些特区的经济组织的盈利中很大部分是靠政府的优惠取得的,它们的经营方式更多地着眼于行政约束的空隙,并非真正的市场组织。

3. 契约经济与市场组织的培育

所谓"契约经济",就是社会经济活动主体之间的相互联系、相互作用和相互制约关系,都是通过各种具有一定约束力的"契约"维系和运转的,各主体之间体现为"契约关系"。"契约经济"作为组织经济运行的一种经济形态，在不同的作用环境中，所表现出的功能也存在着较大的差异。在现实经济发展中，契约经济主体有三种形态：一是缘约关系下的契约经济；二是政约关系下的契约经济；三是市场关系下的契约经济。

（1）缘约关系下的契约经济。这是契约经济的初始形态。缔约者双方相互间都只处于唯一的自然法之下，而彼此之间的相互协定没有任何保证。唯一使契约得以缔结和执行下去的力量，是各种来自血缘、亲缘，友缘和地缘等缘约关系的作用。换言之，这种契约经济并不是一种独立的经济形态，它的运行方式、组织结构和行为准则是遵循缘约关系的。

缘约关系下的契约经济虽然发育了市场以及市场组织，但它又使市场始终处在低级、幼稚的状态，造成缘约关系下的契约经济这种运行结果的原因，可以说是多方面的。

第一，缺乏统一的社会契约准则。在缘约关系充斥下的经济机体中，经济组织缺乏行使自己权力和保护自己利益的社会契约准则，它们的经济活动就很难在较大范围内展开——因为各种"欺骗"都在随时威胁着每个组织的利益。另外，经济组织又不可避免地在某种程度上依赖于外部组织，进行必要的物质、能量和信息的交换，这就迫使它与某些组织建立某种契约关系，为了尽量减少因缺乏统一的社会契约准则给经济组织带来的不稳定性和风险损失，市场经济组织自然就将"契约关系"尽可能建立在与之有着某种共同契约基础的"同缘组织"上。这种"契约关系"一般是较为有效的，它不仅具有共同的"立法权力"（组织之间共同制定的规则），而且有共同的"行政权力"（大家均有监督契约执行的权力，并且有能力处置"违约"事件）。不管是血缘、亲缘、还是其他缘约关系，其所联结的两个或多个经济组织的"社会契约"是共同的，它们可以通过共同遵守缘约，形成相互依赖、相互制约的经济共同体，使市场关系在其内部生成。

但是，经济组织之间这种建立在"共同缘约"基础上的契约关系，又内在地抑制市场关系进一步发育、扩散。因为社会诸多经济组织被各种不同的"契约准则"（指各种缘约关系）所分割，市场关系一旦跨出"缘约共同体"，就会丧失契约基础。"缘约共同体"的边缘就是市场关系的边界，在"缘约共同体"边缘之外，统一的契约准则丧失，经济组织以及个人的市场行为就会蜕变为欺诈性行为，市场发育中所要求的"诚信"准则也就不存在了，市场关系只能至此为止。

当然，当前中国社会的经济发展格局已经远远突破了缘约关系下的契约经济组织形态，许多领域已经或正在出现市场组织生成和发育的点和面。但不可否认的是，在中国今天的经济生活中，仍有许多契约经济组织是建立在缘约关系之上的。由于这些经济组织与"缘约共同体"之外的经济组织缺乏统一的契约准则，所以在它们的生产经营活动中，难免出现大量损害市场机体正常发育的欺诈事件。

第二，经济组织规模不经济，交易费用大，不利于市场关系的拓展和发育。由于缘约关系的稀缺性，"缘约共同体"的规模一般都比较小，其中的经济组织之间分工比较粗糙，大部分经济个体都带有同构性质，这就决定了每个个体都会本能地减少对外的需求，生产、经营等社会性分工往往被局限在经济组织内部，形成了封闭性的"小而全"式自给自足的生产组织。个体组织对外关系的减少，组织之间建立契约关系的可能性也就减少了，由此就使"缘约共同体"内的市场关系萎缩。这样又不可避免地出现因经济组织为避免欺诈带来的损失而使交易费用大幅度上升，造成经济组织外部不经济，进而更加强化了组织的内部分工和组织之间的分离，市场契约关系也就止步不前了。

第三，经济组织缺乏外部积累功能，很难使市场关系发育到"缘约共同体"之外。在缘约关系下的契约经济中，经济组织的发展只能靠内部资本的积累，资本的积聚过程是缓慢的、小规模进行的。在缘约关系大量存在的情况下，资本市场尤其显得匮乏，经济组织之间的借贷、兼并等都较少发生，每个经济组织很难在其外部筹措必要的资金。可见，经济组织在资本积累中，如果没有外部积累功能，是很难发展为真正的市场组织的。

（2）政约关系下的契约经济。这是契约经济的又一种存在形态，缔约者双方相互间都处于行政的等级界定中，它们之间的协定是富有弹性的"东方式父子合同"，其运行方式、组织结构和行为准则是遵循政约关系的。

政约关系下的契约经济实际上是行政与市场相互作用的结果。在这里，昔日的各等级间行政组织的全部行政关系转换为行政上级与其下级（主要是企业）之间的局部契约关系。换言之，这种契约关系是在不改变原有政体格局的情况下，政府与企业或其他经济组织之间通过契约发育市场的。这就决定了：市场发育到什么程度并不取决于其自身的规律，而是取决于政府与企业之间的契约发展到什么程度。因为政府既可以造市场，也可以扰市场，甚至关闭市场。因此，政约关系下的契约经济，并不是发育市场的真正基础；按此逻辑引入市场机制，结果必然是陷经济运行于混乱中，经济组织不是市场化，而是越来越行政化。

我国前期的经济体制改革所建立的各式契约经济形式，基本上就是政约关系下的契约经济。从其实践结果来看，这种契约经济形式对突破大一统的行政集权体制、提高经济效率是有效的，但它对进一步培育市场组织、发育市场关系却又是有害的，必须予以摒弃。

第一，强化了企业的短期行为。由于在缔约的双方中，一方是政府主管机构，一方是政府的企业，后者并不存在"约期"以后的独立利益，所以，企业的经济活动和发展规划往往只局限在契约期内，至于约期结束后企业该向何处发展，并不是缔约主体之一的企业所关心的问题；契约期有多长，企业行为就有多长，"承包到期，溜之大吉"的事情也就成为"不是笑谈的笑谈"了。

第二，"讨价还价"总是企业获胜。在政府与企业缔约的过程中，企业有充分的活动能力与政府讨价还价。这是因为每个政府主管机构都面对着若干企业。要准确核定它们的生产能力、市场前景几乎是不可能的，尤其在缺乏市场机制对生产要素的统一评价时，这种"核定"工作更是难以做到。同时，政府的统一政策又不可能把各种类型的企业的情况反映出来，这就造成了"上有政策，下有对策"以及企业和个人合起来对付政府的局面。这种耗费了大量人力和时间，经过企业与政府无休止的讨价还价所签订的"契约"，几乎都是政府被迫作出让步，以牺牲国家利益为代价的。

第三，契约关系往往在出现不利于其中一方后，遭到肆意践踏而又不负任何经济的或刑事的责任。政约关系下的契约经济，缔约双方同属一个利益集团，契约关系不可避免地要常以不利于集团整体利益而中断或终止，久而久之，契约也就形同虚设，没有真正的约束力。

第四，为以权经商、以权谋私等寻租活动提供了广阔的租源。由于大量的契约是由政府主管部门与企业或个人签订的，主管部门和主要负责人的行为直接左右着契约的签订方式。尤其在没有严格执行公务员法的情况下，大量行政权力就会直接渗透到经济领域，成为公务员或主管部门收贿、受贿、索贿等寻租活动的基础，进而滋生出许多非正规的市场组织，扰乱市场，破坏真正的市场契约。以权经商的最大寻租活动表面上都是通过契约关系进行的，而其实质则是权力的商品化、货币化。可见，政约关系下的契约经济本身就是滋生腐败的温床，特别是在政约关系普遍存在的情况下，每通过一项新的反腐败法律或签订一项新的契约，都不过是为寻租活动提供了新的租源。

（3）市场关系下的契约经济。在上述分析中，我们揭示了"缘约共同体"和"政约共同体"之间的契约关系和契约经济，说明了并不是所有契约关系和由此形成的契约经济，都是市场发育的基础条件。缘约关系或政约关系下的契约经济都不过是其基本经济形态——缘约经济或政约经济的变形或补充而已，在这种契约经济中是不能培育出真正的市场主体，形成自动调整的市场关系的。

市场关系下的契约经济，与缘约关系或政约关系下的契约经济相比，具有鲜明的特征。

第一，缔约的双方或多方都是具有独立地位的法人实体或具有法人代表资格的自然人，各方之间的地位是平等的，契约的签订和履行都是在缔约者自愿认可的情况下确定的，不存在违背签约者意愿的外在力量。也就是说，在这种经济形态中，产权是多元化的，各种经济组织的内部经营和外部联系都是独立的，风险约束和利益驱动同时贯穿在经济组织的各种活动之中，任何契约的签订都应该是服从市场关系的，都应有利于组织的发展和创新。所以，在市场关系下的契约经济中，经济组织的内部表现为职员与所有者之间的雇佣关系，二者通过劳动合同，分别确定各自的责任、义务、权利和利益；经济组织的外部联系则体现为组织间的契约关系，通过各种形式的合同分别规定各责任主体的义务、利益等。这说明，市场关系下的经济组织，内部和外部经济关系都是通过契约维系的，即使是一个普通的企业职员，他与他的签约企业的地位也是平等的。

可见,市场关系下的契约经济,首先要求的是市场经济组织的独立性和平等性。因而,要突破我国市场组织发育中的"缘约""政约"障碍,以市场组织发育所要求的契约经济为底盘,调整或重构我国经济组织的产权结构,则是第一位的。

第二,缔约者之间具有统一的信用基础,经济组织的活动范围、活动方式都有统一的法律赋权形式界定。

契约关系下的市场经济体制之市场规则,由制度性市场规则和运行性市场规则组成。

制度性市场规则是市场经济体制的最基本规则,它的主要内容是:

其一,对财产所有权归属的明确界定。财产所有权的明确,是市场经济组织形成的基础,如果没有一套承认和解释不同财产所有权归属的法律制度,不仅市场主体难以形成,而且整个市场经济体制也是难以建立的。

其二,对市场经济组织身份的明确规定。制度性市场规则对参与市场活动、市场竞争的主体身份是有明确规定的。它严格限定:作为市场竞争规则的制定者和执行者不能"下场(市场)比赛"。管理、监督、调节、控制市场的权力不能成为交易对象;参与市场活动并成为市场主体的只有经济法人实体的企业以及其他各种类型的经济组织或个人。

运行性市场规则是市场运行的识别系统和规则体系,它是通过具体的法律、法规及其各种条例禁止非健康需求的实现,杜绝非健康供给的生产,使市场运行真正实现平稳和健康。运行性市场规则主要由两部分内容组成:其一是规则的制定,它是指各种部门或专业性质的市场主体行为的准则,诸如食品卫生法、环境保护法、物价管理条例、消费者主权保护法等。其二是执行系统。具体内容包括工商、税务、物检、检疫、卫生、公安等构成的统一系统,担负着市场规划的执行任务,是规范市场组织最具体、最直接的部分。

由于有了统一和严肃的制度性与运行性市场规则,在市场关系下的契约经济中就消除了缘约经济中的欺诈性和政约经济中缔约者之间的不平等性,经济组织的市场活动就可以在全社会范围内进行。各种经济组织活动范围的扩大,组织间的契约关系普遍化，构成了市场关系下的"契约共同体"。

市场关系下的"契约共同体"较之"缘约共同体"与"政约共同体"的最大不同点就是开放性。由于各种经济组织具有统一的信用基础，不管什么样的经济组织，只要它的行为符合统一的市场规则，就可以通过契约关系进入"契约共同体"。"契约共同体"的不断接纳和扩大，使活动于市场的经济组织不断增加，最终使市场关系普遍化。

三、市场组织创新的途径

综上分析，我们可以较为明晰地看到：不仅在缘约经济和政约经济中不可能培育出市场取向型改革所需要的市场经济组织，而且即使在某些领域较为成功地进行了市场化改革，但由于"缘约关系"和"政约关系"的存在，也会通过渗透、变异等方式，使新生成的市场契约关系蜕变成"缘约共同体"或"政约共同体"，形成不伦不类的缘约或政约关系下的契约经济，使以市场为中心的改革陷于两难境地。为了避免这种尴尬局面的全面形成和滞留，我们在深化改革中，必须把市场关系下的契约经济作为重构市场经济组织的理论依据。

创新市场经济组织要制定一般市场规则，规范市场主体，防止经济组织发育过程中因环境恶化而再现"缘约"或"政约"特征。这些配套条件主要有两个方面：

第一个方面，就是制定和健全有关市场经济组织的法律、法规，明确规定市场主体应具备的资格、条件以及市场活动准则，而且要强化工商行政管理部门等执行系统的权威性；彻底实行"缘企分开""政企分开"，消除市场经济组织的人际化和行政化倾向，要求所有参加市场活动的组织、个人，均不能具有超经济的人际关系或特权，严禁人际、权力与市场因素相互渗透；通过市场规则，消除索贿主体和行贿主体，净化市场主体的竞争行为，减少寻租活动的发生机会和频率。

第二个方面，为了保证市场经济组织的自组织功能得到尽可能大的发挥，必须加快要素市场的发育，形成灵敏有效的市场参数体系。这里的要素市场主要是生产资料市场、资金市场、劳动力市场和土地市场，它们是企业经营机制转换的资源约束体系。加快这些市场的发育，就在于为企业提供一个资源选择和消除转让的场所。消除人际分割与行政等级配给，使企业能够平等地获取生产资源和自主地转让资源，提高企业经营效率。只有各要素市场健全协调后，市场信号才具有正向诱导与有效反馈的功能，并激励企业把生产规模发展到最大边际产出和最大边际收益的区域内。

通过上述分析，我们看到，要进行市场经济体制改革并使之成功，必须把市场组织的培育建立在全面市场关系生成的基础之上，使市场组织的内部组织和外部关系契约化，形成统一的开放的"市场共同体"。唯有如此，以市场关系生成为中心的改革才可能成功，现代企业制度才可能在中国形成并扎根。

第三节
消费者行为与消费者权益保护

自从经济学产生伊始，直至20世纪30年代以前，市场经济运行中最经常、最大量和最重要的市场主体——消费者，始终被排斥或遗忘在经济分析框架之外。理论上的这种欠缺，反映在各种市场经济制度和法律制度框架上，明显地看到消费者的主体利益经常让位于生产者利益抑或经济政策决策者的利益，长此以往的结果就是消费者主体得不到有效的保护。这些问题在早期市场经济阶段暴露得极为充分，因为那时的市场制度尚没有成为具有精心设计的社会保护体系和运作机制。但在后期，亦即20世纪中后期，随着西方理论研究上的深入和市场制度的成熟，消费者权益意识开始复活，保护消费者权益成为维护市场经济下公平、公正、自愿原则必不可少的手段。也正是因为消费者权益得到了较为充分的保护，西方的市场经济制度才彻底摆脱了自由竞争时期的无序和高破坏的缠绕，使市场机制在更多领域发挥正常有效的机能。本来，我国实行市场经济制度，完全有可能避开侵犯消费者权益、破坏市场正常运转这一"陷阱"的，可惜我们在经济生活中依然未能幸免，消费者权益被忽视或被侵害的事件屡见不鲜，由此给整个国民经济带来严重的损害。为此,在我国今后的市场经济建设中,保护消费者权益已经上升到市场制度创新能否完成的高度。

一、消费者行为

研究市场经济体制,自然要特别注重对市场供给和需求的研究。因为在以市场机制为主调节机制的市场经济体制下,其效率(制度效率)的高低在很大程度上表现为市场状态的均衡情况。当市场的有效需求恰好等于生产者提供的有效供给时,说明既不存在短缺也不存在过剩,稀缺的资源在市场的配置中达到了帕累托效率。所以,分析一种经济系统运转是否有效的一个极其重要方面,就是看其市场需求。谁的活动形成需求呢?显然是消费者的力量。

1. 市场经济中的消费者

何谓消费者?如果从纯自然角度讲,消费者就是指消耗物质和能量的人,或者进一步而言,则是指每天消费一定的生活资料和服务的人。也就是说,自然意义下的消费者包含了所有的人。显然这种消费者并不是我们所要考察的对象。真正的市场运行中的消费者,是指能够进行统一购买决策的基本经济单位。这种消费者既可以是单个的自然人,也可以是具有共同决策机制的复合自然人(如家庭、团体等)。除此之外,市场运行中的消费者还具有如下特征:

第一,消费对象市场化。如众所知,市场是实现消费者购买力的场所,但这并不意味着消费者的全部消费对象都来自市场。所以,市场运行中的消费者,首先是其消费对象(商品和服务)市场化,即消费者所消费的各种商品和服务只能购买于市场,否则就无所谓消费者市场选择。因为市场交易的双方,只有当买者意愿和实际购买、卖者意愿和实际销售吻合时,消费者的购买过程才能实现,他才能获得所需要的消费对象。如果抛开了市场等价交换的法则,诸如农民的自产自用、某个集团靠武力掠夺或者消费大自然恩赐的阳光、空气和水等,那么这种消费也就不成其为市场消费。消费者的消费对象非市场化决定了消费者行为不受市场的直接制约,所以这类消费不是市场意义上的消费。

第二,消费决策自主化。消费者不论是以单个的自然人形式还是以复合人的形式出现，他们在购买决策过程中都必须是自主的，每一次购买都是消费者在市场上自由选择的结果。也就是说，消费者的购买决策是他自身根据各种因素判断的结果，而不是由某个中心或机构事先决定好了他只能消费什么、消费多少、如何消费等。

第三，消费过程个人化。消费者经过市场购买之后，消费对象完全变成了个人或小团体的财产，如何消费这些商品和服务完全听命于消费者的习惯、偏好等。如同一条鲤鱼，有的消费者选择红烧、有的消费者选择熬汤等。

第四，购买形式终极化。生活消费不同于生产消费的根本之点就在于购买形式的终极化。消费者购买的目的是为了满足自己的某种需要，所以他所购买的商品和服务实际上已经进入了最终消费，不再具有转卖或增值的功能。

2. 消费者的行为目标

消费者的本性是改善自己的生活，使自己从购买中得到尽可能大的满足，买到称心如意而又物美价廉的商品；生产者的本性则是增加盈利，但他只有尊重消费者的意愿，满足消费者的爱好，才能实现自己的盈利愿望。可见，消费者的市场选择实际上等于消费者对各种商品及其生产者"投选票"。这说明，消费者行为的目标不是价值最大化，而是"效用最大化"。即消费者在一定的消费偏好基础上，根据收入与价格水平，尽可能大地满足自己的消费欲望。

效用是指商品或服务的有用性，它与消费者的消费欲望成正比，同一商品或服务的效用量随着消费者的满足程度增大而递减，即遵循边际效用递减规律。也就是说，消费者在进行市场选择过程中总是首先购买消费欲望强的商品或服务，但由于边际效用递减规律的制约，消费者会把剩余的消费支出渐次转移到第二、第三……消费欲望强的商品或服务上，所有这些商品或服务效用的总和就构成了消费者在一定支出情况下获得的最大满足。假如有 A、B、C 三种商品，它们对某个消费者的效用量见表 1。表 1 是某消费者分别消费 5 单位 A、B、C 三种商品的效用量比较。

表 1　消费者的效用获得

序号	项目效用量		
	A	B	C
1	10	8	6
2	7	5	3
3	4	2	0
4	1	-1	-3
5	-2	-4	-7
合计	20	10	-1

由上表可知，如果该消费者把所有支出都选择 A 商品，那么他可以获得 20 个效用单位，而若把同样数额的支出投向 B、C 商品，获得的满足程度则分别是 10 和 -1。可见，消费者如果把消费支出仅局限在某种商品上，其效用最大亦不过是 20，这就是边际效用递减规律在制约着消费者，要他进行重新的消费选择。根据 A、B、C 三种商品所能产生的效用量，如果该消费者仍消费 5 单位商品的话，其最大效用应该是：

$A1 + B1 + A2 + C1 + B2$

$= 10 + 8 + 7 + 6 + 5$

$= 36$

"效用最大化原则"虽然是消费者行为的基本目标，但并不是唯一目标。20 世纪 60 年代的 R. A. 鲍尔等人发现：有些消费者竟然对某一项支出特别感兴趣，乐此不疲，在一定时期内连续购买该种商品。这就是消费者行为中的"最小遗憾原则"，连续购买的目的是尽可能减少遗憾。因此，消费者行为目标可以概括为"效用最大化原则"和"遗憾最小化原则"。前者是消费者以事先的预期满足为前提，后者则是消费者以事后的遗憾为前提。

消费者的市场选择总是在一个变动的市场环境下进行，每一次购买都必然产生满意或不满意（遗憾），所以常常会听到消费者议论合算与不合算。实际上，这就是消费者进行市场选择过程中的成本与效益比较。满足程度的增加和遗憾的产生都会推动消费者进行下一次购买，而此次购买过程则既是追求最大效用也是追求最小遗憾的过程。

3. 消费者剩余

如何衡量消费者事先效用最大化目标与事后遗憾之间的差距呢？在经济学分析中，较普遍的分析方法是消费者剩余（consumer's surplus）法。即消费者为得到某种商品或服务而愿意支付的价格和他购买该商品时实际支付的价格间的差额：

消费者剩余 = 愿意支付的价格 - 实际支出价格

从消费者追求效用最大化目标分析，消费者剩余要大于0，而且差距越大越说明消费者所获得的满足程度越高。但是，如果从消费者追求最小遗憾的目标来看，消费者剩余最好小于0，不过差距小越理想，它表明消费者的遗憾无限趋向0。

二、消费者行为的市场约束

消费者的每一次市场选择行为，都要受到许多条件的制约，这些约束条件既有来自经济因素的（如收入、价格、利率等），也有来自环境和消费者自身的（如政治、文化、地理、团体、交通和兴趣、性格、气质、能力、认识、情感、意志、习惯等）。在此，我们舍掉后者不谈，着重分析经济因素（或说市场因素）对消费者行为的约束。

1. 收入约束

收入是影响消费者消费行为的最重要因素。收入根据其形成的方式、时间、来源不同，可分为绝对收入、相对收入、名义收入、实际收入和预期收入。每一种收入对消费者的消费行为都会产生不同程度的影响。一般而言，收入对消费者行为的影响主要表现为：①一定时期全体消费者的总体收入水平直接决定着全体消费者需求欲望的实际水平，个体消费者的收入多少也直接制约着其消费欲望的满足程度。②收入水平的提高会不断降低消费者的消费倾向，而使储蓄倾向增大，预期消费增加，现期消费减少。③收入水平的高低还直接决定着消费者的支出结构。根据恩格尔法则，随着消费者收入水平的提高，食物消费支出在全部支出中所占的比重会越来越小。④收入水平的高低还决定人们更多地选择工作还是更多地选择闲暇,多选择商品消费还是服务消费。

收入是约束消费者行为的硬指标。收入的有限性决定了消费者不可能满足所有的消费欲望,他只能在其可支配收入限定内谋求最大可能性的消费满足。为了更清楚地说明消费者在既定收入情况下获得效用最大化而影响消费者行为的过程,我们在此引入消费者收入预算线(Income in Budget Line)。

使用收入预算线分析消费最大可能本身是一种静态分析,它假定:①收入全部用于消费,储蓄为0。②消费者仅消费两种商品:衣服和食物。③衣服和食品的价格已定。

如果 M 表示消费者的货币收入,P_x 表示衣服的价格,P_y 表示食品的价格,X 表示消费的衣服数量,Y 表示消费的食品数量,那么,消费者可消费食品的最大限量是 $\frac{M}{P_y}$,消费者可消费衣服的最大限量是 $\frac{M}{P_x}$,除此两种消费组合之外,消费者还有无数衣服与食品的消费组合,所有这些组合都可以表达为:

$$M = P_x \cdot X + P_y \cdot Y$$

收入预算线表示消费者在选择消费多少衣服和多少食品时,其组合的各种最大可能性。收入的既定使消费者只能在预算收入线内安排自己的消费支出。

2. 价格约束

从时间上划分,商品和劳务的价格可分为旧期价格、现期价格和预期价格,其中现期价格和预期价格对消费者购买行为的影响尤甚,如果现期商品价格高于旧期,消费者在购买同样数量和质量的商品或服务时,就要支付较多的货币,消费者的市场购买行为就会变得相对谨慎,而此时如果商品或劳务的预期价格可能下降,消费者的现期消费倾向将更大地减少,储蓄倾向增强。价格对消费者的市场选择具有多方面的作用。①这种作用是在对各类商品和服务的相互比较中进行的,尤其是那些具有相互替代的商品群中,价格往往成为决定购买者决策的最重要指标。②即使是同一种商品或服务,对不同收入水平的消费者来说,其约束力也是不同的。一般而言,收入水平越高的人,价格约束则越低;反之,收入水平越低的消费者,价格对其行为的约束力则越强。③不同商品价格的变动对消费者市场选择的约束力是不同的。这种约束力与需求弹性的大小成正比,即消费者生活必需品,如食品、衣服等弹性较小,价格提高对其市场销售量影响小,而对于那些需求弹性较大的商品,如娱乐性、享受性等,价格的高低对其市场销售量的影响则很大,有时价格变动1%就会引起销量几倍或十几倍的变动。

收入和价格对消费者市场选择的约束作用,往往是密不可分的。所以,我们在讨论其他约束因素之前,先来考虑收入和价格对消费者的共同约束作用。在此,我们引入无差异分析(Indifference analysis),即因德芬斯曲线。它是目前分析消费者在市场选择过程中,如何确定可获得最大效用的商品组合所常用的方法。为了方便,我们假定:①消费者可以指出它从任何商品组合中得到的效用。②如果消费者增加对一种商品的消费,同时又不减少其他商品的消费,那么,这个消费者的满足程度会更好些;或者相反,如果消费者减少对一种商品的消费,同时又没增加对其他商品的消费,那么这个消费者的满足程度就会降低一些。③消费者能够识别具有相同效用的非同种同商品组合。④也是为分析的需要,假定一个消费者现在可供选择的商品只有食物和衣服。

根据无差异分析,如果某个消费者目前的消费组合是20单位食品和15单位衣服,如图2中W_0点所示。这种商品组合以及W_1线上所有点所形成的商品组合,带给消费者的效用水平都是一致的。进而,如果消费者至少可消费20单位的食品同时又可消费多于15单位的衣服,那么其满足程度要比在W_0点好;如果消费者有20单位以上的食品和15单位的衣服,其满足程度也比W_0好。反之,则总效用水平下降。也就是说,一个消费者的无差异曲线表示能产生同样效用水平的所有组合,曲线W就是一条无差异曲线。无差异曲线的斜率被称为边际替代率,它表示在家庭收入不改变其效用水平的情况下,用一种商品代替另一种商品的比率,如图2所示,消费者消费从W上的W_1移到W_0,减少食品所损失的效用依赖于衣服的边际效用,增加衣服所增加的效用依赖于食品的边际效用,如果用公式表示:

$$边际替代率 = \frac{食品的边际效用}{衣服的边际效用}$$

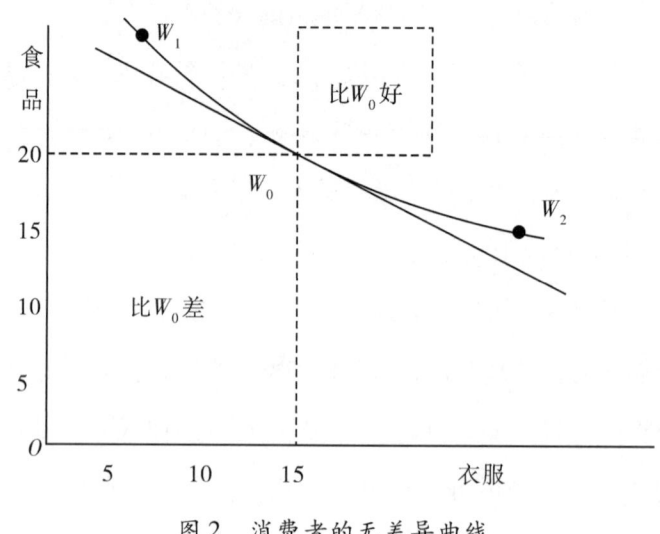

图 2　消费者的无差异曲线

这里需要注意的是，无差异曲线只表示消费者消费一定量商品能给他带来的满足程度，并没有考虑经济因素的制约。因此，在收入、消费者偏好以及商品价格都已确定时，考察消费者的市场行为，就需要把"收入预算线"和"无差异曲线"结合起来，这样才能确定消费者市场选择的商品组合。

如前分析，消费者收入预算线决定了消费者的商品组合只能在收入预算线内找，而消费者追求效用最大化目标只能是在某条无差异曲线上。当收入和价格既定时，收入预算线肯定会与某一条无差异曲线相切，切点便是消费者均衡点，即消费者在既定条件下的最大满足点，如图3所示。

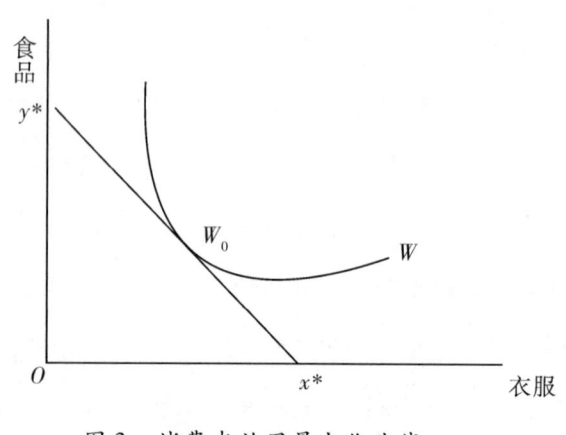

图 3　消费者效用最大化曲线

当然，收入和价格对消费者市场行为的约束远比我们上述分析的要复杂很多，消费者均衡只是偶然的、极个别现象，更多的是消费者失衡，即经常性的"遗憾购买"。所以，与其说消费者市场行为是在效用最大化目标诱引下发生的，不如说是为了减少每次购买的遗憾而不断进行再购买的。

3. 利率约束

这里所说的利率是广义上的，既包括银行及各种金融机构的存款利率、贷款利率，也包括各种债券、股票、期票、抵押贷款的市场利率，还包括外汇市场利率，即汇率。在通货膨胀率和收入既定的情况下，消费者用于现期和预期消费支出的比例，与利率高低密切相关。当存款利率水平提高时，消费者的储蓄和投资倾向增强，消费倾向下降。这时消费者购买的是各种有价证券，如公司债券、股票与政府债券、国库券等，同时，消费者的银行存款也在不断增加。反之，当存款利率下降，特别是当其降到通货膨胀率之下时，消费者就会更多地放弃远期消费而把较多的收入投向现期消费。如果消费贷款利率低，消费者则会举债进行消费，如举债购买住宅、耐用消费品等，现期消费扩大，远期消费减少，反之则相反。利率对消费者市场行为的引导和约束是经常的和有效的。如我国政府在1988年到1989年底以及1993年6月后为了抑制现期消费，普遍提高了居民银行存款利率，并为3年期以上存款实行保值，货币很快回笼，减少了市场上的现期需求；同样，当市场出现疲软之后，政府为了启动市场，在1990年两次调低存款利率，增加了消费者的现期消费。

三、消费者权益及其保护

1. 消费者权益保护的动因

市场经济条件下的市场准则应该是公正和平等，而生产者的利润动机又完全依赖于消费者需求来实现。这样似乎消费者效用最大化的目标并不难实现。但是在现实经济生活中，消费者总是处于一种弱者地位，其权益也总在不断受到侵害。这是为什么呢？

本来，"消费者应当而且必须是拥有最高权力的；他们必须是自主的，自行决策的，自由的，自己创造的，即创造一组生产部门会投合的客观既定的偏好"。但由于消费者的力量过于分散，尤其是相对于其他经济主体（企业、政府或其他有组织的团体），自我保护的手段和力量都无法使其获得公平的地位。这也就是为什么对消费者权益进行保护的最基本动因。

(1) 消费者虽然是具有自主选择权力的市场主体，但无论从信息的获得还是信息处理能力来说，消费者都不是一个有力量的主体。企业一般都拥有完备的市场信息收集和处理系统，而消费者只能依据大众传媒等极少数渠道获取和处理信息。这种信息的供给从一开始就是不平等的，从而消费者将由于没得到适当的信息而成为被操纵的对象。生产者为了使自己处于更加优势的地位，有时还要扣压、歪曲或封锁给消费者的信息，如虚假广告、假冒伪劣商品等。

(2) 消费者不仅在信息供给上处于劣势，而且还要在很多方面不得不屈从于生产者。消费者主权的这类侵犯，出现在当生产部门有力量决定消费者的选择范围，并有理由使用这种力量而不顾消费者对所提供的这个选择范围有什么想法时。

(3) 在消费者权益长期被忽视的情况下，消费者的自我保护能力更加低下，他们甚至不知道怎样做消费者，更不知道如何保护自己的权益。如中国的消费者惯于生活在传统计划经济体制下，一切选择的机会和权力全由社会的各种机构"代劳"了。因此，让他们一下子步入以市场为中心的经济生活中，肯定处处无所适从，不知道该做什么样的消费者。所以，许多消费者的合法权益被侵犯，自己尚且不知道或知道了也不懂得如何保护自己。一旦发生了侵权行为，不是去找消费者协会、法律仲裁机构等寻求保护，更多时候是"吃亏认倒霉"。

上述分析说明：由于消费者力量的弱小，生产者会经常实施侵权行为，使消费者处于一种屈服地位，所以，消费主权的保护仍是保护市场公平、公正原则所必需的手段。换言之，保护消费者权益对于正在市场经济制度中逐步建立的经济系统，显然就更加重要。

2. 中国的消费者权益保护对策

(1) 市场经济建设中的消费权益。中国从1978年开始逐步放弃传统的计划经济体制，并相应地扩大市场机制的作用，迄今已经近40年。中国的消费者权益怎样呢？虽然，由于消费者有消费选择权，被尊称为"上帝"，然而，由于缺乏相应的市场基本规则或者对消费者权益保护法的执行不力，消费者权益被弱化和侵害，其市场地位并没有得到真正的提高。因此，众多被称为"企业上帝"的消费者在这种不规范的市场经济中，正在扮演着弱者的角色。

第一，消费者权益被随意践踏，造成消费者心理变化，其行为首先表现为"一哄而抢（购），一哄而收"，使市场运行处于激烈动荡之中。在长期的短缺市场态势下，企业或政府主管机构总是以强势身份出现在消费者面前，众多无力保护自己合法权益的消费者只有求助于这些强者。久而久之，消费者就完全放弃或基本放弃了自己的选择权力和鉴别机会，遇物就买的现象也就极为普遍。即使是经过带有商品经济色彩达10余年之久的中国消费者，仍没有摆脱此现象：在短缺市场态势下培养起来的"趋同心理"，"抢购"和"囤积"仍然根植于广大消费者内心深处。

第二，消费者长期居于弱者地位，使其不知道如何保护自己的权益，进而不利于市场规则的制定和执行，容易使市场发育产生无序现象。

消费者的不成熟还表现在对商品知识的缺乏上。在商品经济发达的地方，消费者为保护自身利益，必须具备必要的商品知识。但是，对许多中国消费者来说，他们习惯的是人云亦云，很少具备关于某种商品的必要知识，所以在购买过程中非常容易被欺骗。

（2）中国的消费者权益保护对策。从消费者角度考察一个市场系统是否健康成熟，至少有两条标准：一是消费者的消费心理是否健全，二是有无完善的保护消费者权益的法律、法规和有关公正的仲裁机构。用这两条标准来衡量现阶段的中国市场，就不难发现其与真正的消费者权益独立还有相当大的距离。所以，要做好消费者权益保护工作，一是要在经济运行的基础上培育消费者的正常消费心理，理顺消费机制，二是加强市场立法，尤其是消费者权益保护方面的立法要强化。

第四节
政府在市场中的多重角色

政府是现代市场体系中一个极为特殊的角色——既是市场行为主体，又是市场调控主体，还是市场监管主体。因此，如何界定和规范政府行为边界，始终是一个难题。本节重点谈谈政府职能的演变过程及其作用。

一、政府经济职能的演变

政府在经济发展和市场经济建设中，能做什么，不能做什么，以及做到什么程度，在不同的市场经济发育阶段和不同的经济体制类型中，是存在很大差异的。但这并不是没有规律可循。如果回顾一下市场经济发展的整个历史，就不难发现，政府经济职能的转变曾走过两条不同的道路。

第一条道路，从放任经济的政府到干预经济的政府。市场经济在其初始发育阶段，政府的限制、管理极少，具体的直接干预或参与更少，市场的发育和运行基本上处在各类经济主体（主要是厂商、作坊主和消费者）完全自由的竞争中，市场完全是自发成长的。在这种场合，政府对市场运行实行自由放任政策，除了履行一般政治、军事、外交等职能外，经济职能基本上限于向纳税人征缴税收。换言之，在此阶段，政府对市场发育的影响还很微小，即使它作为消费者的时候，也仅仅是增加了最终消费品的需求，但却同时减少了市场上对投资品的需求。

随着资本积累规模和有产阶级的迅速扩大，生产社会化和私人占有生产资料之间的矛盾激化，市场竞争所带来的高效率和社会财富又不断被周期性的市场过剩危机所吞噬，特别是发生在20世纪30年代的世界性经济大危机，使人们彻底看到了靠纯粹放任的市场来调节经济运行的市场经济体制，已经无可置疑地失败了。正是在这样一种背景下，产生了现代宏观经济理论，其标志就是英国著名经济学家凯恩斯在20世纪30年代发表的《就业、利息和货币通论》（以下称《通论》）。《通论》认为，通过政府直接参与市场调节和市场竞争，积极消费，扩大公共支出，就会创造出倍增的有效需求，同时给放荡不羁的市场带上"笼头"，通过"看得见的手"，引导和调节市场运行，尽可能保持市场运转的平稳，进而维持经济的持续发展和增长。

现代宏观经济理论的核心就是扩大政府干预经济的职能并使之规范化。所以，凯恩斯的《通论》一发表，在大危机中似乎已被宣判"死刑"的市场经济又找到了新的生存基点，即政府在经济发展和市场运行中，将不再扮演单纯的消费者的角色，它同时将是经济运转的组织者、管理者和直接参与者。政府职能的扩大和政府行为的多样化，缩小和减缓了社会各阶层的利益差别和矛盾冲突，重建了市场经济秩序。

第二条道路，从包揽一切经济事务的集权型政府到适度干预经济的政府。与西方一些发达国家的市场发育之路不同的另一条市场发育之路是：苏联、中国和东欧一些国家在第二次世界大战后，纷纷走上社会主义道路，在经济上也纷纷建立起中央高度集权型的经济体制。在这种经济体制中，市场被排除在经济活动之外，或被限定在极小的经济领域里发挥作用，政府特别是中央政府的职能空前扩大，它几乎取代了所有经济主体决策和选择权利的机会。在这种场合下，地方政府成为中央政府上传下达的中转站，没有自己独立的经济利益、责任、权利和义务，其活动被严格限定在中央政府的"红头文件"之中。企业成为政府的附属物，产供销和人财物的供给与产出完全由政府代行决策，企业可以不问市场，不管效益，只管完成中央政府下达的指令性计划指标。几乎不参与市场的企业，也就蜕变成了一般性生产组织，不再具备市场主体的功能。消费者或者公民的市场选择机会同样由政府代管，如公民就业由中央政府的各级劳动、人事主管机构统一分配，而不是由劳动者和用人单位进行双向选择，择优录用或择优而入。再如居民的日常消费品，也有很大一部分由政府配给而不是消费者自己进行市场选择。中央政府代行所有市场主体的职能，使整个国家的经济运转决定于一元主体，这就从根本上否定和消除了市场机制发挥作用的可能和条件。

为了改变这种包揽一切决策的经济体制，消除其僵化、低效等弊端，社会主义各国都从不同的国情和角度，采取激进或渐进的方式进行改革。其中一个较为一致的认识就是：组织社会主义经济仍然要以市场为中心，启动培育市场仍然是搞活经济的根本手段。这是社会主义市场经济发展的内在要求。因此，中央政府以及地方政府在改革进程中，其行为已经发生了较大变化。即由代行所有经济主体职能转换到各经济主体各尽其能，充分发挥各自的市场主体功能。如转换企业经营机制，政企职能分开，由排斥市场发育到对市场发育进行组织和管理。政府依靠国家立法机构制定具有统一性和全面性的市场规则，防止市场发育的畸变，增加市场透明度，减少市场初步发育与原有行政体制的摩擦，尽快使市场规则向国际惯例接近，等等。这也是中国转换政府职能必须考虑的问题。

二、政府的作用

1. 市场经济与政府活动

包括中国在内正在建设着的市场经济体制，其经济活动的基盘就是市场经济。这个体制有两大特点：

第一，家庭和企业是构成经济的基本单位，它们决定着所有的经济活动。换言之，这种体制，其决策过程是分权式的分散决策，不存在统一的意志中心，即每个家庭和企业并不直接考虑整体经济的利益得失，而完全根据自己的利害得失行动。当然，对于每个经济主体的行动，都有一定的约束规则，但整个经济运行的原则仍是自由的。

第二，经济主体之间的交易是通过市场的自发性契约进行的。如家庭把劳动和服务提供给企业得到工资时，究竟提供给哪个企业或以什么样的工资水平提供，这些都是由当事人通过自由契约决定的。在这种交易过程中，不存在强制性交易。作为评价财产和服务价值的尺度，价格起着极其重要的作用。

关于上述两点市场经济的机能，在经济学中有各种不同的表述，原因在于它只是一种极为经典的描述。但在现实经济生活中，并非只有市场机构在调节经济活动，还存在着与市场自发作用具有根本性差异的"政府"或公共部门。作为政府，它在对企业和家庭征收税赋和社会保险金的同时，提供一般行政事务、警察、司法、消防等服务，进行社会资本的建设和维持，保障社会福利的落实（如图4）。实际上，在现代经济体制中，政府在经济整体中的活动比重极高，实际已经不存在纯粹的市场经济体制，都是"混合经济体制"。

如果政府的经济活动和市场经济相比，政府活动的特点可以概括为：

第一，有关政府活动的内容及为此产生的费用负担，各个经济主体不允许有个别性选择。在民主国家，政府活动的内容根据国民的意愿经过民主程序决定，一旦作为决定确定后,就不再允许进行自由选择。例如,加入社会保险是强制性的,个人是不能拒绝的。在租税和社会保险等的负担上,更具有强制性,即使在受益方面也具有强制性。例如,决定街道的宽度、范围和通过位置。对于国防,不管是主张无军备的人还是主张有强大军备的人,都不能个别地选择无国防活动。

第二,服务的提供和费用负担是单方面决定的。如:租税是社会整体为政府提供服务的对等补偿,但从每个纳税者的角度看,他与其所受的公共服务之间并没有直接的关系。还有,在受益方面,一般行政事务、警察、国防等服务都是无偿提供的。原则上,社会资本的利用是不需要支付费用的,进而,生活保护费(社会救济金等)的支付也是无偿的,它并不要求受益者进行对等的偿还。

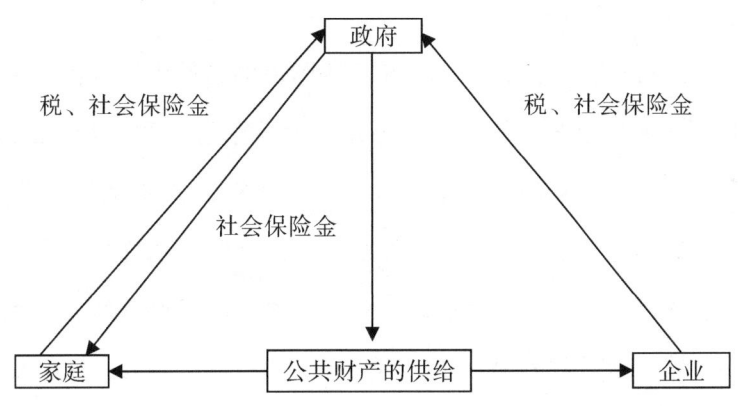

图 4　政府主体与企业、家庭经济关系

政府的这种活动特点,是按照市场经济的基本原则,对市场经济所作的异质性支配调节。所谓异质性活动,就是指政府的作用与市场本身的自发作用的不同。这种异质性活动之所以成为必要,是因为"市场经济是在一定条件下、一定意义下实现预期条件"的,而"一定的条件"在现实世界中未必能得到满足,"一定意义下的预期"也并非是万全的。下面,我们就政府活动的作用作一具体说明。

2. 政府的作用(A):收入再分配

市场经济中的收入,是对生产要素的报酬。所以,决定收入分配的根本条件是每个家庭或个人保有的生产要素的质与量。如工资收入是由劳动者的能力和工作时间决定的,土地和资本的收益也决定于它们的质量和数量。市场自行决定的收入分配,在某些方面是具有良好性质的。尤其是有关劳动生产要素,本质上是可以通过个人的努力和劳动时间的延长使其收入提高的。于是，根据市场确定的收入分配，在对个人努力程度和贡献大小的回报意义上，是极具有效率的。但是，土地和资本等生产要素的占有，遗产继承的作用往往强于个人的努力。所以，由市场按生产要素的质与量为前提的收入分配，按社会标准评价就很难说是公正的。即使仅就劳动而言，有时也未必是公正的，如由于接受教育机会的差异而导致的收入差别，或由于不测事故和疾病而丧失的就业机会等。也就是说，完全由市场决定的分配格局只是一个大致公正的，即对要素投入质量和数量的回报。但由于这种"公正"常常被初始条件的不公正（如遗产继承的有无或多少，接受教育的机会等）所破坏，这样就产生了由政府修正市场决定的收入分配结构的必要。这就是市场经济中政府的第一个机能："收入再分配机能"。

收入再分配的目标有二：其一是保证整体国民的最低生活标准。为此，政府采用的对策就是生活保护制度。其二是收入分配的平等化（贫富差距的缩小）。为了实现这一目标，最通常的实施手段是累进课税以及实施各种社会保障政策。因此，现代国家常被形容为"福利国家"，有些国家的社会保障系统极为发达和完善，以致一个人从生下来到死亡基本上都由政府包了下来，如瑞典从幼儿园到博士后都是免费教育，最低收入者月收入为5000瑞典克朗左右，收入超过7000瑞典克朗，超过部分收入的一半以上将被课税。由此可见，在政府的经济活动中，收入再分配机能占有着极其重要的比重。另外，政府对农业的补贴政策、对个别产业倾斜投入的政策、对公共住宅的实物补贴以及通过地方上缴税收的减免或增加在地域间进行的收入再分配，在政府活动中所占比重也很大。

3. 政府的作用（B）：公共财产的供给

"市场经济在一定条件下实现帕累托最优化"这一经典定律的前提，是所有财产和服务都只有通过市场才能交易。但在现实经济生活中，有许多财产和服务并不符合这个条件，即不适合在市场上交易。例如道路问题，政府修建了道路，从企业征收使用租金是必要的，但为此就必须在所有的道路上都设立收费所，这显然是不合适的。所以，从道路利用者手中直接征收租金是不可能的（全封闭式的高速公路等除外）。像这样使用费用和对价征收租金难以做到的财产和服务，称为"不能排除性财产和服务"。即利用这些财产和服务的人或单位,既包括支付租金者又不能排除未支付租金者。"不能排除性财产和服务"不可能由民间企业来供给,只能由政府通过税收等一般财源进行投资来提供。因此,所有具有"不能排除性"的财产和服务,都被称为"公共财产"。公共财产的种类很多,如街道、公园、堤坝、桥梁、下水道等社会资本。另外,国防和外交的受益者是所有国民,同时它也是不能排除性的服务。所以,国防和外交等也是公共财产。进而言之,为了维持和运营社会生活与经济活动而设立的基本组织和机构,也是公共财产的一种。这些组织和机构在确保合同的履行、保护所有权、维持社会正常秩序等方面起着极其重要的作用。如前所述,"在市场经济中的经济主体行动必须遵守一定的基本准则",这种准则的维持和贯彻所需要的立法、司法、警察、货币制度等一般行政事务,无疑也是公共财产。在某种意义上,世界上不存在没有政府活动的经济。把政府活动限定在必要最低限的国家,有时被戏称为"夜警察国家",这是与现代的"混合经济"和"福利国家"相对应的称呼。

4. 政府的作用（C）：对外部经济与外部不经济的补救

"市场实现帕累托最优状态"命题的背后,附有一个先决条件,即市场的价格能够正确反映财产和服务的社会性费用和社会效益,市场作用的结果,社会费用和私人费用、社会效益和私人效益是一致的。但是,在现实经济生活中,某些种类的财产和服务并不能满足这个条件。例如教育问题,对个人而言,从教育中得到的私人利益可以通过就业机会的增大和工资收入的增大表现出来,但是,教育的社会效益就很难表现出来。如果社会整体教育水平提高,由此而产生的社会利益肯定会超出各个私人利益的总和。类似这种社会效益大于个人效益的情况,被称为"外部经济",即个人投资所得小于社会共同投资所得。如果把存在外部经济的财产和服务的供给,仅仅通过市场供应,从社会效果来看肯定只有极少的供给产生。因为对私人投资者来说,外部经济的背后就是内部不经济,即投资者如果把资金投于外部经济的财产和服务上,私人经济效益就会降低,所以,私人部门极少会投资这些项目。

与上述情况相反,有时也存在社会费用超过私人费用的情况,这就是外部不经济。这种情况表明它所提供的供给量与市场经济实现的供给量相比，超过了社会的最佳状态，例如煤气、排热、噪声、污水等。

概言之，存在外部经济和外部不经济的时候，就意味着市场机构所实现的资源分配已经偏离了社会最佳状态，这就是经常被提到的"市场失败"。此时，政府介入经济活动，补救外部经济、外部不经济就是必要和必需的。

5. 政府的作用（D）：稳定经济

政府的第四个作用是使宏观经济活动稳定化。在市场经济中，整体经济活动的水平取决于多种变动因素。劳动人口的变化、新技术的应用、国际经济的变化等外部因素以及内在于经济运行的诸多内部因素，都会使整体经济产生周期性波动。也就是说，仅仅依靠市场机构本身的运作，某些时候就会发生经济萧条、失业和资本闲置，而在另一些时候则会出现经济过热和通货膨胀。这种激烈变动一旦任其发展，就会酿成20世纪30年代的大危机和第一次世界大战后欧洲的高通货膨胀那样破坏经济体制基干的惨剧。于是，消除经济波动，维持高就业和稳定的物价水平，就成了政府（包括中央银行）稳定经济的职能。

如前所述，关于整体经济活动水平的决定机制，是由20世纪30年代出版的凯恩斯的《通论》最早成体系地阐明的，它后来成为客观经济学的重要组成部分。凯恩斯以前的经济学，强调市场机构的自动调整机制，把失业仅仅看作短期的摩擦性的。与此相反，凯恩斯则认为，由市场机构决定的经济活动水平并不限于带来资源和劳动力的充分利用，而且还存在着非自愿失业继续的可能性。为了克服经济萧条，政府应当扩大财政赤字，增加政府支出，提高经济活动水平，增加有效需求。

凯恩斯的这些主张，在第二次世界大战后，被萨缪尔森、索洛等美国经济学家系统化、规范化，同时，由于计量经济学和电子计算机的发达，使政府的宏观控制具体应用到现实经济运行成为可能。也就是说，我们前面所阐述的政府职能，基本上未超出古典经济学的范畴。但在此由于政府要使整体经济稳定化，不可避免地要涉及出现失业、通货膨胀或对外收支不均衡的情况，这就要求政府调整财政活动的水平通过财政政策、货币政策对国民经济进行总需求管理。

三、"小政府"与"大社会"

1. 市场经济中的"大政府"化

第二次世界大战以后,无论是计划经济国家还是市场经济国家,政府的规模都明显地扩大了。即使在市场经济最发达的西方发达国家,政府的作用和规模也都在膨胀。下面让我们来考察一下一般政府的总支出和税收、社会保障负担等指标。

首先,来看 OECD 主要国家的一般政府总支出占国内生产总值(GDP)的比率(见表2)。

表2 一般政府总支出和社会保障转移的演变

(单位:%)

国家	一般政府总支出			社会保障转移		
	1955—1957年平均	1974—1976年平均	1980年	1955—1957年平均	1974—1976年平均	1980年
日本	14.4	26.6	32.9	3.7	7.9	10.9
法国	33.5	41.6	45.7	13.2	19.9	22.9
联邦德国	30.2	44.0	45.0	12.0	15.4	15.3
意大利	28.1	43.1	44.3	9.7	19.4	15.8
瑞典	…	51.7	61.4	7.4	17.1	19.6
英国	32.3	44.5	44.3	6.1	11.3	11.7
美国	25.9	35.1	32.7	4.1	10.9	11.1
OECD 平均	28.5	41.4	…	7.5	13.9	…

从表2中可以看到,一般政府总支出比率这个指标,OECD 平均水平 1955—1957 年时低于 30%,1974—1976 年时超过了 40%,20 世纪 80 年代该指标约达到 50%。

其次,从财源筹集方面同样可以观察到"大政府"的踪迹(见表3)。表3表示的是租税和社会保障负担的合计额对国内生产总值和国民收入的比率。西方先进七国的平均水平,1974—1976 年租税、社会保障负担对 GDP 的比率为 30% 左右,在瑞典、丹麦、荷兰等国,其比率达到 50% 左右。再看租税、社会保障负担对国民收入的比率，1980年欧洲诸国普遍超过50%。

表3　租税与社会保障负担的演变

（单位：%）

国家	租税、社会保障负担（对GDP比）			社会保障负担（对GDP比）			对国民收入比（1980年）		
	1955—1957年平均	1974—1976年平均	1980年	1955—1957年平均	1974—1976年平均	1980年	总负担	租税	社会保障负担
日本	18.0	22.1	26.0	2.2	5.0	7.6	32.2	22.8	9.4
法国	30.9	37.2	44.7	9.7	15.2	20.2	58.6	32.1	26.5
联邦德国	31.4	38.3	40.0	7.4	13.4	15.5	51.8	31.7	20.1
意大利	24.9	31.8	…	7.4	13.7	…	…	26.3	…
瑞典	26.2	47.0	56.7	2.2	9.9	14.3	64.1	44.5	19.6
英国	28.6	36.0	37.7	3.1	6.6	7.3	51.0	41.1	9.9
美国	24.8	27.5	30.3	3.1	6.7	7.8	37.7	28.0	9.7
OECD平均	24.6	33.9	…	3.4	7.6	…	…	…	…

2. 对"大政府"的反省

在市场经济国家，政府规模的扩大以及由此带来的福利国家，可谓是大多数国民意愿的结果。但是，政府规模过于扩大，对市场干预过大的直接结果也无疑损害了市场效率。因此，进入20世纪80年代以后，市场经济诸国都在尽力控制政府的规模，努力使其恢复到以不损害市场效率为基准的程度上。这一点，西方市场经济国家如此，东方的社会主义市场经济国家更是如此。对前者来说是缩小政府规模，使市场机构发挥更大的作用，对后者来说就是转变政府职能，使其从计划经济的管理模式中解脱出来，以适应市场经济体制的需要。

西方先进工业国对政府活动领域的再圈定，始于美国和英国。如美国对20世纪30年代罗斯福新政以来一贯继续下来的联邦政府职能和权限的增大过程作了再检讨；英国在20世纪80年代大力推进的国营企业民营化以及从根本上修正社会保障政策等都是对政府规模过大的抑制。在日本，围绕政府作用问题的讨论也很多。

1970年被称为日本的"福利元年",但现在政策议论的重点却是如何抑制增大的社会保障负担和控制政府的膨胀。

世界经济潮流之所以会如此,是因为:

第一,国民反对增大税赋和社会保险负担。政府活动规模较小时,这样的税赋及社会保险负担对整个国民收入的比重是确定的,政府通过对一部分高收入者和企业进行课税就可以了。这种情形大多数国民意识不到政府的轻重。但是,政府活动扩大后,为支撑其大规模的支出必然要引起税收和社会保险负担的提高,其负担自然要以显性的形式波及广大国民阶层,致使普通国民也明确地意识到政府的轻重。

第二,人们对福利国家现实的幻灭。医疗保险等社会福利保障措施的实施,给众多的人带来了福音,但同时也招来了受诊率显著上升和"医院的福利化"。各种各样的社会保障制度给人们的生活以安全保障,但同时造成人们劳动欲望低下、储蓄率下降、经济衰退周期缩短、失业增加等问题。换言之,政府规模的扩大并没有像需求学派说的那样会带来经济的繁荣,相反却是生产率下降和经济停滞的最基本原因。

第三,人们对政府活动的非效率性有了更强的认识。20世纪60年代,人们出于对私营企业单纯追求利润活动的反感,认为应该把更多的经济活动交给政府去做,这样才会使企业的活动更具有社会性。所以,在20世纪六七十年代,世界各国的公有化浪潮此起彼伏。但是,人们在认识到私营企业罪恶的同时,却忽略了一个重要的问题,即不存在利润动机也没有破产风险的政府事业,在现实社会经济生活中是低效率和没有责任约束的。因此,人们认识到,不仅存在着"市场失败",也同样存在着"政府失败"。简言之,就是抛开负担增大等问题,把政府活动限制在必要的最小范围内也是必要的。

3. "小政府"与"大社会"的标准

严格地讲,"小政府"和"大社会"都是一些非常笼统的概念。"小政府"究竟小到什么程度,"大社会"究竟大到什么程度,只有在其活动规模恰好能使社会经济效率最高和各种社会经济联系协调有效时,政府的职能才是适度的、有效的。换言之,"小政府"和"大社会"的标准有二:

第一，不存在市场失败，即政府必须在市场失败的领域发挥积极的、强有力的干预和调节职能。为此，政府应该起作用的领域至少包括：国防、立法和司法及执法程序和秩序的维持、财产权的保护、货币金融制度的维护。

第二，不存在政府失败，即政府的活动规模应以提高社会经济效率为标准，那些妨碍市场正常运转的政府机构以及政治活动过大带来的税赋负担加重，都会直接或间接地降低经济效率和社会发展后劲。

参考文献

□ 导论

[1] 邓小平. 邓小平文选：第三卷. 北京：人民出版社，1992.

[2] 中共中央关于全面深化改革若干重大问题的决定. 北京：人民出版社，2013.

[3] 中华人民共和国国家统计局. 2016 中国统计摘要. 北京：中国统计出版社，2016.

[4] 国家经济体制改革委员会综合规划司. 中国改革大思路. 沈阳：沈阳出版社，1988.

[5] 彭森，陈立，等. 中国经济体制改革重大事件（上下）. 北京：中国人民大学出版社，2008.

[6] 房汉廷，张磊. 加快完善现代市场体系. 广州：广东经济出版社，2015.

[7] 苏星. 新中国经济史：修订本. 北京：中共中央党校出版社，2007.

[8] 北京师范大学经济与资源管理研究院. 2008 中国市场经济发展报告. 北京：北京师范大学出版社，2008.

[9] 万军. 迈向开放型经济新时代. 广州：广东经济出版社，2015.

[10] 王梦奎. 中国经济转轨二十年. 北京：外文出版社，1999.

[11] 张卓元，等. 新中国经济学史纲（1949—2011）. 北京：中国社会科学出版社，2011.

[12] 张卓元. 经济改革新征程. 北京：社会科学文献出版社，2013.

[13] 中共中央关于制定国民经济和社会发展第十三个五年规划的建议. 北京：人民出版社，2015.

[14] 中共中央国务院关于推进价格机制改革的若干意见，2015-10-12.

[15] 李克强. 政府工作报告. 人民日报，2017-03-17.

第一章

[1] 郭冬乐，房汉廷，田春苗. 消费品市场研究. 重庆：重庆出版社，1990.

[2] 吴敬琏. 当代中国经济改革：战略与实施. 上海：上海远东出版社，1999.

[3] 臧旭恒，等. 居民资产与消费选择行为分析. 上海：上海人民出版社，2001.

[4] 刘小玄. 中国转轨过程中的产权和市场. 上海：上海三联书店，2003.

[5] 魏礼群. 中国经济体制改革30年回顾与展望. 北京：人民出版社，2008.

[6] 蔡晓陈. 中国价格粘性的实证研究. 中国经济问题，2012（6）.

[7] 张成思. 中国通胀惯性特征与货币政策启示. 经济研究，2008（2）.

第二章

[1] 华生，等. 微观经济基础的重新构造——再论中国进一步改革的问题和思路. 经济研究，1986（3）.

[2] 张风波. 当前宏观经济中若干问题的理论思考. 经济研究，1987（2）.

[3] 吴敬琏. 通货膨胀的诊断和治理. 管理世界，1989（4）.

[4] 余根钱. 改革以来我国经济过热类型的变化. 经济研究，1994（2）.

[5] 陈德华. 经济增长与通货膨胀——中国经济面临的问题. 北京大学学报（哲学社会科学版），1994（2）.

[6] 戴根有. 1994年通货膨胀特点及原因分析. 财贸经济，1995（6）.

[7] 国家统计局课题组. 四次投资过热的经验和教训. 中国国情国力，2005（4）.

[8] 郭庆旺，贾俊雪. 地方政府行为、投资冲动与宏观经济稳定. 管理世界，2006（5）.

[9] 张军，等. 中国为什么拥有了良好的基础设施？. 经济研究，2007（3）.

[10] 宋丽智. 我国固定资产投资与经济增长关系再检验：1980—2010年. 宏观经济研究，2011（11）.

第三章

[1] 缪勒. 公共选择理论. 杨春学，等译，北京：中国社会科学出版社，1999.

[2] 王俊豪. 政府管制经济学导论. 北京：商务印书馆，2001.

[3] 管强. 城市化进程中的公共物品引致供需分析. 中央财经大学学报，2003（7）.

[4] 王万山，伍世安. 公共物品的价格形成与优化分析. 当代经济科学，2003（11）.

[5] 佘润申，朱红. 公共品特许经营的历史演进. 上海城市管理，2004（2）.

[6] 吴俊培，卢洪友. 公共品的"公"、"私"供给效率制度安排——一个理论假说. 经济评论，2004（4）.

[7] 白雪梅. 教育与收入不平等中国的经验研究. 管理世界，2004（6）.

[8] 陈钊，陆铭，金煜. 中国人力资本和教育发展的区域差异：对于面板数据的估算. 世界经济，2004（12）.

[9] 国务院发展研究中心课题组. 对中国医疗卫生体制改革的评价与建议. 中国发展评论. 2005（7）.

[10] 温娇秀. 我国城乡教育不平等与收入差距扩大的动态研究. 当代经济科学，2007（5）.

[11] 吴春霞. 中国城乡义务教育经费差距演变与影响因素研究. 教育科学，2007（6）.

[12] 周义程. 公共产品民主型供给模式的理论建构. 北京：中国社会科学出版社，2009.

□第四章

[1] 贾履让，房汉廷. 承认劳动力的商品属性是开放劳动力市场的理论前提. 中国社会科学，1987（1）.

[2] 郭焕成，徐勇. 关于我国农村劳动力剩余与转移问题. 经济地理，1990（3）.

[3] 蔡昉. 二元劳动力市场条件下的就业体制转换. 中国社会科学，1998（2）.

[4] 蔡昉，都阳，王美艳. 户籍制度与劳动力市场保护. 经济研究，2001（12）.

[5] 宋洪远，黄华波，刘光明. 关于农村劳动力流动的政策问题分析. 管理世界，2002（5）.

[6] 王美艳. 城市劳动力市场上的就业机会与工资差异——外来劳动力就业与报酬研究. 中国社会科学，2005（5）.

[7] 刘尔铎. 城市劳动力市场结构性短缺与民工荒. 人口学刊, 2006 (1).

[8] 蔡昉. 中国劳动力市场发育与就业变化. 经济研究, 2007 (7).

[9] 张车伟. 当前劳动力市场的结构性矛盾及其经济学分析. 经济学动态, 2008 (3).

[10] 张车伟. 中国30年经济增长与就业: 构建灵活安全的劳动力市场. 中国工业经济, 2009 (1).

[11] 刘学军, 赵耀辉. 劳动力流动对城市劳动力市场的影响. 经济学季刊, 2009 (1).

[12] 钱雪亚, 张昭时, 姚先国. 城镇劳动力市场城乡分割的程度与特征——基于浙江数据的经验研究. 统计研究, 2009 (12).

第五章

[1] 中共中央, 国务院. 全国基本建设工作会议汇报提纲, 1980-06.

[2] 国务院. 关于继续积极稳妥地推进城镇住房制度改革的通知. 1991-06.

[3] 国务院. 关于发展房地产业若干问题的通知. 1992-11.

[4] 国务院. 关于进一步深化城镇住房制度改革加快住房建设的通知. 1998-07.

[5] 国土资源部. 关于加强土地供应管理 促进房地产市场持续健康发展的通知. 2003-09.

[6] 财政部、国土资源部、中国人民银行. 关于调整新增建设用地有偿使用费用等问题的通知. 2004-11.

[7] 中共中央十八届三中全会. 中共中央关于全面深化改革若干重大问题的决议. 2013-11.

[8] 中共中央办公厅、国务院办公厅. 关于引导农村土地经营权有序流转 发展农业适度规模经营的意见. 2014-11.

第六章

[1] 中华人民共和国商标法, 1982-08, 1993-02, 2013-08.

[2] 中华人民共和国专利法, 1984-03, 1985-04, 1992-09, 2000-08.

[3] 中华人民共和国民法通则, 1986-04.

[4] 中华人民共和国民法典·总则,2017-03.

[5] 中华人民共和国著作权法,1990-09,2001-10,2010-02.

[6] 建立世界知识产权组织公约,1967-07.

[7] 保护工业产权巴黎公约,1883-03.

[8] 集成电路知识产权条约,1989-05.

[9] 保护文学艺术作品的伯尔尼公约,1886-09.

[10] 世界版权公约,1952-09.

[11] 与贸易有关的知识产权协议,1994-04.

[12] 中美政府关于保护知识产权的谅解备忘录,1992.

[13] 中共中央,国务院.2006—2020年国家中长期科学技术发展规划纲要,2006-01.

[14] 中国科技统计年鉴,2001—2016.

第七章

[1] 中共中央关于经济体制改革的决定,1984年.

[2] 中国经济体制改革研究会.宏观经济的管理和改革.经济日报出版社,1986.

[3] 张卓元.中国价格模式转换的理论与实践.北京:中国社会科学出版社,1990.

[4] 张卓元.新价格模式的建立与市场发育的关系.北京:经济管理出版社,1996.

[5] 马凯.中国价格改革20年的历史进程和基本经验.价格理论与实践,1999(1).

[6] 成致平.价格改革三十年(1977—2006).北京:中国市场出版社,2006.

[7] 中共中央关于全面深化改革若干重大问题的决定,2013.

[8] 张卓元.经济改革新征程.北京:社会科学文献出版社,2013.

[9] 中共中央国务院关于推进价格机制改革的若干意见,2015-10-12.

[10] 胡祖才.《中共中央国务院关于推进价格机制改革的若干意见》学习读本.北京:人民出版社,2016.

[11] 胡祖才.纵深推进价格改革提升价格监管水平以优异的价格工作实绩迎接党的十九大胜利召开.价格理论与实践.2017(1).

第八章

[1] 中共中央关于建立社会主义市场经济体制若干问题的决定, 1993 – 11 – 14.

[2] 中华人民共和国反垄断法. 人民日报, 2007 – 10 – 03.

[3] 王俊豪, 等. 深化中国垄断行业改革研究. 北京: 中国社会科学出版社, 2010.

[4] 张卓元. 垄断行业改革任重道远. 当代财经, 2011 (8).

[5] 中共中央关于全面深化改革若干重大问题的决定. 人民出版社, 2013.

[6] 戚聿东, 等. 中国垄断行业市场化改革的模式与路径. 北京: 经济管理出版社, 2013.

[7] 房汉廷, 张磊. 加快完善现代市场体系. 广州: 广东经济出版社, 2015.

[8] 中共中央国务院关于推进价格机制改革的若干意见, 2015.

[9] 国务院关于在市场体系建设中建立公平竞争审查制度的意见, 2016.

[10] 胡祖才. 《中共中央国务院关于推进价格机制改革的若干意见》学习读本. 北京: 人民出版社, 2016.

第九章

[1] 陈云. 社会主义改造基本完成以后的新问题. 陈云文选: 第三卷, 1995.

[2] 中共中央关于完善社会主义市场经济体制若干问题的决定, 2003.

[3] 中共中央关于全面深化改革若干重大问题的决议, 2013.

[4] 国务院关于实行市场准入负面清单制度的意见, 2015 – 20 – 02.

[5] 关于开展市场准入负面清单制度改革试点的工作方案, 2015 – 10.

[6] 国务院关于规范国务院部门行政审批行为改进行政审批有关工作的通知, 2015.

第十章

[1] 萨缪尔森. 经济学. 北京: 商务印书馆, 1986.

[2] 马克思. 资本论. 北京: 人民出版社, 1985.

[3] 艾哈德. 来自竞争的繁荣. 北京: 商务印书馆, 1987.

[4] 张卓元,等. 新中国经济学史纲(1949—2011). 北京:中国社会科学出版社,2006.

[5] 房汉廷. 制度创新的空间. 北京:经济管理出版社,2010.

[6] 熊彼特. 资本主义、社会主义和民主. 北京:电子工业出版社,2013.

[7] 房汉廷,张磊. 加快完善现代市场体系. 海口:南方出版社,2015.

第十一章

[1] 林家劲. 唐代广州与南海的交通. 学术研究,1979(6).

[2] 宋史·食货志下,中华书局版.

[3] 科尔内. 反均衡. 北京:中国社会科学出版社,1988.

[4] 马克思恩格斯全集:第25卷. 北京:人民出版社,1976.

[5] 凯恩斯. 就业、利息和货币通论. 北京:商务印书馆,1981.

[6] 中华人民共和国消费者权益保护法,1993-10,2009-08,2014-03.

[7] 中华人民共和国公司法,1993,1999,2004,2005,2013.

[8] 房汉廷. 稳健改革派. 北京:经济管理出版社,2013.

写作分工说明

本书是三位作者的集体成果。按照丛书要求，经讨论确定提纲后分头执笔，由房汉廷统稿而成。

各章执笔人为：

张卓元：导论、第七章、第八章；

房汉廷：第五章、第六章、第九章、第十章、第十一章；

程锦锥：第一章、第二章、第三章、第四章。

限于水平，书中错误和不足之处在所难免，敬请大家批评指正！

作　者

2017 年 4 月